"中国对乌干达卫生发展援助有效性评估研究"的开展和《朋友在先——中国对乌干达卫生发展援助案例研究》的出版得到了英国国际发展部资助的中英全球卫生支持项目的支持。

朋友在先

中国对乌干达
卫生发展援助案例研究

MAKE
FRIENDS FIRST

A CASE STUDY OF
DEVELOPMENT AID FOR HEALTH
FROM CHINA TO UGANDA

邱泽奇 等 / 著

社会科学文献出版社
SOCIAL SCIENCES ACADEMIC PRESS (CHINA)

目 录
CONTENTS

图目录

表目录

引　言

子曰：“以势交者，势倾则绝；以利交者，利穷则散。故君子不与也。”

王通《中说·礼乐篇》

以利相交，利尽则散；以势相交，势去则倾；惟以心相交，方成其久远。国家关系发展，说到底要靠人民心通意合。

习近平，2014①

在过去的 60 年里，没有一个国家对非洲政治、经济以及社会体系的影响能够与中国在新世纪之后的影响相提并论，尽管中国并不是第一次出现在非洲。

Dambisa Moyo，2009：153

Moyo 的这段话出现在她的著作 *Dead Aid：Why Aid is not Working and how there is Another Way for Africa* 中（Moyo，2009）。援引这段话，不仅是因为她高度评价了中国对非洲的影响力，还因为她评价的分量。Moyo 博士曾经是高盛（Goldman Sachs）和世界银行的经济学家，也为许多投资公司做过顾问，因为工作关系她到访过世界上 70 多个国家和地区，她的评价

---

① 习近平 2014 年 3 月 8 日在河南省兰考县常委扩大会议上的讲话、2014 年 7 月 4 日在首尔大学的演讲“共创中韩合作未来　同襄亚洲振兴繁荣”、2014 年 11 月 21 日在斐济《斐济时报》和《斐济太阳报》发表的署名文章《永远做太平洋岛国人民的真诚朋友》中都用到了王通《中说·礼乐篇》中的典故，不同场景的引用略有区别，这里引用的是习近平在首尔大学演讲中的一段。

对业界具有重要的影响力。不仅如此,这本书还是《纽约时报》的畅销书,这说明,她的观察与观点在英语世界产起了广泛的共鸣。

这段话中有两点对我们的研究是重要的。第一,中国在非洲的影响力。第二次世界大战(以下简称"二战")结束、殖民地体系解体之后,西方国家开始了对非洲国家(不管是前殖民地国家还是其他)的援助,经历了60余年之久,做出了很大的努力。按照经济合作与发展组织发展援助委员会(OECD-DAC)的统计,援助总额超过2万亿美元。

理论上,西方国家对非洲的影响力应该比中国大。在访问乌干达卫生部高级官员时,我们也亲耳听到,他们坚称美国对乌干达的影响力非常大。为什么Moyo说在21世纪之后,中国的影响力让西方国家难以望其项背呢?难道真如她所说,西方的援助已死?即使死了,也得死个明白:为什么呢?她提示我们需要认真探讨中国与西方国家在非洲的影响力。

第二,中国在非洲形成影响力的因素。这段话的一个伏笔是,中国并非突然出现在非洲。作为经济学家,Moyo可能更加关注"投资—回报",她列举中国在20世纪70年代花费500万美元修建1860公里的坦赞铁路,试图说明中国早已存在于非洲,只是西方国家视而不见。其实,中国在非洲的存在比修建坦赞铁路的时间还要早。20世纪60年代,在西方国家开始援助他们的前殖民地国家时,中国就在与非洲国家打交道并提供力所能及的援助了,譬如派驻医疗队。我们希望指出的是,中国经济在过去近40年的高速发展是中国过去几代甚至更长时期努力的后果,而不是突如其来的创举。同样,中国过去10多年对非洲援助影响力的提升也不是一蹴而就的魔法,而是中国在非洲60多年努力的厚积薄发。

而在那个时候,对财大气粗的西方国家而言,中国的援助不可谓不"小儿科"。可是他们不理解在中国围棋中"闲子"的意义,也不理解一个小小的"穴位"对庞大身体的意义。今天看来,中国当时提供力所能及的援助,正类似于下棋布"闲子"和对身体"穴位"的刺激,或许正是这些"闲子"与"穴位"为中国在21世纪发挥对非洲的影响力奠定了良好的基础。换个方式说,21世纪中国对非洲的影响力与中国长期对非洲提供力所能及的援助有着天然的联系。

那么,中国的援助有着怎样的特点呢?中国早期布下的是怎样的"闲子"呢？关注的是哪些"穴位"呢？与今天中国关注民生的对外援助之间又有着怎样的联系呢？这些正是我们希望通过研究中国对乌干达的卫生发展援助（development aid for health from China to Uganda，DAHCU）来试图解答的问题。

长达30多年的DAHCU，是中国在非洲长期努力的一部分。无论是在中国对外提供的援助中，还是在乌干达接受的援助中，DAHCU的规模都极小，恰似"一根银针"。中国有句俗话：千里送鹅毛，礼轻情意重。因此，DAHCU又不仅仅是一根银针，还是一颗真诚交朋友的心，能让两国人民之间心通意合。DAHCU带来的影响，恰如朋友之间，细微却复杂。

在中国的交友之道中，两位真正朋友之间的影响不是单向的，而是双向的；影响的范围也不限于政治、经济、社会，而不像一些文献指出的，中国对非洲的援助是为了获得非洲的资源以及扩大中国产品与服务在非洲的市场。子曰："君子喻于义，小人喻于利。"（《论语·里仁》）中国与非洲、中国与乌干达之间，看似义利相交，实则融利于义。义者，交之本也。正如王通在《中说·礼乐篇》中所说，"以势交者，势倾则绝；以利交者，利穷则散。故君子不与也"。

1964年中国提出处理国与国之间关系的五项原则和对外援助的八项原则①

---

① 为方便读者知晓和理解，我们把中国提出的和平共处五项原则和对外援助八项原则抄录于此。中国倡导的处理国家间关系的五项原则：①支持非洲和阿拉伯各国人民反对帝国主义和新老殖民主义、争取和维护民族独立的斗争。②支持非洲和阿拉伯各国政府奉行和平中立的不结盟政策。③支持非洲和阿拉伯各国人民用自己选择的方式实现团结和统一的愿望。④支持非洲和阿拉伯国家通过和平协商解决彼此之间的争端。⑤主张非洲和阿拉伯国家的主权应当得到一切其他国家的尊重，反对来自任何方面的侵犯和干涉。
中国对外援助的八项原则：①中国政府一贯根据平等互利的原则对外提供援助，从来不把这种援助看作单方面的赐予，而认为援助是相互的。②中国政府在对外提供援助的时候，严格尊重受援国的主权，绝不附带任何条件，绝不要求任何特权。③中国政府以无息或低息贷款方式提供经济援助，在需要的时候延长还款期限，以尽量减少受援国负担。④中国政府对外提供援助的目的，不是造成受援国对中国的依赖，而是帮助受援国逐步走上自力更生、经济上独立发展的道路。⑤中国政府帮助受援国建设的项目，力求投资少，收效快，使受援国政府能够增加收入，积累资金。⑥中国政府提供自己所能生产的、质量最好的设备和物资，并根据国际市场的价格议价。如果中国政府所提供的设备和物资不合乎商定的规格和质量，中国政府保证退换。⑦中国政府对外提供任何一种技术援助的时候，保证做到使受援国人员充分掌握这种技术。⑧中国政府派到受援国进行建设的专家，同受援国自己的专家享受同样的物质待遇，不容许有任何特殊要求和待遇。

反映的正是中国在历史经验与教训中积累的国际交往准则。在中国的历史中，早在春秋时期就出现了处理国与国之间关系的挑战，在两千多年的历史长河中，既有血的教训，又有丰富的经验与智慧。

现任中国领导人习近平主席在多个场合重申中国文化的义利观，其基础正是中国的文化积淀。当把中国在处理国与国之间关系和对外援助中的行为与准则放到中国的历史与发展中时，便可真正理解为什么说中国与乌干达是朋友，中国对乌干达的援助不是资源和市场在先，而是交朋友在先。

在中国的外交智慧中，资源和市场既是"以心相交"之水到渠成和顺理成章的结果之一，也是合作发展和互惠共赢的一种契机。

第 1 章

"选点"：中国对乌干达
卫生发展援助

第一节　来自中英全球支持项目的命题作文

本书的核心案例是中国对乌干达的卫生发展援助。对 DAHCU 的考察，源自北京大学公共卫生学院承担的中英全球卫生支持项目（GHSP - OP2）的课题——"中国对乌干达卫生发展援助的有效性评价"。

对社会项目进行评估研究是我们的专长，面对这一选题，我们还专门邀请了公共卫生专家。虽然如此，我们却不是国际援助研究或实践领域的专家，也不是国际问题的专家。在接触这个课题之前，我们从没接触过国际问题相关的研究议题。尽管犹豫过，但最后，我们还是对 OP2 课题组的邀请给予了正面回应。理由如下。

第一，经过初步探索，我们发现，DAHCU 并非大规模援助，采用规范的项目评估方法，如国际组织、OECD、美国和中国等针对大型援助项目的常规评估工具不一定是最合适的方法。且 OP2 课题组希望采用社会学人类学的评估方法。如此，这既是我们的专业领域，且有相对丰富的经验。

第二，卫生、援助、乌干达、评估等关键词是一个涉及卫生、国际援助、国际关系、评估研究等多学科的领域，任何一个学科都不可能自称具有绝对的优势或权威性。这就意味着：任何与此相关的学科领域专家面对课题的起点是一致的。其中，评估研究是硬训练和硬能力，也是短期内无法完成的训练。我们自认为拥有一定的优势。

无论是对政策，还是对项目，评估研究的基础性工作都是政策目标或项目目标，即以既定目标作为评价标准（俗称"金标准"），用政策措施、项目过程或影响①作为产出与金标准进行比较，进而获得对 DAHCU 的评估结果。

遗憾的是，课题研究从一开始就遇到了困难。经过两次探索性深度访谈之后我们知道，DAHCU 在国家层面由两个部委负责。其中，卫计委负责技术支持，商务部则负责援助活动。这就意味着，如果希望获得 DAH-CU 的基础性数据，需要到商务部的相关机构进行调研。

为了推进课题的进展，尽管我们动用了私人关系，遗憾的是，不仅没有得到第一手基础数据，甚至还被相关机构的官员指责为在为外国收集情报。由此形成的困难是：拥有基础数据的唯一机构不愿意提供数据，愿意提供帮助的机构又没有第一手数据。

为此，我们转寻社会学人类学收集数据的基本方法，即田野调查，希望在乌干达能获得相关数据。依据计划，课题组两次前往乌干达进行实地调查，拜访了中国援助乌干达的医疗队、医疗队先后驻扎的金贾医院和中乌友好医院、中国驻乌干达大使馆经参处、乌干达卫生部等机构，对相关人员进行了访谈；聘请了 Makerere 大学的博士研究生 Rehema Bavuma 作为课题的研究助理负责对乌干达相关人员进行访谈。

再一次感到遗憾的是，我们没有在乌干达获得预期的数据。第一，中国援助乌干达的云南省医疗队非常支持调研工作，可因在金贾医院驻扎时期条件艰苦，没能系统地保留每一批医疗队的相关文档和数据，加上 2012 年从金贾医院搬迁到坎帕拉中乌友好医院时丢失了一部分文档，使原本就不系统的数据更加零散。第二，中国驻乌干达使馆经参处也非常支持研究工作，同样也没有系统的数据，尤其是医疗队以外的其他 DAHCU 数据。第三，乌干达卫生部的相关机构也没有可以利用的 DAHCU 数据。

---

① 过程评估和影响评估是评估研究中最常见的两个类型。

对评估研究而言，缺乏金标准已经是难题，缺乏数据更是致命的难题。用于制定金标准的基础数据缺失，我们便无法按常规评估方法推进研究；缺乏评估研究的支持性数据，我们更是无法按照传统的评估研究模式，用实施数据比较金标准进行研究。这就是我们评估 DAHCU 有效性时遇到的核心难题。当然，这也往往是希望研究中国对非援助的同行不得不面对的难题。

第二节　有关援助的议题

本书讨论的议题从属于国际援助领域，其中会涉及一些专业术语。鉴于我们并不了解读者对交叉学科领域有多大程度的了解，为保证可读性，本书对部分概念和背景做一些说明。熟悉这些内容的读者可以略过这部分。

1. 援助与官方发展援助

援助（assistance，aid）是一个古老的概念。即使从有法律依据的时代算起，如 1889 年英国的《殖民地贷款法案》，距今也有 100 多年了（张效民、孙同全，2014）。不过，现代意义的"援助"历史则不长，开始于二战以后对战败国和贫穷国的援助。由于早期的援助都是国与国之间的行为，故大多使用"援助""对外援助"（overseas aid，foreign aid）等概念，意指一个国家为另一个国家提供的援助[①]。

在名义上，援助是为了促进受援国的发展。由于促进发展的方式多种多样，在援助的实践中便自然而然地出现了许多加上定语的"援助"，如发展援助（development aid，development assistance）、技术援助（technical assistance）、国际援助（international aid，overseas aid）等。

在过去的，尤其是 21 世纪之前的援助中，大约 80% ~ 85% 的经费来自各国官方组织，于是又有了另一个通用概念——"官方发展援助"（official development assistance，ODA）。这个概念尤其受 OECD - DAC 成员国青睐。

---

① 那个时期，"援助"主要是提供资金、设备、技术等，如 20 世纪 50 年代苏联为中国提供的援助。

在 OCED - DAC 的实践中，援助被划分为如下大的领域：①社会基础设施和服务领域，包括教育、健康、人口、供水、消毒及其他；②经济基础设施和服务领域，包括交通、仓储、通信、能源、银行、金融、商业及其他服务业；③生产领域，包括农业、工业、贸易、旅游业等；④交叉领域，包括环境和其他交叉领域；⑤生活物质领域，包括生活物质、一般预算、食品以及其他生活物质；⑥人道主义领域，包括人道主义、紧急援助、重建与恢复援助、防灾与减灾援助等；⑦其他无法归类的援助。这 7 个领域，还可以被归并到社会基础设施、生产和人道主义三个大领域。

需要指出的是，上述概念是不同情境下"援助"概念的变种。在本书中，我们将沿用援助领域和项目评估的通常做法，不区分"援助""对外援助""发展援助""官方发展援助"等概念。在具体情境下或使用不同的术语，但本质上还是指援助方对受援方的援助。

2. 卫生发展援助

卫生发展援助（development assistance for health，DAH）是援助领域的一个子领域（health group）；在 OECD - DAC 的分类中，被纳入社会基础设施和服务领域。

在 DAH 中，又将其区分为一般健康和基础健康两类，包括意在改善受援方卫生体系、卫生服务提供、健康水平，以及针对艾滋病、疟疾、肺结核等具体疾病的所有援助类型。我们曾试图搜寻 DAH 的范围，却没有找到细分 DAH 的文献。

在本书中我们把所有用于改善受援方健康的援助都纳入 DAH。

3. 援助有效性与发展有效性

为强调援助方视角有效性与受援方视角有效性的差异，我们需要对概念的来源做一些梳理。在研究方法部分还将对"有效性"的内涵进行探讨。

"有效援助"是 OECD - DAC 提出的概念。2002 年，在墨西哥蒙特雷（Monterrey）举行的联合国首届发展融资峰会上，双边和多边机构就增强援助的有效性和扩大援助规模达成共识。2003 年的第一届援助有效性高层论坛（High-level Forum on Aid Effectiveness）强化了这一概念。在 2005 年的第二届援助有效性高层论坛上，61 个双边和多边援助方、56 个受援方和 14 个社会组织在共同签署的《巴黎有效援助宣言》（*Paris Declaration on Aid Effectiveness*，简称《巴黎宣言》）中把"有效援助"政策化。

《巴黎宣言》的核心是让援助符合受援方的需要，以确保受援方的相应战略和规划获得财政支持而得以执行。因此，在援助方式上，尽量将援助纳入受援方的财政预算，减少援助限制，加强援助协调，实现基于受援方的援助有效性。

2008 年，在加纳首都阿克拉举行的第三届援助有效性高层论坛进一步完善了"有效援助"概念，在《阿克拉行动议程》（*Accra Agenda for Action*）中强调在援助中要体现发展中国家多数人的权利，使"有效援助"有的放矢，保障人权、性别平等，实现体面劳动和可持续发展。

第四届援助有效性高层论坛于 2011 年在韩国釜山举行，160 多个国家和地区的代表通过了一项宣言，提出了以发展中国家为主的援助及开发等新的国际援助方式。《釜山宣言》（*Busan Partnership for Effective Development Cooperation*）强调，发展中国家是发展的主体，发展成果重于过程；希望建立广泛的合作关系，提高透明度，加强责任感等；提出加强和扩大对南南合作和多边合作的援助、加强开发性合作对援助的催化剂作用等。

《釜山宣言》最重要的变化是把国际援助的关注点从"援助有效性"转换为"发展有效性"，使援助的目标明确指向受援方发展的有效性，指出南南合作的方式和义务不同于南北合作，让受援方获得发展才是援助的真正目的所在。

《釜山宣言》的核心契合了中国在援助领域长期倡导的宗旨，即援助是为了促进发展，发展才是硬道理。英国前首相布莱尔在釜山会议期间也指出：中国对非洲的援助有时候比西方国家的更有效率。虽然中国如何在当地发挥其经济影响力令人关注，但传统援助方（指西方国家）确实应该加强与中国的合作，这对非洲的未来至关重要（曹黎，2013；钟玲、李小云，2013）。

由此，我们看到了在"有效性"强调中出现非常重大的转折，从强调援助方的主体性转变到强调受援方的主体性，从强调援助的有效性转变到强调发展的有效性。需要重申的是，援助有效性内含两类有效性——援助方视角的有效性和受援方视角的有效性。发展有效性则只有一类有效性，即促进受援方发展的有效性。

第三节　本书的内容安排

本书分为四个大的部分。第1、2两章为第一部分，说明研究的缘起、基本概念、基本思路和数据来源。如果将我们对 DAHCU 的研究视作对一盘围棋的研究，那么，第1章讨论"选点"的过程。选点是围棋术语，指在棋局之中选择全局或局部中的最佳落子位置。研究本书的核心案例 DAHCU 起初是受项目组的邀请，却无碍于将 DAHCU 作为我们研究中国在非洲的影响力及其关联因素的切入点和落脚点。第2章说明研究的整体"布局"。我们采用了社会学人类学的视角，通过文献调查、深度访谈、田野调查等方法获得研究数据，在理论与实践的不断碰撞中，提出了理解 DAHCU 的理论模型——双边四重嵌入框架。

第3、4、5章为第二部分，把双边四重嵌入框架放在国际援助理论与实践演变中进行考察。其中第3章对援助理论的发展脉络进行梳理与探讨，勾勒了援助研究的总体趋势和其中的较大争论。第4、5两章分别梳理了在受援方与援助方视角下，DAHCU 嵌入的环境。

第6、7、8章为第三部分，探讨了 DAHCU 及其有效性，以及 DAHCU 目前面对的环境。其中第6章整理和刻画了30多年来 DAHCU 的事实。基于这些事实，第7章从资源有效性、结构有效性、连接有效性和溢出有效性四个维度对 DAHCU 的有效性及其变化进行了评估。第8章为"点目"（指在棋局进行中估算双方的势力范围，并根据点目的结果来决定后面的战略），盘点 DAHCU 这一盘大棋，对已经发生和正在发生的 DAHCU 进行客观的理解和估计。大棋之势是我们未来采纳新行动的背景。

第四部分是本书的结论，提出了研究中观察到的、从援助出发到实现合作与发展的契机。指出随着中乌友好医院投入运营，DAHCU 获得了一个历史性契机——从单纯的援助转向把援助植入合作与发展之中。不仅如此，在中国援助的大格局中，现在也正是中国把过去60多年的援助经验进行推广、把援助寓于发展与合作的最佳时期。

第 2 章

"布局"：中国对乌干达卫生发展援助的"双边四重嵌入"

第一节　社会学人类学视角

与专门从事国际关系、外交、医药卫生研究与实践的专家比较，我们熟悉发展研究，却不熟悉发展援助的议题、理论、方法以及相关前沿。因此，我们也把这些学科领域当作研究对象，对相关领域文献的研究便成为研究活动的一部分。其起点在于，从社会学人类学的视角出发，探讨援助领域的一个案例——DAHCU。

大多数读者可能熟悉社会学人类学这两个词语，却不一定了解社会学人类学的基本视角。为了方便读者理解，有必要在此处对我们的选择与观点进行说明，梳理各学科和实践领域对援助议题的讨论。在社会学的视角中，这些梳理实际上是纳入研究者理论选择的过程，包含研究者对研究主题在理论与实践两个维度的理解与观点。

社会学人类学认为，

（1）每一个发出行为的主体，都是行动者（actor）。在我们的研究中，援助乌干达的医生、护士、药剂师、技师，医疗队、医院，负责援助的中国主管部门，以及乌干达国内与援助相关的个体、组织、部门、国家，都是行动者。

（2）行动者在社会中发出的行动，被称为社会行动。对乌干达的卫生发展援助是复杂的社会行动，是纳入了双方的个体、组织以及国家等多个行动者层次的社会行动。

（3）社会行动总是发生在具体的社会经济环境中。中国对乌干达的卫生发展援助既发生在中国的政治、经济、社会、外交环境中，也发生在乌干达的政治、社会、经济、外交环境中。两个社会的文化环境因历史与现实的原因还有各种差别。

（4）社会行动总是对其他行动者产生影响。中国对乌干达的卫生发展援助对乌干达的政治、经济、社会、外交等有影响，且影响是复杂的，需要选择从哪个视角来观察某种类型的影响。在一般的意义上，社会学人类学倾向于从最终受益者的视角即社会的视角来看待已经产生的影响。我们称之为社会影响。

（5）在影响其他行动者的同时，发出行动的行动者也会受到影响。中国对乌干达的卫生发展援助也会对中国的外交、对外援助、卫生系统、援助方所在的组织、援助方个体产生影响，尤其是通过乌干达及其相关行动者对援助的反馈来影响中国与援助相关的各类行动者对援助的感受与判断，甚至影响中国的外交与国内政治。

这就是行动者的社会行动及其影响的社会建构（安东尼·吉登斯，1998）。通俗地说，从社会学人类学的视角来看，DAHCU 不仅是派医疗队到乌干达坐诊、出诊、巡诊、参与乌干达的医疗卫生活动，也不只是中国给乌干达建造医院、疟疾防治中心，免费提供医疗设备、器械和药品，以及帮助乌干达培训医药卫生人员等各种类型的"给予"（giving）（Cohen，2013）；更重要的是，无论中国的卫生发展援助采用了怎样的形态、有多大规模、覆盖多大范围、持续了多长时间等，都会涉及中国和乌干达两个国家、不同层次的行动者；不仅对乌干达的相关行动者产生影响，也对中国的相关行动者产生影响，甚至对中国和乌干达两个国家之外的行动者产生影响。

梳理与 DAHCU 相关的文献，只有选择一个理论和实践的观察视角才能获得相对系统的理解与认识。为了让读者对视角选择有一定程度的理解和达成共识，我们认为有必要对文献研究的过程进行说明，这也是社会学人类学研究的特征之一，即把获得研究结论的过程作为研究内容的一部分呈现给读者。

从行动相关方①的视角出发，我们对文献进行了两轮收集、整理和研读。第一轮，开展于接受课题之后和到乌干达进行实地调查之前，目的是希望获得对 DAHCU 的基本印象、对相关研究有基本的了解，以便进一步开展文献研究和实地研究。基于之前的知识积累，我们的初步认识是，DAHCU 类似于人们出于各种原因提供的帮助和"给予"。我们知道，行动者对其他行动者的援助总是在具体情境中发生的，且与如下因素有关。

（1）援助的类型。援助方能提供哪些类型的援助，其中哪些属于"卫生发展援助"。

（2）援助的覆盖面。援助方提供的援助试图覆盖多大范围，以及能给不同受援方什么类型的援助。

（3）援助的目的。援助方的援助行动、援助类型试图满足援助方的哪些需求，是否会考虑受援方对援助的需求。

（4）援助的手段，援助方采用什么方式实施援助。

（5）援助的期限，援助方的援助实施持续多长时间，是否区分阶段。

（6）援助的系统性，援助方提供的援助类型、覆盖面、持续时间与其援助目的之间有怎样的关联，是否具有系统性。

第二节 卫生发展援助的"嵌入性"

为回答上述问题，我们借用了"嵌入性"（embeddedness）概念。嵌入性概念由政治学家 Karl Polanyi 在 1944 年提出（卡尔·波兰尼，2007）以后基本处于沉寂之中。1985 年，社会学家 Mark Granovetter 用嵌入性来阐释人类经济行为与环境之间的关系，认为人类的经济行为是镶嵌在社会关系网络之中的（Granovetter，1985），从而让"嵌入性"具有了分析方法意义，且逐步被社会科学家们采用。

中国对受援方的卫生发展援助不仅与中国的援助大格局有关，更与受

---

① 在不同学科中，会把"行动相关方"抽象为不同的概念，最常见的是在评估研究中使用"利益相关方"（stakeholders），即与援助行动有利益关系的相关各方。

援方的政治、经济、社会、文化、卫生系统，从国际组织和世界各国获得的官方和非官方援助，以及其中的卫生发展援助有关。如此，中国对特定受援方的卫生发展援助与下列因素有关。

（1）受援类型与构成。受援方接受的援助类型往往比较复杂，除了卫生发展援助，还有其他类型的发展援助，包括军事援助。此外，在不同类型的援助中，卫生发展援助在援助中的份额不仅是相对于其他类型援助而言的，其重要性也受其他援助的影响。

（2）受援覆盖面。受援方对援助的需要不会覆盖其国内政治、经济、社会、卫生等所有方面，一定有一个需求范围。显然，卫生发展援助在其援助需求的覆盖范围之内。

（3）受援系统性。除了覆盖面以外，受援方对援助的需求还有系统性问题，即是否将不同类型的援助作为一个有机体系用来促进受援方的发展。无论是否存在受援系统性，卫生发展援助都是其重要的组成部分。

（4）受援优先序。受援方因其国内政治、经济、社会、卫生、外交等各方面因素的影响，对不同类型的援助需求总有轻重缓急之别。对于撒哈拉以南非洲国家而言，卫生发展援助显然是其需求较急的一类。

（5）受援方式。对受援方而言，怎样的援助是其可接受的方式，这是在受援过程中逐步形成的，不仅与国际发展援助作为一个生态行为有关，与受援方国内的政治、经济、社会、文化环境也有关，还涉及与援助方之间的互动。

基于此，我们构建了理解 DAH 的框架，把中国的 DAH 放在中国对非援助、中国对外援助中去理解，认为中国的 DAH 既是中国对非援助，也是中国对外援助的一部分，受到中国国内环境尤其是政治环境的影响，且以服务于中国的外交为基本目的。由此形成了一个初步分析框架，认为中国的 DAH 嵌在中国对非援助、中国对外援助以及中国国内的政治环境之中，我们称之为 DAH 的"嵌入性"。

第三节　中国对乌干达卫生发展援助的
"双边四重嵌入"

用嵌入性来考察 DAHCU 会发现，从援助和受援双方的视角出发，

DAHCU 真实地处在"双边四重嵌入"框架之中。

从中国的视角出发，DAHCU 既是中国援乌的一部分（第一重），也是中国对外卫生发展援助的一部分（第二重），还是中国对外各类援助的一部分（第三重），进而是中国外交的一部分（第四重），受到中国国内环境尤其是政治、经济和社会环境的影响，且以服务于中国的国家利益为基本原则。显然，第一重从属于第三重，却并不从属于第二重；DAHCU 却从属于第一重和第二重，也间接地从属于第三重；而第三重则从属于第四重。DAHCU 也的确携带着国家使命和目标。

同理，从乌干达的视角出发，DAHCU 是乌干达获得中国援助的一部分（第一重），也是乌干达获得各援助方 DAH 的一部分（第二重），还是乌干达获得各方各类援助的一部分（第三重），进而是乌干达外交的一部分（第四重），受乌干达国内政治、经济和社会环境的影响。与援助方的关系结构一样，第一重从属于第三重，却并不从属于第二重；DAHCU 却从属于第一重和第二重，也间接地从属于第三重；而第三重则从属于第四重。乌干达接受 DAHCU 也有自己的期待和目标。

基于援助方、受援方的双边视角，我们提出了理解中国对乌干达卫生发展援助的"双边四重嵌入"分析框架。图 2-1 归纳了上述阐释，这也是本书的基本分析框架。

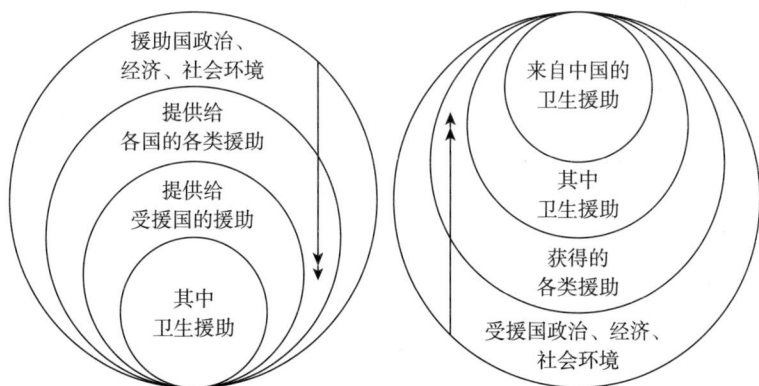

图 2-1 理解中国对乌干达卫生发展援助的"双边四重嵌入"框架

"双边四重嵌入"框架意在指出，DAHCU 并非一项孤立的活动，而是对援助和受援双方不同层次产生影响的因素，也受双方不同层次因素的影响。DAHCU 的有效性来自其对每一个层级的影响。

不仅如此，援助是一个时序性过程。在决定是否援助、如何援助以及援助多少等相关议题时，在援助和受援双方，"双边四重嵌入"是一个同时并进的过程，中国和乌干达的决策既受到对方四重因素的影响，也受到自己四重因素的影响。而一旦援助协议达成并进入执行阶段，就主要进入受援方的四重嵌入之中，图 2 - 2 试图呈现的是援助实施的情境，也是援助有效性评价的情境，DAHCU 在给定的援助情境中对受援方的不同层次产生影响；给受援方带来有效性，同时，也给援助方带来有效性。

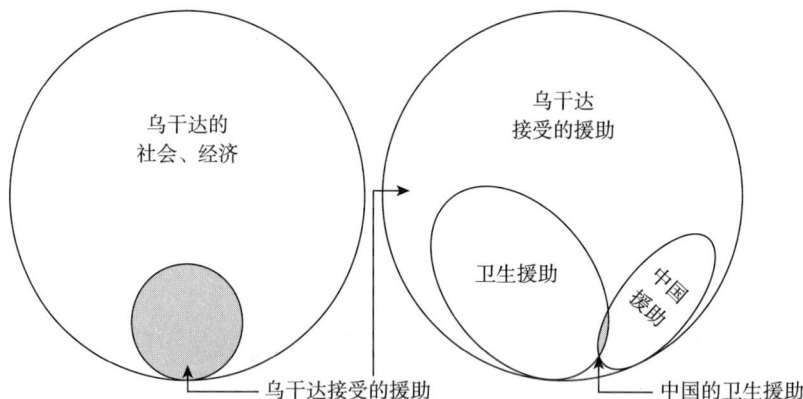

图 2 - 2 "四重嵌入"的中国对乌干达卫生发展援助的实施情境

注：依据可用数据，设置了图中不同部分的比例关系。

需要特别强调的是，这个框架是在研究开始之前、之中以及在实地调查告一段落之后逐步形成的，是"理论建构与经验事实"反复碰撞的结果，是我们认识 DAHCU 及其实施的基本视角，也是本书采用的基本框架。

第四节 评价 DAHCU 有效性的视角与维度

基于"双边四重嵌入"框架我们认为，DAHCU 对援助与受援双方的每一个嵌入层次都应该有一个主效应，即对什么产生了怎样的影响。"影响"的方向与程度就是有效性的量度。循着这个思路，DAHCU 的有效性在中乌双方的每一个嵌入层次中也都应该有自己的指标。

从援助方的中国来看，1983 年中国向乌干达派驻医疗队是应乌干达政府请求的举措，如图 2 - 1 左图所示，援助方的第四重是中国外交的一部分，DAHCU 既是一颗外交"真心"，也类似于围棋的一枚"闲子"；DAHCU 在第三重是中国对外援助的一部分，是援助类型覆盖的一部分；在第二重是中国 DAH 的一部分，也是 DAH 地区覆盖和类型覆盖的一部分；在第一重则是中国对乌干达所有援助的一部分，与其他类型的援助一起构成了中国与乌干达外交关系在援助领域的内容。

从受援方的乌干达来看，1983 年邀请中国向乌干达派驻医疗队时，其卫生资源尤其是高端人力资源和医药资源非常稀缺，DAHCU 在第一重是乌干达从中国获得的 DAH；在第二重是乌干达获得 DAH 的一部分，是 DAH 的一个类型；在第三重是乌干达获得的各类援助中 DAH 的一部分；在第四重是乌干达外交内容的一部分，是乌干达需要的援助。

由此看到，DAHCU 的有效性不仅取决于中国做了什么和怎么做的，更取决于 DAHCU 给四重关系结构的每一重带来什么样的影响。DAHCU 对中乌双方不同嵌入层级有不同的意义，即有效性具有不同维度。为了便于讨论，我们关注 DAHCU 对每一层级的主要影响，如此，可以把上述讨论指标化为"双边四重嵌入"框架下的 DAHCU 有效性维度，如表 2 - 1 所示。

表 2 - 1 中国对乌干达卫生发展援助有效性指标的维度

	第一重	第二重	第三重	第四重
中国	中国援助	DAH 地区	援助类型	外交支持
乌干达	DAH 中国	DAH 类型	受援类型	外交支持

鉴于 DAHCU 是应乌干达之邀的"依需而援"（aid on demand），援助方并没有附加自己的条件，因此我们有理由假设中国对 DAHCU 有效性判断的依据是其在多大程度上满足了乌干达的需要，满足需要的程度进而影响中国对乌援助的有效性、中国 DAH 的有效性和中国援助的有效性。从乌干达的视角来看，DAHCU 在第一重为中国 DAH 对乌干达卫生体系的有效性；在第二重为在乌干达获得的 DAH 有效性；在第三重为各类援助中的有效性，即 DAHCU 在这个层次的有效性既取决于其在 DAH 中的有效性，也取决于 DAH 相对于其他类型的援助有效性；在第四重为中乌外交关系上的有效性。

在四重嵌入的有效性中，第三重涉及的因素非常复杂，且中国在其中的份额非常微小，故不列入评价范围。如果说 DAHCU 在双边四重嵌入的有效性为预期的有效性，那么，其他的有效性就可以被理解为预期之外的溢出有效性。基于这样的思考，我们归纳出评价 DAHCU 有效性的指标议题如下。

（1）资源有效性，指在乌干达卫生体系中产生了怎样的影响？

（2）结构有效性，指在乌干达获得的 DAH 中产生了怎样的影响？

（3）连接有效性，指对中乌外交关系产生了怎样的影响？

（4）溢出有效性，指在上述预期有效性之外还有怎样的有效性？

希望再次说明的是，这 4 个指标议题源自对 DAHCU 实践的考察，与《巴黎宣言》提出的"援助有效性"评价原则有区别。

《巴黎宣言》提出了评价"援助有效性"的 5 项原则，特别强调的是让受援国自主决定自己的事情。这 5 项原则是：①自主原则（ownership），要求受援方制定自己的发展战略，改进体制，协调行动。②联系原则（alignment），要求援助方的援助以受援方的发展战略、制度与程序为基础。在这项原则之下，有 6 个指标：（A）援助方的援助与受援方的发展战略相联系；（B）使用受援方增强了的管理系统；（C）受援方在援助方的支持下提高发展能力；（D）提高公共财政的管理能力；（E）提高国家的援助资金获取能力；（F）并能把援助资金用好。③协调原则（harmonisation），要求援助方之间协调援助计划，透明地、集体地采取行动。在这项原则之下有 5 个指标：（A）援助方简化程序；（B）采取更有效的分工；（C）鼓励集体行动；（D）在脆弱的国家采取有效行动；（E）采取促进环境评价的协调行动。④结果管理原则（managing of results），要求为获得实效管理好资源和做好决策。⑤相互问责原则（mutual accountability），要求援助和受援双方都应对发展成果负责①（贺文萍，2011a；王妍蕾、雷雯，2013；张玉婷，2014）。

尽管《巴黎宣言》的 5 项原则及其之下的 11 个指标难以被直接运用

---

① 《巴黎宣言》还针对每一项原则制定了 2010 年的目标。参见 *Paris Declaration on Aid Effectiveness*（2005），*Accra Agenda for Action*（2008），http://www.oecd.org/dac/effectiveness/34428351.pdf。

于对 DAHCU 有效性的评价，但作为参照却能给我们一些启发：①DAHCU 是中国应乌干达政府之邀提供的，是乌干达政府设定的议程，满足自主原则。②关于 DAHCU 的 4 项基本内容，中国政府与乌干达政府部门进行了充分的磋商和协调，是乌干达卫生体系发展的一部分；也自始至终被纳入乌干达卫生体系，满足针对援助方的联系原则；针对受援方的联系原则不适用于援助方。③DAHCU 中的双边程序非常简化；在牵涉多边关系时，尽管中国没有与在乌干达的 DAH 各方直接协调，却通过乌干达的卫生体系进行了间接协调，也符合集体行动指标；透明性不足是 DAHCU 中可能存在的问题；如此，部分满足协调原则。④DAHCU 注重实践却没有对结果进行制度化的评估与管理，尚未满足结果管理原则。不过，我们对 DAHCU 的有效性评价可以被看作进行评估和管理的一种尝试。⑤中国从 2011 年开始便尝试问责，可以认为 DAHCU 部分满足相互问责原则。

从 DAHCU 实践中提炼的 4 个指标议题，之所以与《巴黎宣言》的指标有较大差距，我们认为有两类因素的影响是重要的。第一，《巴黎宣言》尽管强调受援方的主体性，但其强调的强度远不及中国在 1964 年提出且始终践行的对外援助原则①。甚至可以说，从《巴黎宣言》到《釜山宣言》的努力只是在追赶中国对外援助的基本原则。第二，《巴黎宣言》针对的是发达国家尤其是 OECD - DAC 成员国和国际组织过去对附加条件的强调，希望援助方削弱甚至放弃对附加条件的强调，从援助方立场转向从受援方立场来强调援助有效性。而 DAHCU 实践自始至终都在以受援方的发展为目标，没有自己的附加条件。

在这样的语境下，我们提出的评价 DAHCU 有效性的 4 个指标议题可以被看作一种超出《巴黎宣言》有效性评价原则的努力。由于 DAHCU 并非源自系统设计，没有预设目标，其在实践中展现的有效性便是实际的有效性。

还需要说明的是，在 DAHCU 的 4 种类型中，第 4 类"提供临时卫生资金援助"属于临时性援助。尽管我们在调查中做了充分的努力，但还是

---

① 1964 年 1 月 16 日，中国政府总理周恩来在结束了对加纳的访问之后，通过新闻发布会，宣布《中国政府对外经济技术援助等八项原则》：①平等互利；②尊重受援国主权，绝不附带任何条件，绝不要求任何特权；③中国以无息或低息贷款的方式提供援助；④帮助受援国走自力更生、经济上独立发展的道路；⑤力求投资少，收效快；⑥提供中国最好的设备和物资；⑦帮助受援国掌握技术；⑧专家待遇一律平等（完整表述请参见第 3 页注①）。

无法获得具体的内容和数据，故不纳入有效性评价。对于其他 3 类，我们将运用表 2 - 1 中列出的有效性维度进行评价。

第五节　文献的收集、整理与分类

1. 文献的来源

根据图 2 - 1，我们对收集到的文献进行了多次筛选、整理与分类，形成了研究的基本素材，大致有以下几类。

（1）学术研究类文献。查询北京大学图书馆（中西文）图书、中国知网文献，尤其是期刊文献、学位论文文献、报纸文献；社会科学类西文过刊文献库 Jstor、现刊文献库 ScienceDirect、NIH 文献库的文献，以及关联到的学术类文献。

（2）研究报告类文献。查询 USAID、OECD、WHO、世界银行等组织网站，公开出版物，数据库，以及相关研究机构的网站和数据库。

（3）数据类文献。查询世界银行、OECD、USAID 以及其他可以利用的数据库。

（4）政策类文献。查询中国政府国务院、商务部、卫生与计划生育委员会的网站，USAID 网站，OECD 网站等。

文献研究的素材除了课题组成员收集的之外，还包括英国 Institute of Development Studies 的 Henry Lucas 博士的建议。在对收集到的文献进行整理和筛选之后，最终运用于研究的文献类型与数量大致如表 2 - 2 所示。

表 2 - 2　中国对乌干达卫生发展援助研究的文献来源及数量

文献类型	中国知网	中国政府网站	西文数据库*	西文政府网站	研究机构网站	借阅/购买
中文学术期刊	370					
中文学位论文	111					
中文图书						12
中文报纸	75					
中文报告					1	

续表

文献类型	中国知网	中国政府网站	西文数据库*	西文政府网站	研究机构网站	借阅/购买
中国政府报告		4				
西文学术期刊			699			
西文图书						47
西文政府报告				9		
西文研究报告					21	

说明：查询的西文数据库主要有 PubMed、ScienceDirect、ProQuest、Jstor 等。

这些文献主要来源于中文学术期刊、学位论文以及西文学术期刊，另有部分图书和中文报纸等。其中，西文文献占据了主要比重，西文期刊文献的数量几乎是同类中文文献的两倍，图书的数量、报告的数量更多；中文学位论文的数量则相对丰富，这与我们在现有资源条件下难以搜寻到西文学位论文有关。需要说明的是，在西文文献中，鉴于我们阅读外文的能力有限，只纳入了英文文献，其他语种文献不在此列。还要说明的是，在研究过程中，文献的总量和类型还会有变化，但总体上没有偏离太远。

2. 文献的整理、分类

对收集到的文献，我们按照以下标准进行整理。

（1）收录涉及国际援助理论、观点和争论的文献。

（2）收录涉及中国对外援助的文献。

（3）收录涉及美国对非洲援助的文献。

（4）收录涉及日本、韩国、印度对非洲援助的文献。

（5）收录涉及英国、法国、德国等欧洲国家对非洲援助的文献。

（6）收录涉及对非洲进行农业、教育、卫生发展援助的文献。

（7）收录所有涉及中国对乌干达进行援助的文献。

依据上述主题，对所有收录到的文献进行筛选，主要内容与上述标准一致的便保留，并输入 EndNote 文献数据库。

为便于归纳，对收录到 EndNote 文献数据库的文献按照上述标准进行分类。

第一个主题涉及国际援助的理论与争议，有文献 413 份，议题相当庞杂，归纳起来大致有三大类；部分文献涉及不止一类主题，故下面的计数会大于 413 份。第一类，涉及援助的有援助理论、援助活动、援助执行、发展促进、援助配置、援助方、对援助的吸收能力、援助效果等，计 270 份；第二类，涉及经济领域的有经济、经贸、经济增长、贫困，计 95 份；第三类，涉及政治领域的有政治、政府、政策、治理、人权、民主、腐败，计 85 份。

第二个主题涉及中国对外援助且主要是对非洲的援助，有文献 269 份，议题也比较庞杂，归纳起来大致可以分为两类；同样，部分文献涉及不止一类主题，故下面的计数会大于 269 份。第一类，中国援助概况、援助战略、援助政策、援助活动，计 96 份；第二类，中国与非洲的关系、中国与非洲的合作、中国对非洲的援助、中国对非洲援助的经验和成效等，计 168 份。除此以外，还专门收集了针对一部著作的书评。2009 年美国学者（Bräutigam，2009）出版了一部专门探讨中国对非洲援助的著作，引起了学界的讨论，为此，我们专门收集了针对这部著作的书评，计 6 份。

第三个主题涉及卫生发展援助，有文献 204 份。在收集的过程中我们重点关注了对非洲的卫生发展援助。我们发现，在涉及对非洲卫生发展援助的文献中，讨论遏制艾滋病的文献数量庞大。由于我们研究的重点并非针对艾滋病的卫生发展援助，故而仅择要若干，未进行系统整理。系统收集的是与中国对非洲卫生发展援助有关的文献，包括如下主题：遏制艾滋病，计 24 份；全球卫生，计 18 份；卫生发展援助，计 78 份；中国医疗队，计 65 份；中医药，计 20 份。

第四个主题涉及从不同维度观察对非洲发展援助的文献，计 408 份。其中包括国际关系理论，计 19 份；非洲概况，计 75 份；西方针对发展援助的观点，计 12 份；亚洲对非洲的发展援助，计 41 份；欧洲对非洲的发展援助，计 60 份；美国对非洲的发展援助，计 99 份；各国对非洲援助的比较研究，计 52 份；对非洲的农业发展援助，计 42 份；对非洲的教育发展援助，计 39 份。收集针对农业和教育发展援助的文献，是希望与卫生发展援助进行比较。

第五个主题涉及对乌干达援助的文献，计 202 份，其中乌干达的背景信息，计 24 份；教育和农业发展援助，计 21 份；经贸与发展援助，计 35 份，卫生系统与卫生发展援助，计 40 份；中国与乌干达外交、对乌援助等，计 49 份，还有医疗队队员用援助积累的数据发表的医学论文 16 份。

尽管在收集文献上我们花费了很多的精力，也消耗了相当的时间，显然，收集到的文献并没有完全覆盖"双边四重嵌入"框架的内容，尤其是学术文献。这是因为，在学术研究领域，人们更多地研究自己有兴趣的问题；而在实践领域，人们则主要围绕实际问题进行探讨。当人们没有跳出自己关注的局部议题时，便很难看到针对具体发展援助内容在理论和实践知识上存在的系统性缺失。简言之，之所以没有覆盖"双边四重嵌入"框架，不是我们不收集、不努力，而是在可以探测到的文献中原本就存在内容缺失。

正是观察到了这一点，我们才提出了"双边四重嵌入"框架，目的是希望能对研究中的缺失提出我们的观点。

第六节　实地调查数据的收集、整理与分析

1. 收集数据的方法

在长达 30 多年的 DAHCU 中，除了援乌医疗队从 1983 年开始年复一年、批复一批地连续和长期驻扎乌干达之外，其他援助内容都带有离散性。在中国对外援助的分类中，中乌友好医院和疟疾研究中心属于成套援助项目，抗疟药物、器械、设备等则是阶段性援助项目。

针对 DAHCU 不同类型的援助，在数据收集中我们采用了不同方法，获得了不同类型的素材。实地调查数据（访谈、观察）包括：

（1）实地调查中国援乌医疗队在 1983～2012 年驻扎的金贾医院和金贾市。深度访谈医院的现任负责人、能找到的医院前负责人；与中国医疗队有密切接触的在职人员、退休人员；部分曾接受中国医疗队治疗的患者。此外，还召开了有医院管理人员、医务人员参与的座谈会；考察了医院的接诊科室、治疗室、病房、病案室、手术室、门诊、药房、针灸室、ICU 等；与患者、前来实习的学生、医务人员进行了简短访谈。

（2）实地调查中国援乌医疗队现在驻扎的中乌友好医院。深度访谈医

院的部分管理人员、医务人员、患者。考察中乌友好医院的设施、设备、接诊科室、病房、治疗室、手术室、门诊、药房等。

（3）实地考察云南省医疗队驻地。深度访谈第 16 批医疗队队长、部分医疗队员；召开第 16 批医疗队队员座谈会。

（4）专程拜访中国驻乌干达大使馆经参处。深度访谈经参处官员；在规则许可下，翻阅 DAHCU 部分文档。

（5）专程访问乌干达卫生部。拜访负责接受援助的卫生部官员，并进行简短的访谈（因受访者时间约束，无法进行深度访谈）。

（6）在不同的机会和场合，与中国在乌干达从事援助活动的其他中国专业人员、劳务人员进行非正式的访谈。

（7）在中国的实地调查中，深度访谈卫计委国际合作司官员、已经回国的前云南省援乌医疗队队员、国际关系领域的专家等。

2. 数据的分析与应用

由于 DAHCU 既非通常理解的项目也非政策，还由于 DAHCU 在实施中相关人员并未遵循"督导与评估"（M&E）系统性地记录数据或收集数据，所以我们无法依据 M&E 原则来运用数据。

因此，在梳理数据的过程中，我们从"信息饱和"原则出发对数据的有效性进行了粗略的评估，认为针对探索性和开放性的"有效性"评估研究而言，我们收集到的数据满足有限信息饱和原则，即收集到了所有可能收集到的数据。

在分析中，我们运用了社会学人类学评估研究的三种分析方法。

（1）事实分析。从基本事实出发，在有限范围内探讨事实存在的真实性。用于探索 DAHCU 的基本事实。

（2）比较分析。从同类事实出发，比较不同事实在更大结构和框架中的位置、比重、关系以及影响。如比较 DAHCU 的不同内容，判断其对乌干达卫生体系的着力点，评价其有效性；比较中美对乌干达的 DAH，判断两国对乌干达卫生体系着力点的差异，评价其有效性的特征。

（3）影响分析。从 4 个指标议题出发，分析和判断 DAHCU 的影响，进而帮助判断 DAHCU 的有效性。在影响分析中谨守有限判断原则，不做过度解读和推测。

本书运用的数据有多个来源，对一些不宜透露来源的数据，我们将遵循社会科学研究的伦理准则，能不用的尽量不用，一定要采用的则隐去数据来源。谨此，请读者见谅；也请读者相信，我们恪守研究伦理并将其视为对各方利益保护的基本原则。

第 3 章

援助何为：理论与实践中的争议

第一节　援助何为？

从对历史的简要回顾可知，现代国家之间的援助可追溯至 20 世纪 50 年代的"马歇尔计划"。二战后，欧洲国家、日本等的经济受到重创，亟须重建。美国向这些国家提供了大量的援助，使这些国家进入快速发展轨道（Browne，2012）。冷战时期，出于构建国际政治同盟和维护既得利益的需要，一方面，以美、苏为首的两大阵营主动向其他国家提供发展援助；另一方面，欠发达国家在战后的储蓄无法支撑其经济发展对投资的需求的情况下（Kasekende and Atingi-Ego，1999），引进外援成为一种必需。

从二战后对战争国家的援助到对发展中国家的援助，援助也在 20 世纪 60 年代从"对外援助"（foreign aid）转变成了"发展援助"（development aid）。在这个过程中，美国和欧洲的前殖民地宗主国发挥了举足轻重的作用（Cohen，2013；Lancaster，2007）。

60 多年来，援助的资源规模不断扩大，覆盖的范围越来越广；同时，问题也不断暴露，对援助的争议也从未停止。在对文献的系统梳理中我们发现，国际社会在援助的重要议题上几乎从来都没有达成过一致。因此，我们认为有必要从基本议题入手来探讨援助建构方面的知识，如援助的目的是什么、援助的手段与方式以及援助到底有怎样的效果。

这一节重点讨论援助的目的、理念、手段、内容以及是否附加政治条件，下一节讨论援助的效果及其影响因素。

自从有人提出援助使命（mission）（Musolf，1963）议题，关于发展援助目的的争议就不断出现。直至今天，尽管从《巴黎宣言》到《釜山宣言》已经有所发展，各国却依然没有对发展援助的目的达成共识。

对概念的公开辨析可能始于 20 世纪 70 年代。Abbot 曾有一篇文献专门辨析对援助的两种理解，认为大多数对援助的研究都可以被纳入两个相对宽泛且互斥的范畴（Abbot，1973）。第一，一些政治学家和经济学家把援助当作外交政策的工具，依据政治标准来设计、执行、评估；因此，援助就是一个政治概念，基本目的是达成援助方的政治和战略目标。第二，与第一种认识几乎针锋相对，一些经济学家则认为，援助方不应该试图在援助中附加自己的直接意图，援助是一种经济手段，一方面用作受援方的补充资源，另一方面为受援方的发展和社会转型产生额外资源；因此，对援助的评估应该更多地考虑援助的效率与配置，并以最大限度地促进受援方的发展为标准。

可无论怎样理解，援助都是一种工具，要么用于促进政治发展，要么用于促进经济增长，区别在于是否附加政治条件。

近些年，国际社会对中国援助的关注使对援助理念的争议变得更加复杂，因为中国在对外援助中始终强调和坚持自己的理念。这个理念在中国政府发布的《中国的对外援助》白皮书（2011、2014）① 中得到了清晰的体现（张严冰、黄莺，2012）。

在 2011 年的白皮书中，中国政府明确提出了"五个坚持"：坚持帮助受援方提高自主发展能力；坚持不附带任何政治条件；坚持平等互利、共同发展；坚持量力而行、尽力而为；坚持与时俱进、改革创新。其中的前三个坚持针对的正是援助的目的。在 2014 年的报告中，中国政府更是明确地把前三个坚持落实到了"推动民生改善"和"推动经济社会发展"上。

---

① 《中国的对外援助》，俗称《中国的对外援助》白皮书，到目前为止，中国政府发布了两次，一次在 2011 年 4 月，另一次在 2014 年 7 月。运用互联网搜索工具很容易搜索到白皮书的文本，故，不专门注明出处。

如果把前面的争论归纳为政治援助和经济援助的话，那么，中国的援助理念则可被归纳为"民生援助"，即便是推动经济社会发展，目的还是改善民生。对此，胡美和刘鸿武以援非为例，比较了"民主援非"与"民生援非"，他们认为 20 世纪 90 年代以后，西方和中国对非洲援助的战略都有重大调整。西方把推行民主作为其对非洲战略的首要目标，并把经济援助作为推进民主的工具，脱离了非洲当下的民生急需。中国则把扩大对非洲的经贸合作、实现经济上的互利双赢作为战略重点，较为理性务实，给中非双方都带来了实利（胡美、刘鸿武，2009）。

必须注意的是，无论是政治援助、经济援助，还是民生援助，在当今世界的援助格局以及援助转变中，没有哪一种在理论上占据了压倒性优势。不仅如此，更要注意的是，每一种理论都与其相应的援助实践关联在一起。

直到最近，这样的争论演变得更加多元化。Sumner 和 Mallett 在梳理了 50 多种援助理论后认为，发展援助就是一个市场。在这个市场上，有一系列的因素影响到供给与需求，包括 5 个方面：对援助的需求、对援助的供给、援助的"产品"或手段、援助效率的决定因素以及援助的成本与收益（Sumner and Mallett，2013）。与之针锋相对，Furia 则认为，援助就是国际性礼物，并形成了不同于既有礼物赠予实践的特殊实践模式，包括联盟的建构、规则的认识、议题的形成以及作为艺术的"治理"等（Furia，2015）。

还有大量的研究把援助与具体目标联系在一起，如民主（Scott and Steele，2011）、人权（Burton and Lewis，1993）、治理（Bräutigam，1992；Busse and Gröning，2009）、经济增长（Szmant，1978；Young and Sheehan，2014），甚至更加具体的如教育（McGrath，2010）、健康改善（McGrath，2010）、缓解贫困（Chong，Gradstein and Calderon，2009）等。

我们认为，就理解国家援助理念而言，尽管不能撇开具体的援助目标，但更加重要的是援助理论。当然，理论不是脱离实践的纯粹逻辑，而是实践经验与规律的归纳和总结，每一种援助理念，不仅与援助实践联系在一起，也与援助方的价值观相一致。如果说援助不是支配，不是锦上添花，而是雪中送炭，那么，不管基于哪一种理念的援助，都应该以受援方的需求为基础，以受援方的发展为目标，嵌入受援方的社会、经济和政治格局中。无论在理论上强调政治优先还是经济优先，最终的目的都是要让受援方的老百姓获得实惠。

具有讽刺意味的是，分歧的焦点正在于如何才是让老百姓获得实惠的最佳选择。或许，目前的分歧是援助试错中的分歧，都携带着援助方各自的历史经验，而不是受援方的历史经验。把受援方的历史经验、受援意愿纳入援助，或许是让老百姓从受援中获得实惠的适宜选择。

2011 年，OECD – DAC 提出从"援助有效性"到"发展有效性"的思路，是把受援方的需求与发展作为优先目标的转变，在某种意义上，是对援助理念几十年争议的一种回应（贺文萍，2011a）。

是否附加政治条件以及在哪些领域进行援助是援助实践中两个纲领性的问题。在这两个问题之下，如果附加政治条件，那么，附加怎样的政治条件，如何附加政治条件；如果不附加政治条件，那么，采用怎样的方式实施援助，如何安排援助领域的优先序列等，这些都是实践层次的问题。过去几十年的文献对这些议题都有所涉及，且与援助效果的文献相互交织，在这里择其要进行探讨。

在援助中附加政治条件，大约肇始于 20 世纪 90 年代国际货币基金组织和世界银行的实践，它们要求受援方进行结构调整，改革预算平衡，改革政府治理，也被称为第一代的"附加条件"（Stiles，1990）；第二代的附加条件中，增加了政治改革的内容，包括民主、人权、行政问责等（Stokke，1995）；第三代的"附加条件"更关注政府效率（Molenaers, Dellepiane and Faust，2015）。此外，Koch 还观察到，"附加条件"正在变得多元化，并对多元化的条件进行了概念化，提出了正向 – 负向与事前 – 事后的交互分类模型，事前 – 正向条件，如批准前（pre-ratification）的条件、选择性条件；事后 – 正向条件，如激励性（incentivizing）条件；事前 – 负向条件，如强化性（intensifying）条件；事后 – 负向条件，如惩罚性（sanctioning）条件、监视性（oversight）条件等。在讨论中，研究者强调把政治性条件与政策性条件进行区分（Koch，2015）。

World Development 是关注援助的主流期刊，从其刊登的以"条件性"（conditional, conditionality）为关键词的文章数量来看，第一次的 1979 年，

文章数量为 3 篇；20 世纪 80 年代共 50 篇，其中最多的 1987 年刊登了 15 篇；90 年代共 94 篇，其中，一年超过 10 篇的有 5 年，1990 年和 1997 年各 14 篇，为单年最多；21 世纪头 10 年 77 篇，其中，单年超过 10 篇的有 3 年，最多的 2002 年有 16 篇；2010 年迄今，已经发表了 63 篇，其中单年超过 10 篇的有 4 年，2015 年最多，有 25 篇，2016 年也已经刊登了 12 篇。这个数据动态让我们看到了国际社会对"附加条件"关注度的变化。可以说，近年再次进入一个强烈的关注期。

在文献中，这一主题出现的时序还让我们观察到，把援助与民主关联起来的文献的确出现在 20 世纪 90 年代（De Waal，1997；Hyden and Reutlinger，1992），但把援助与管理关联起来，则早在 50 年代，即战后援助的后期就已经出现了（King，1953），甚至早在 80 年代就有人系统地讨论了政治附加条件（Cohen，Grindle and Walker，1985）和发展（Yeats，1982）问题。把援助与人权（Burton and Lewis，1993）、治理（Bräutigam，1992；Busse and Gröning，2009）关联起来的文献，最早出现在 90 年代。这些文献，让我们看到了附加政治条件的类型和方式。

美国和欧盟是最早实施援助且援助规模最大的国家或实体。从它们的援助实践来看，援助的内容包括了农业发展、生存改善、家庭计划、教育改善、营养改善、艾滋病防治等。OCED 把援助划分为如下大的领域：①社会基础设施和服务领域，包括教育、健康、人口、供水和消毒及其他；②经济基础设计和服务领域，包括交通、仓储、通信、能源、银行和金融、商业及其他服务业；③生产领域，包括农业、工业、贸易、旅游业等；④交叉领域，包括环境和其他交叉领域；⑤生活物质领域，包括生活物质、一般预算、食品以及其他生活物质；⑥人道主义领域，包括人道主义、紧急援助、重建与恢复援助、防灾与减灾援助等；⑦其他无法归类的援助。根据 OCED 的分类，上述援助可以被归入社会基础设施和服务、生产以及人道主义三个领域。

从文献呈现的时序来看，生产领域曾经是援助的优先领域，接下来便进入社会基础设施和服务领域。以美国对非洲的援助为例，从美国国际开发署（USAID）对非洲援助的项目以及学术文献在时序上呈现的内容来看，最早的援助是农业开发，包括农业生产技术及相关物质；随后进入人道主义援助，包括生存援助；不久很快便进入社会基础设施领域，尤其是基础教育、教育设施、人力资源培训。在健康领域，早期关注的是慢性病和流行病等，2007 年后，艾滋病防治、疟疾防治、安全饮用水、家庭健康、健康倡导、社会健康行动等领域的文献便占据了文献总量的绝对多数。

非常遗憾的是，在既有的文献中，还没有文献对 60 多年来援助领域在时间序列上的变化、优先序的变换、一个时间段内不同领域之间援助资源占用的关系，以及影响上述变化、变换与关系的因素进行系统的研究。张斌和张芸曾经梳理了美国近些年对外援助的领域与国别（张斌、张芸，2016），但没有对更长阶段的援助趋势进行整理和分析。

我们认为，在"双边四重嵌入"框架下，了解这些议题，对理解援助的发展规律、援助方和受援方因素对援助的影响，以及援助方与受援方之间的关系变化等都非常重要，关乎我们对援助历时特征的了解，进而关乎未来援助政策制定时的依据。

第二节 援助的效果及其影响因素

无论出于什么样的理念，援助哪些领域，采用什么方式；也无论是否附加政治条件，对援助效果的关注是援助和受援双方共同的议题，且涉及对效果的不同认知，符合"双边四重嵌入"框架，即是一个逐层嵌入的"效果结构"。

第一，总效果。既包括依特定时期国际和国内格局来评价援助的效果，如对政治、经济、社会、外交的影响；还包括从历时视角来评价援助总效果的变化。

第二，不同援助类型的效果。在特定时期，每一类援助在总效果中的份额是不同的；不同援助类型之间还有绩效差异，即从单位产出耗费成本出发的评价。还有从历时视角出发对同一个项目在不同时期效果的评价与比较。

第三，某个受援方的某（几）类援助的效果。某（几）类援助总是会落实到具体的受援方，通常是主权国家和地区。对同一受援方而言，主要的关注点有，来自同一个援助方援助的总效果中不同类型援助之间的效果比较，同一个援助方援助效果的历时变化，以及不同类型援助效果的历时比较。有时，同一类援助会落实到多个受援方，如中国向非洲国家派遣医疗队的卫生发展援助。此时，对效果评价涉及的关联就更多。此外，还存在不同援助方之间在同样多维度下对效果的评价与比较及其历时比较。

第四，某个援助项目的效果。具体的援助项目总会落实到具体受援方，且与援助方提供的援助类型、落实到受援方的援助类型以及受援方获得的、来自不同援助方的不同类型或相同类型的援助项目有关，其评价涉及的维度与比较就更加复杂了。

这就给系统的效果评价带来了诸多的选择性难题，譬如，采用什么标准？如何测量效果？如何进行比较？或许正是因为这些难题，文献呈现的效果评价，无论从哪个维度看，都错综复杂、莫衷一是。

尽管如此，还是可以归纳出一些效果评价的关键词。

对附加政治条件的援助而言，除了对附加条件的效果进行总体性评价（Fisher，2015；Öhler，Nunnenkamp and Dreher，2012）以外，民主（Kersting and Kilby，2014；Knack，2004；Kono and Montinola，2009；Kosack，2003；Resnick and Van de Walle，2013，Scott and Steele，2011）、人权（Lebovic and Voeten，2009；Demirel-Pegg and Moskowitz，2009；Carey，2007；Gomez，2007）、治理（Bräutigam and Knack，2004；Busse and Gröning，2009；Winters and Martinez，2015）、腐败（Acht，Mahmoud and Thiele，2014；Bauhr，Charron and Nasiritousi，2013；Dietrich，2011；Okada and Samreth，2012）、政治（Boone，1996；Dutta，Leeson and Williamson，2013；Reinsberg，2014；Woods，2005）、政府（Ayittey，2003；Khan and Hoshino，1992；Ouattara，2006）、政策（Anonymous，2011；Blackorby，Bossert and Donaldson，1999；King，2011；Lambert，1996；Muravchik，1996）、改革（Collier and Dollar，2001；Crawford，2001；Hsieh，2000）等，都是效果评价的关键词。

对强调经济发展的援助而言，改革（Ayittey，2003；Baccini and Urpelainen，2012；Heckelman and Knack，2008；Stein，1994）、经济（Bräutigam，1992；Burhop，2005；Feeny and Fry，2014；Francken，Minten and

Swinnen，2012；Schwalbenberg，1998）、增长（Arndt，Jones and Tarp，2015；Mekasha and Tarp，2013；Minoiu and Reddy，2010；Young and Shee-han，2014；Kourtellos，Tan and Zhang，2007）、产业（Liu，Zhang and Chao，2014；Museru，Toerien and Gossel，2014；Papanek，1973；Phelps，Stillwell and Wanjiru，2009）、贸易（Bearce，et al.，2013；Jakupec and Kelly，2016；Lim，Mosley and Prakash，2015；Rotberg，2009）、发展（张海冰，2012；Atwood，McPherson and Natsios，2008；Leonard，2005；Mill-er，2014；Smith，2010a）、私有化（Due，1993；Ghosh and Rondinelli，2003）、收入分配（Ali and Isse，2007；Chong，Gradstein and Calderon，2009；Lof，Mekasha and Tarp，2014；Saghafi and Nugent，1983）等是关键词。

对关注民生的援助而言，贫困（Agénor，Bayraktar and El Aynaoui，2008；Bhagwati，2010；Cogneau and Naudet，2007；Collier and Dollar，2001）、教育（King，2010；McGrath，2010；Mundy，et al.，2010）、健康（Adelman and Norris，2001；Bendavid，2014；Mishra and Newhouse，2009，Roodman，2012）等则是关键词。

对援助方援助总效果的评价，一般出现在援助方的国家报告中，如中国政府 2011 年发布的《中国的对外援助》（2011、2014），USAID 每年发布的年度绩效（performance）报告、财务（financial）报告，以及 OECD - DAC 的专题报告等。可是，在这些报告中，援助方之间、援助方与受援方之间，以及来自其他方面的评价都是复杂的，很难获得一致的共识。

对不同类型援助效果的评价，一般出现在援助方相关行政或管理机构的报告中，关注的是针对援助方具体项目或援助行动试图达成的目标，很少有系统的评价报告。譬如，中国拍摄的纪录片《中国天使——援外医疗队 50 周年纪事》是对中国医疗队的评价，而不是对中国卫生发展援助的整体性评价；USAID 也少有针对譬如农业、卫生等援助类型的评价。

同样缺乏的还有援助方对某个受援方提供援助的报告。不仅中国没有，世界各主要援助方也都缺乏。有的是提供给受援方援助项目的数据，譬如美国对乌干达援助的项目、资金等数据；在 USAID 网站和 OECD 网站，可以查到对受援方分国家、分年度、分援助类型的援助数据，却鲜有对一个受援方援助效果进行评价的数据和报告。

以受援方作为分析单位的援助效果评价则更加紧缺。以乌干达为例，我们没有发现由乌干达政府或相关机构发布的年度受援效果评价报告或某类援助效果的评价报告，也没有发现乌干达某个机构发布的某个援助方各类援助效果的评价报告，当然也没有某个机构发布的不同援助方、相同援助类别援助效果的评价或比较报告。

相比之下，具体援助项目的评价报告，包括对效果的评价报告则数量庞大。这类报告主要来自援助方，且主要关注的是援助方视角的援助效果，譬如 USAID。根据美国的法律，来自公共财政支出的项目都必须接受审计和评价。为此，USAID 有一系列项目评价指南、工具、培训等。在项目评价报告中，也有少量是来自受援方的，不过这类评价报告，往往是有受援方资源参与的项目，依然是援助方视角的效果评价。

不管关注什么，也不管在哪个层次进行评价，一旦涉及评价结果，就非常难以判断了。Sumner 和 Mallett 针对减贫援助的学术研究仅查阅了2000 年以来的文献，就梳理出 50 多种效果评价（Sumner and Mallett，2013），且几乎没有两种评价之间的结果是一致的。

在专注效果评价的文献中，从援助方视角出发认为援助效率低下（Gulrajani，2011）甚或无效率（Smith，2010a）、受援方债务不可持续、援助导致受援方成为资本净流出国（Zalanga，2014）等观点，比比皆是；更有著作认为援助已死（Moyo，2009）、援助是白人的负担（Easterly，2006）等。

也有大量的研究从受援方的视角出发认为，援助是有效果的，尤其是国际组织如世界银行、IMF 等的评估报告。Cohen 运用 OECD 的数据进行分析后指出，援助对发展中国家的发展确有成效（Cohen，2013）；Arndt 等人对 OECD - DAC 数据的分析表明，在长达 40 年里，援助的效果在不断凸显，数据证明援助不仅促进了增长，也促进了经济结构转变和社会指标改善（Arndt，Jones and Tarp，2015）；即使区分发展援助和非发展援助，Minoiu 等人的研究也说明，1960～1990 年的发展援助，对经济增长的贡献是正向的、逐步显现的（Minoiu and Reddy，2010）。

由此看来，依照"双边四重嵌入"框架，希望看到对援助效果的系统评价只能是一个理想，因其涉及的因素不仅数量多，也过于复杂。不仅如此，Jones 的试错模型还告诉我们，原本就没有所谓的设计完美的援助（Jones，2015）。如此，也没有所谓的系统评价。可以看到的是大量针对某个项目效果的评价，尤其是 OECD - DAC、USAID 以及国际组织如世界银行、IMF 的援助项目评价。具体评价某个援助项目的效果是众多援助管理中常见的方式之一。需要注意的是，对单个项目效果的评价，因其既无法纳入完整甚至主要的关联因素，又无法分离其他因素的影响，不管结果如何，我们都不得不提醒读者始终保持审慎的态度。

不管援助的效果如何，援助总是实实在在地发生了。影响援助效果的因素也是援助方和受援方都关注的议题。在"双边四重嵌入"框架中，这些因素与每一重的嵌入均有关系。遗憾的是，既有的文献更多地关注了援助方、执行方、受援方的环境等因素，尚未形成系统性的讨论。

综观文献，从数量来看，涉及援助方的文献最多；从内容来看，显然与援助方对援助的主张（Lskavyan，2014）有关。Fuchs 等人考察了 1976 ~ 2011 年 DAC 的 22 个成员国的预算，发现在排除援助方的固定效应之后，殖民历史和执行机构的影响不显著，人均 GDP 的影响减弱，援助方的预算赤字会降低其援助额度（Fuchs，Dreher and Nunnenkamp，2014）。Brech 等人也利用 1960 ~ 2009 年 OECD - DAC 的 23 个成员国的数据，发现左派政府会更多地采用双边模式援助不发达、中低收入国家，即政党政治假设（Brech and Potrafke，2014）。这一思路也被用来观察中国的援助，认为中国作为援助方带来了一场静悄悄的革命，那就是由西方国家建立的援助体系不再具有影响力和吸引力，因为自 20 世纪 80 年代以来，西方国家的援助放弃了对受援方需求的关注，转而强调自己的主张、强调"附加条件"；与之形成鲜明对照的是，新出现的援助方不强调自己的主张、不附加条件，而只要求受援方支持援助方的外交政策，且援助的重点在于贸易与投资，并为受援方提供技术、建议以及专业帮助，让受援方觉得更加有用、更加符合自己的需要。自然，这场革命便悄悄地发生了（Woods，2008）。

此外，对援助方国内环境（傅瑞伟、吕筱青，2011；蒋华杰，2015；Lancaster，2007；Otter，2003；Taw，2011；Tingley，2010）、公众支持（Otter，2003）以及援助效果的关注，也是这个领域的重要方面。

在这里，我们再次看到了政治援助、经济援助、民生援助等理念对援助和援助效果的影响。同时也看到，援助方的主张在不同条件下会产生不同的效应。Woods 的分析与 Moyo 的论述让我们看到，在受援方没有选择的时候，援助方手里拿着钱，的确可以伸张自己的主张，并且极为强势。为了获得援助，受援方不得不接受援助方的主张。在有选择的时候，援助方的主张不再表现为绝对强势，受援方也可以在不同的援助方之间选择对自己有利的、适合于自己的援助方。正是在这样的逻辑中，中国的援助打破了西方对援助话语权的垄断，对既有的援助体系形成了正面冲击。如此，把援助看作一个市场（Sumner and Mallett，2013），也未尝不是对当下乃至未来援助的有效刻画。

影响援助和援助效果的另一个因素是受援方。在对受援方的关注中，有对环境的关注，如气候和人口（Walker，1986）；有对受援方获取与支出的关注，Martins 的研究指出，援助资源中的 2/3 流向了低收入国家，受援方将获得的资源都花光了，且主要用于公共投资，没有结余（Martins，2011）；还有对吸收能力包括对资源使用能力的关注。大量的研究发现，资本的回报率在逐步降低。Feeny 等人认为，对此构成影响的有资本、政策与制度、宏观经济、出资方的实践、社会和文化因素等。他们在研究结论中指出，吸收能力严重地影响获取援助的能力以及援助的效率，其中受援方的人力资本、基础设施、政策制度以及出资方的实践是受援方吸收能力的重要组成部分（Feeny and de Silva，2012）。

通过对中国在非洲自 20 世纪 60 年代以来的农业援助进行反思，唐晓阳认为，非洲农村独特的环境对中国的援助提出了挑战；并指出，援助无法融入当地社会以致无法造成本质性的改变，这是影响援助活动及援助效果的主要因素。他建议重新审视援助的作用和对效果的评价标准（唐晓阳，2013）。

Easterly 曾经做过世界银行的经济学家，对援助有广泛的参与，也撰写了大量与援助主题有关的文献。在讨论援助和援助效果的影响因素时，他指出实践是最重要的因素（Easterly，2006；Easterly and Williamson，2011）。2009 年他出版了一部在西方援助领域石破天惊的著作 *The White Man's Burden*，直指西方世界的援助活动做错的太多、做对和做好的太少；

最主要的原因是设计者和实践者的分离。Easterly 显然反对宏大的设计，认为真正有用的是那些实践者（searchers）。在援助中，计划者宣布伟大的关注点，却并不动员任何人去实践；实践者找到管用的方式并可获得回报；计划者提出期望，却不对实现期望负责任；实践者承担责任并负责实践。计划者决定援助什么，实践者却知道需要什么。计划者在设计全球的蓝图，实践者却在运用地方性的条件。计划者高高在上、缺乏对基层的了解，实践者对基层现实了如指掌。计划者从来不过问计划是否实现了，实践者明白自己的对象是否获得了满足。因此，真正有用的是让援助直达穷人，而这正需要实践（Easterly，2009）。在 Easterly 的实践者中，既包括援助方的实践者，也包括受援方的实践者，从强调 searcher 转向了强调 agency。如果前者强调的是个体性和摸索性，后者则更多地强调了能动性、组织性。

诺贝尔经济学奖得主 Amartya Sen 为这部著作专门写了书评，认为援助的实践远不像 Easterly 刻画得那么简单。不过他认为，Easterly 的正确之处在于，他指出许多宏大计划的失败来自忽视制度和激励的复杂性，忽视个体的创造力。对此需要采用的是社会性手段，而不是官僚机制。Sen 还认为，Easterly 完全忽视了不同类型的经济问题（Sen，2006）。

把计划者和实践者联系起来，恰恰是中国的做法。一方面，中国向受援方提供援助；另一方面，中国让自己的专家、专门人员深入受援方各个领域，把自己的实践传授给受援方的受益者，进而让计划与实践得以有效互动。

Angeles 等突出强调了受援方地方精英的影响。他们认为，地方精英处在援助方和援助受益方之间，如果地方精英被经济和权力左右而不考虑受益方，那么，很有可能出现对援助的误用。对前殖民地国家分析的数据表明，留在本地的前殖民者数量与援助效率呈负相关，且结果稳健（Angeles and Neanidis，2009）。

倪国华等就援助方百名专家群体对援助绩效的影响进行了探讨，认为援外专家的专业技术能力、性别、年龄和自信心对专家团队的合作能力有显著影响，拥有较好沟通协调能力和语言能力的专家更容易得到受援方的欢迎（倪国华等，2014）。同样是对中国农业援非的研究，Xu 等人探讨了国有农业企业经理人在援助中的行为，特别是总部与农场的关系。他们指出，作为一种商业边缘地（business borderland），经理人的"落地不生根"不会影响援助效果，因为他们与当地人在工作中发生着密切的互动（Xu，Qi and Li，2014）。

在涉及与援助效果相关因素的探讨中，同样，我们没有看到相对系统的研究，专题性的探索主要集中在援助方的政治取向、国内政治、援助方的援助方式，还有受援方的政治、经济、社会环境、人力资本、基础设施和制度环境等。涉及援助和受援双方的文献主要探讨了援助与受援实践，指出执行环节影响到援助的效率（Dietrich，2011；Broughton，et al.，2016）。此外，援助中的群体因素也受到关注，包括援助方的执行人员、受援方的中介力量等（Hermano and Martín-Cruz，2013；Easterly and Williamson，2011）。

在这些讨论中，最不清楚的是如何判断效果。前面的讨论已经提出，正如"双边四重嵌入"框架展现的那样，援助效果是一个逐层嵌入的结构。遗憾的是，不管在哪一个层级，哪怕在最底层的项目层级，既有的文献也没有在效果判断标准上呈现共识。不仅受援方没有，援助方也没有。对效果影响因素的讨论，粗略地看，每篇文献都能自圆其说；把不同文献放在一起，则很难发现文献之间有可比较之处。

由此获得的启发是，在评价"中国对乌干达卫生发展援助有效性"时，我们没有可以沿用的有效性评价标准，需要依据中国卫生发展援助的实践来建构适用的有效性评价标准。

第三节　对外援助格局的转变

纵观援助的发展历史，Sumner 和 Mallett 开宗明义地指出，官方发展援助（official development aid，ODA）面对的格局已经发生历史性的改变（Sumner and Mallett，2013）。他们引用世界银行的数据指出，1990 年，90% 的极贫人口（每天 1.25 美元）生活在低收入国家；到 2008 年，3/4 的极贫人口生活在中等收入国家；营养不良人口的空间分布在过去的几十年里也发生了同样趋势的改变，即正在从低收入国家转移到中等收入国家。如此，贫穷与发展就变成了中等收入国家内部的问题，而不是国际问题。与此同时，在官方发展援助中，一些新兴援助方的影响正在逐步扩大，譬如中国的一些私营组织和基金会。新援助方的出现正在改变国际援助的格局。

在这样的变化中，与 Moyo 一样，Severino 和 Ray 也认为传统的 ODA 已经死亡（Severino and Ray，2009，2010），对于援助的目标、参与者以及援助手段，都需要重新定义和改变，他们称之为 ODA 的"三重革命"。这是因为，如果生活在中等收入国家的贫穷人口不能分享经济发展成果的话，经济增长也不一定能够解决新的贫穷、营养不良等传统援助面对的问题；进而解决问题的主要手段转变成中等收入国家内部的治理、税收、再分配政策等，而不是 ODA。要解决中等收入国家内部的问题，双边援助显然不是有效的方式，多边合作便成为重要趋势。

在这样的变局下，援助方也需要适应新的格局，重新思考援助的目标、分配和手段。在讨论传统发展援助关键特征、目标与手段的基础上，Sumner 和 Mallett 提出了"援助 2.0"，即适应新格局的发展援助（Sumner and Mallett，2013）。

Jones 运用过去 50 年的追踪数据对援助中的几个重要问题进行了探讨，认为几乎每个国家的 ODA 采用的都是试错模型（error correction model），即"摸着石头过河"，这意味着双边援助中的援助有一个长期趋势；同时，在短期之内，不同的援助方之间又有差异性。从长期趋势来看，第一，国家之间、不同时段之间，援助行为具有差异。第二，除了援助方的异质性以外，在援助方之间还存在攀比效应，尤其是在较大的援助方之间，譬如竞相扩大或缩小援助的规模。第三，国内的宏观经济格局对援助活动具有短期效应，不过银行系统的危机貌似对援助没有负面影响。第四，近期的援助越来越多地体现出与安全挂钩，与受援方的民主化、经济增长挂钩的趋势（Jones，2015）。

如果说试错模型观察到的是一种社会事实，Dollar 和 Levin 观察到的则是另一种社会事实。通过考察 1984～2003 年的发展援助，他们发现援助的"选择性"（selectivity）在增强，认为把援助方与受援方的制度挂钩是一个新现象，并称之为"选择性"。研究发现，双边和多边援助都与受援方的民主、产权、法治有关，且多边援助比双边援助具有更强的选择性。1984～1989 年，双边和多边援助与受援方的法治具有显著的负相关，且主要与经济治理有关，即经济治理越糟糕，获得的援助越多，与民主的关系不大；而 2000～2003 年，多边援助与经济治理之间转变为正相关，即经济治理越好，获得的援助越多；双边援助与经济治理之间也转变为正相关，但统计并不显著（Dollar and Levin，2006）。这一发现与 Bräutigam 的发现（Bräutigam，2006）具有高度的一致。

第三个可能的事实则是把援助与安全挂钩。Brown 和 Grävingholt 的最新著作对此做了专题探讨。随着国际安全格局的变化，他们发现对安全的威胁不是来自敌对国家，而是来自一个脆弱的政治和政府、来自恐怖主义的全球渗透。他们认为，一个越来越显现的趋势是，援助方在对援助效用的条件和环境进行反思，并认识到没有安全便没有发展，没有发展就更没有安全。由此，他们提出了一个针对西方国家 ODA 政策的争论，即"援助的安全化"（securitization），并引用了 OECD 1990～2013 年的数据来说明这个趋势（Brown and Grävingholt，2016）。

Thérien 则试图发现试错、选择性和与安全挂钩等援助现象变化背后的影响因素。在回顾援助自出现以来的变化之后，他通过建立理想模型的方法提出，对几十年援助的理解离不开意识形态环境。左与右，始终是援助中的两个倾向、两股潮流，且直接影响了援助的趋势。二战以后的援助是从左派开始的，1950～1970 年的援助则受到右倾思潮的影响，其中 1955 年之前，对外援助中的 90% 来自美国、英国、法国这三个国家。之后，1970～1980 年便进入对前期援助的质疑阶段，左倾思潮不断呼唤建立新的国际经济秩序；1980～1990 年则再次被右倾思潮主导，新自由主义者极力主张削弱国家扮演角色的力量；从 1990 年到现在，钟摆又回到了对人类发展的关注上（Thérien，2002）。这样的判断尽管带有武断的、理想的色彩，对理解援助中意识形态的变化却是简洁与明确的。

上述的分析与判断，对于我们理解中国的对外援助具有重要的启发。

第一，随着国际援助格局的变化，对于传统的援助方式亟待反思与检讨。在过去的几十年里，与援助相关联的变化发生在经济领域，不仅是穷人空间分布的转变，还是受援方国内以及周边政治、经济、安全环境的变化。当然，国际援助并不限于经济援助，20 世纪 60 年代显现的 ODA 几乎覆盖了政治、经济、文化、卫生、军事等国家生活的各个领域，仅从经济援助中获得的观察虽然不一定适用于其他援助领域，其提示却具有警示意义，意味着采用一以贯之的援助方式、援助内容、援助规模，很难达到援助目标。因为，在"双边四重嵌入"框架中，援助方援助目标的达成是以满足受援方对援助的需求以及援助在受援方长期和短期事务中的权重为标准的。

第二，如果我们认同援助的发展是"摸着石头过河"的过程，那么，在研判过去援助的得失时，教训甚至比经验更重要。这是因为，过去的经验无法指导当下，更不能指导未来的援助。援助方在发展，受援方也在发展。对未来援助的设计除了要理解 Sumner 和 Mallett 阐述的宏观格局变化之外，更多地还要理解从 Jones 50 年来追踪数据中观察到的现象，即没有两个国家之间的援助是相同的，也没有一个国家在两个时点上的援助是相同的，未来的援助同样无法脱离"摸着石头过河"的状态。因此，在"双边四重嵌入"框架中，更多地需要援助方与受援方之间的互动与沟通，特别需要针对不同目的、不同内容、不同手段的援助之可能效用进行预判。是否真的需要多边合作以及如何进行多边合作，在未来的援助中，可能依然是"摸着石头过河"的过程。

在这样两个对援助格局的大判断之下，其他的讨论便显得有些局限与具体。譬如对新殖民主义的讨论（Pfaff，1995）、从 20 世纪 60 年代开始对援助使命的讨论（Clad and Stone，1992；Musolf，1963）、针对各类行动者包括 NGO 对援助支持的讨论（Dicklitch and Rice，2004；Nunnenkamp and Öhler，2012；Paxton and Knack，2012）、对援助规模影响因素的讨论（Kilby，2011）、对援助方与受援方内部冲突的讨论（Balla and Reinhardt，2008；de Ree and Nillesen，2009；Nielsen，et al.，2011）、对乡村援助中权力不对称的讨论（Niyizonkiza and Yamamoto，2013），还有对名与实的讨论（Gerhart，1999），以及对援助与公共产品关系的讨论（Hatzipanayotou and Michael，1995；Lei，Tucker and Vesely，2007）等等。

遗憾的是，在针对 ODA 发展格局与趋势这样的重大议题上，中文学术文献的讨论几乎为零。

第 4 章

双边之一：受援方视角

第一节 非洲接受的卫生发展援助

在"双边四重嵌入"框架中，DAHCU 嵌入的最外层环境是非洲接受的援助。虽然非洲接受的援助对非洲大地影响的深刻程度是空前的，然而在本书中，我们不会对这一部分进行展开。首先，非洲接受的援助是DAHCU 嵌入的第一层，相比中间两层，对 DAHCU 的理解影响是相对较小的。其次，对非援助的行动者（援助和受援双方）数量极大、行动者属性离散性明显，产生的结构关系非常复杂，需要开展专题研究。为此，我们直接进入对非洲接受的卫生发展援助的讨论。

在过去的 20 多年里，国际社会对非洲卫生发展援助的数量显著增加、质量显著提升。尽管卫生发展援助曾经属于政治不敏感领域，政治影响力很弱（Obermann，2007），然而随着全球卫生条件改善的呼声越来越高，卫生发展援助受到的关注日益增加，不仅援助经费迅速攀升，在援助中的占比也越来越凸显，卫生发展援助的政治化也呈现显著的强化趋势。由于有效的卫生发展援助能显著改善受援方的多个健康指标（Afridi and Vente-lou，2013），也使援助方可以获取相关经验和知识。因此，卫生发展援助被认为是双赢的援助领域。

在对既有文献的搜寻中，尽管在 OECD – DAC 数据库中可以找到不太完整的 DAC 成员国对非洲卫生发展援助的数据，譬如非洲地区接受了多少卫生发展援助，在过去几十年里有着怎样的动态，援助主要来自哪些国家和国际组织，包括哪些卫生领域；我们却没有找到对非洲卫生发展援助格局进行探讨的文献，包括从总体格局出发探讨援助效果的文献，对数据的理解与解读没有现成的答案。为此，我们将尽量运用相近议题的文献，试图勾勒非洲接受的卫生发展援助图景，以此作为中国对非洲卫生发展援助的背景。

1. 主要国家对非洲的卫生发展援助

在既有的文献中，对卫生发展援助方式与内容的研究通常会从援助方视角出发。图 4 - 1 在某种程度上展示了援助方式的一部分（Dieleman, et al., 2016）。还有人对不同援助方的卫生发展援助方式进行探讨，认为在卫生发展援助中存在两个差异明显的关系，一是南北关系，二是南南关系。在南北关系中存在北美模式、日本模式、欧洲模式，在南南关系中存在印度模式、中国模式（夏庆杰、陈禹江，2016）。

北美模式以美国为代表，基本特点是资金充裕、参与面广、附加政治条件强、关注受援方的制度建设、倡导多种渠道。以艾滋病防治为例，"美国总统防治艾滋病紧急救援计划"（PEPFAR）从最初提供 54 亿美元的专项援助开始，2004~2009 年每年增加 20% 的经费；2009~2015 年年度预算保持在 67 亿美元左右（Bendavid，2016）。与美国在非洲的其他援助一样，在提供大量援助经费的前提下，美国的卫生发展援助也重点关注受援方的卫生体系建设和健康保障覆盖面，尤其关注制度建设，譬如对乌干达医疗保障体系基础建设的要求，要求受援方进行政治体制改革，其中改善人权和进行民主改革也是援助条件的一部分（夏庆杰、陈禹江，2016）。

与美国直接干预受援方的体制不同，日本模式是在援助中把自己的政治利益和经济利益交织在一起，其中保障日本的经济利益是影响日本卫生发展援助的决定性因素（Schraeder, Hook and Taylor，1998）。此外，与其总体援助方式一致，日本也不希望因援助在非洲国家内部产生抱怨，进而影响日本在经济和政治上的交织诉求，在卫生发展援助中保持平衡是日本的基本方式。还有，与美国一致，强调能力建设和制度建设是日本卫生发

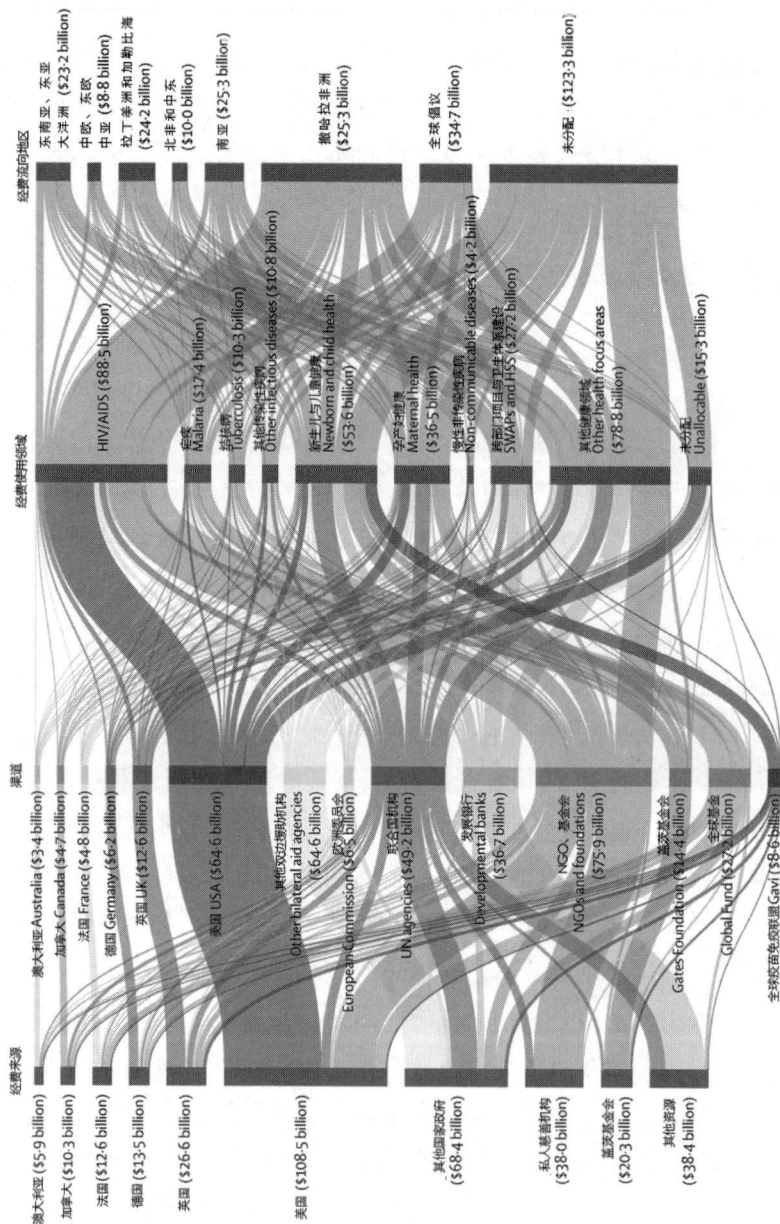

图 4-1 卫生发展援助经费流向（2000~2013）

数据来源：Dieleman, et al., 2016: 2540。

展援助的特点，譬如 1982 年日本援助肯尼亚 28 亿日元生产血液检测器材，1990 年又援助肯尼亚医学研究中心进行传染病研究，让艾滋病检测成本下降了 1/3 ~ 1/2（夏庆杰、陈禹江，2016）。

欧洲模式与美日模式又不相同，在欧洲模式中，最重要的特征是领域广泛、层次丰富、渠道多样、监管完善。非洲的医疗体系基本沿袭了殖民地时代的模式，大量的卫生人员在欧洲接受教育和培训。欧盟还在非洲建立了医疗卫生人才交流平台。欧洲的卫生发展援助则基本覆盖了从生到死的主要环节，如卫生体系建设、免疫、传染病防治、妇幼保健、精神健康、医疗服务等。欧盟甚至在撒哈拉以南非洲国家建立了临床实验伙伴关系，包括 17 个 OECD - DAC 成员国和 47 个撒哈拉以南非洲国家（夏庆杰、陈禹江，2016）。简单地说，在卫生发展援助上，尤其是在基础医疗服务和体制机制建设上，非洲依然是欧洲的后院。

在南南关系中，印度是与非洲关系历史最为久远的国家。在卫生发展援助领域，一如其援助的总体风格，印度充分运用了历史关系、地缘关系、族群关系优势，在援助的具体领域运用了印度的技术优势，以技术输出为主，如医药、人才培训，整合了卫生发展援助与其他援助。泛非电信网络计划就把印度与非洲 53 个国家通过电信网络联系在一起，除了提供基础教育内容以外，还提供了医疗卫生服务和医疗卫生人才培训，其中远程教育由印度 7 所大学提供、远程医疗则由印度 12 家医院提供，连接了非洲的 53 个教学中心、53 家国家医院、5 所区域大学、5 所区域医院。到 2011 年年初，这个网络已经拥有 169 个远程终端、举行了 1127 场医护培训。此外，印度还为非洲提供药品、派驻医护人员，也接受非洲的卫生人员到印度学习，他们主要学习婴幼儿健康、孕产妇保健、妇女健康等（夏庆杰、陈禹江，2016）。

2. 卫生发展援助的趋势与方式

从总体上而非仅仅针对非洲卫生发展援助的趋势可以看出，20 世纪 90 年代以来，援助规模始终处于扩大之中，1990 年为 56.6 亿美元；2000 年增加至 105.2 亿美元，增加了约 1 倍；到 2010 年更增加至 268.7 亿美元，约是 1990 年的 5 倍。在援助资金的来源中，无论是来自双边的、区域银行的、世界银行的、联合国组织的、地区性基金的、私人基金的，还是其他非政府组织的资金都有增长，其中，增长最快的是双边援助领域（Dieleman，et al.，2016；Murray，et al.，2011）。

不过，2010 年以来，卫生发展援助经费的增长并不如预期的那样快速。2000~2009 年的年增长率为 11.3%，2010~2015 年的年增长率只有 1.2%。不仅如此，在整体上，援助经费的用途也有变化，2015 年 29.7% 的经费指向了艾滋病防治，17.9% 的经费指向了婴幼儿健康，9.8% 的经费指向了精神健康。2000~2009 年，与联合国千年发展目标有关的经费每年增长 2.9 亿美元，与非千年发展目标的经费增长之间有显著差异。2000~2009 年关注的重点显然是艾滋病、疟疾、肺结核；2010 年以后指向精神健康和新生儿健康的经费增长更快（Dieleman，et al.，2016）。如图 4-2 所示，从经费的流向看，2000~2013 年，美国依然是最大的援助方，为卫生发展援助提供的经费累计高达 1085 亿美元，在受援区域上，指向撒哈拉以南地区的经费高达 253 亿美元，无法确认用途的经费更是高达 1233 亿美元。在这些援助中，每个援助方关注的重点也不相同。图 4-2 显示，NGO 和美国基金会更多地关注艾滋病，全球疫苗免疫联盟（GAVI）更多地关注新生儿童健康，世界银行则更多地关注了卫生领域和卫生体系的增强（SWAPs/HSS = sector-wide approaches and health system strengthening）。

3. 卫生发展援助的效果

对卫生发展援助效果的评价，从受援方视角出发的文献关注了总体的效果，却没有区分国别。譬如对世界银行定义的低收入国家中的 65 个进行分析，把 1960~2001 年每 5 年分为一个间隔来看援助对教育和卫生的影响，结果发现援助对教育和健康是有效果的，特别是对预期寿命的效果非常显著（Ziesemer，2016）。对撒哈拉以南 34 个非洲国家 1990~2012 年的数据分析表明，卫生发展援助显著地降低了受援方的健康产出，包括使艾滋病的蔓延降低了 8.3%，婴儿死亡率降低了 64%。这些成效主要是通过改善妇女的受教育状况和增加健康支出实现的，而与国家内部的稳定性没有关系，即无论是不是发生内战的国家，都有相同的改善趋势（Yogo and

□HIV/AIDS ▨新生儿与儿童健康 ▨孕产妇健康 ▨疟疾
▨结核病 ▨慢性非传染性疾病 ▨其他传染性疾病
▨跨领域项目或卫生体系建设 ▨其他

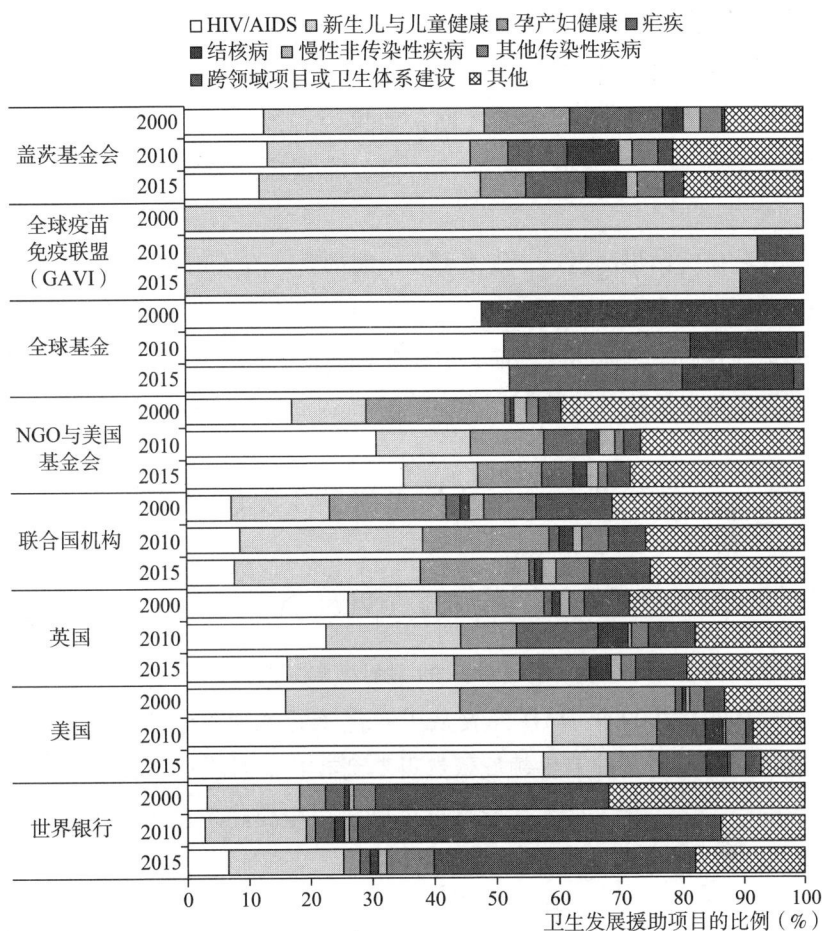

图 4－2 卫生发展援助中各国或机构关注的重点

数据来源：Dieleman, et al., 2016：2541。

Mallaye，2015）。对 49 个受援方 1993～2012 年 5 岁以下儿童死亡率的研究也表明，每人每多获得 1 美元的健康援助，就会降低 5.7‰ 的死亡率（Bendavid，2014）。对撒哈拉以南非洲国家卫生专项援助效果的分析也表明，增加对饮用水和消毒设施的援助可以改善人们的饮水状况，尽管这些改善与设施运用之间并非线性关系（Ndikumana and Pickbourn，2015；Botting，et al.，2010）。

从人类面对的共同健康威胁出发，有研究以抗击埃博拉病毒为例，认为在面对埃博拉病毒的威胁时，全局性的反应是缓慢的。如果卫生发展援助区分为支持全局性的和支持具体国家的，那么就会发现，提供给具体国家的援助占79%的份额，提供给全局性的仅占21%，其中用于全局性公共产品的援助只占14%（Schäferhoff, et al., 2015）。引申研究结果，可以认为既有的卫生发展援助，如果说有效果，也主要是针对具体国家卫生状况的；就人类健康而言，尚没有国家对全局性的公共产品给予足够的重视。

对这些研究结果的运用，需要补充说明的是，有人用6个不同来源的数据分析表明，相互之间有显著的差异，国别之间的数据尤其如此，并因此提出忠告称，在回答具体问题之前，需要非常谨慎地选择数据，选择的数据不对，就有可能误导读者（Van de Maele, Evans and Tan-Torres, 2013）。

第二节　乌干达接受的卫生发展援助

1. 基础卫生领域得不到援助的影响因素

在过去的几十年里，对乌干达的 DAH 增长迅速，超过了乌干达的卫生支出。1999～2009 年 DAH 经费从 1.8 亿美元增加到了 4.5 亿美元。尽管如此，乌干达的基础卫生领域依然得不到有效资助。

影响因素之一是，乌干达能够自主决定用途的经费极少。综合不同来源的数据我们得到了几组指标（见表 4 - 1）。从表 4 - 1 中可以看出，在乌干达接受的各类援助中，DAH 类的占比高且相对稳定。乌干达在 20 年间接受援助的总额约翻了一番，从 8.3 亿美元增长到 16.3 亿美元；其中，DAH 增长了 3.5 倍，增长速度更快、额度更大。在 2014 年的受援中 DAH 占 39%，占比最高。

DAH 的占比高、数量大，理论上意味着乌干达卫生系统有机会对卫生服务做统筹规划并有效地利用经费。事实是，我们看到的是相反的证据。1995～2014 年的数据显示，在乌干达的卫生体系中 DAH 在不同领域配置的份额相当不稳定，也没有规律可循。对于卫生政策的占比呈现无规则变化也许可以理解，譬如在一个时期需要集中投入，解决卫生政策与管理中的重大问题，进入常规性维护与可持续发展阶段之后便无须大规模投入。但基本卫生保障的占比则应该有规律可循，即使不考虑人口增长因素，如果保障的措施是逐步完善的，则基本卫生保障的费用应该是增加的；如果

表 4-1　乌干达接受的卫生发展援助及主要指定用途 (1995~2014)

单位：百万美元

年份	接受援助	其中接受卫援	在卫援中卫生政策	在卫援中基本保障	在卫援中基础设施	在卫援中健康教育	在卫援中教育培训	在卫援中卫生人力	在卫援中传染病	在卫援中疟疾防治	在卫援中AIDS防治
1995	833.16	128.14	16.10	10.76	78.76				0.59		11.25
1996	673.69	111.51	65.28	6.50	4.07	2.96		2.12	4.85		9.30
1997	813.05	66.41	26.86	4.97	1.60	0.33	0.29	0.14	5.16		2.79
1998	655.38	113.70	3.44	7.07	1.93	0.08	0.07	0.45	17.51		20.35
1999	605.03	91.28	2.81	0.75	42.88	0.84	0.84	1.19	2.75		23.12
2000	853.28	208.22	113.40	33.25	15.35	0.03	0.09	2.74	6.30		17.65
2001	822.19	239.59	99.36	10.35	1.00	0.08	6.05	29.68	17.97		55.10
2002	725.39	174.37	76.95	10.55	0.65	0.47	0.02	2.11	2.96		63.37
2003	997.65	302.47	59.48	128.77	1.94	0.42	0.01	2.12	4.58		94.11
2004	1216.02	322.00	7.23	8.51	0.13	1.45	0.39	2.35	6.41	28.33	207.51
2005	1192.16	385.32	51.90	18.16	7.54	0.19	10.98	0.11	14.31	78.70	151.65
2006	1586.43	276.56	9.62	3.91	7.80	0.14	0.43	1.70	5.08	0.04	213.61
2007	1737.30	377.66	45.79	19.79	1.01	0.11	0.98		2.85	26.06	251.11
2008	1641.47	623.78	41.07	64.88	1.90	0.71	1.50	0.42	6.32	79.56	397.72
2009	1784.70	457.89	12.30	14.33	1.72	0.24	1.19	0.63	4.80	97.80	287.89
2010	1688.02	521.01	23.75	19.56	105.48	2.11	0.81	6.42	7.20	40.86	259.99
2011	1572.81	530.22	17.78	22.42	0.41	2.88	2.53	1.14	3.42	82.13	318.18
2012	1641.76	635.52	19.72	53.81	86.97	2.97	0.09	0.16	0.98	103.97	262.07
2013	1700.74	552.44	8.44	34.98	19.16	1.86	1.02	0.30	1.99	54.32	323.96
2014	1632.93	420.40	9.59	49.39	0.34	1.76	0.46	0.16	4.39	46.96	241.48

数据来源：依据 OECD 和世界银行的在线数据库整理。

把人口快速增长和需要改善的基本卫生指标纳入考量，则基本卫生保障的费用更应该是按比例增加的，但数据显示的却是没有规律的变动。

那么，这是否意味着乌干达政府的治理无方呢？问题似乎并不那么简单。从 1999 年到 2009 年，乌干达的卫生支出从 2.1 亿美元攀升至了 5.8 亿美元，其中政府卫生预算的占比始终维持在 8% ~ 11%，增长最快的是预算外项目支持。政府卫生预算的经费来源有三——贫困行动基金（poverty action funds）、一般资源、项目资源，其中 DAH 经费始终超过一半以上，基于项目的经费占比也始终维持在 34% ~ 59%。简单地说，在卫生总支出中，纳入政府预算的只占 10% 左右；在政府卫生预算中，DAH 又占 50% 以上，其中绝大部分还是项目经费。这样，真正能用于基本卫生保障经费的总额在卫生总支出中的占比极低。巧妇难为无米之炊，显然不一定是乌干达政府不作为，而是可用的资源极其有限。表 4 - 1 显示的基本保障费用占比在 20 年间的跳荡说明，乌干达卫生服务体系为乌干达人民提供的基本卫生保障是脆弱的和不稳定的。

影响因素之二是，在国际社会强调"援助有效性"的环境下，由于双方更多地关注了援助方的兴趣，尤其是针对疾病的兴趣，使援助经费流向了特定的疾病，如艾滋病。2003 年，乌干达接受 DAH 的总额约为 2.2 亿美元，其中用于艾滋病的有 6000 万美元，占 27%；到 2009 年，在 4.5 亿美元的 DAH 中，包括"美国总统防治艾滋病紧急救援计划"（PEPFAR）的 3.1 亿美元流向了艾滋病防治，占 69%。在大量 DAH 经费流向特定疾病的情况下，用于一般卫生支出的经费占比从 74% 下降到了 31%（Stierman, Ssengooba and Bennett, 2013; Juliet, Freddie and Okuonzi, 2009）。

在基于项目的经费中，用于艾滋病防治的经费占比，2003 年为 35%，最高的 2007 年为 70%，2009 年为 67%。由此，研究者认为，乌干达的重点卫生领域之所以得不到关注，主要影响因素来自援助方的干预（Stierman, Ssengooba and Bennett, 2013; Juliet, Freddie and Okuonzi, 2009）。

表 4 - 1 和图 4 - 3 的数据证明了既有研究的判断，即援助方的"意志"直接影响了乌干达卫生服务体系提供服务的内容分布与资源配置，譬如疟疾防治在 DAH 中的比重在 2004 年之前为 0，最高的 2009 年达到了 21.4%，一般年份也在 6.9% 以上；还有艾滋病防治，占比最高的 2006 年

竟然达到了 77.2% ，20 年平均的占比也有 40.2% ，疟疾防治 10 年平均的占比也达到了 11.9% ；两项合计超过了 DAH 一半的经费。20 年间，最需要投入经费的基本卫生保障的占比只有 16.4% ，同卫生政策与管理的比重相当；对基本卫生保障造成最大影响的卫生人力资源投入占比只有 1.7% ；用于传染病防治的占比也只有 2.9% 。

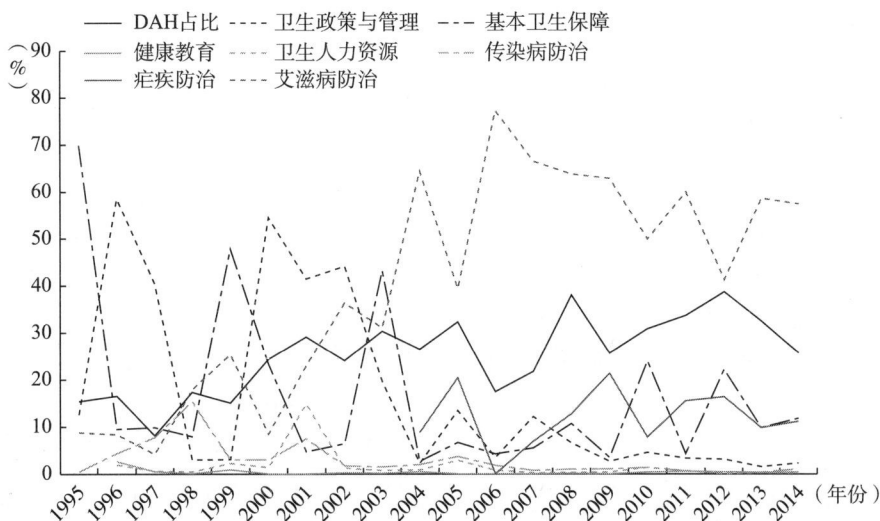

图 4 - 3　在乌干达的卫生受援总额中不同用途援助的占比 (1995~2014)

数据来源：依据 OECD 和世界银行的在线数据库整理。

如果把这个情形放在国际援助格局中就会发现，在乌干达，援助方干预的影响比可观察到的可能更严重。根据 OECD 的数据，1960 年以来，乌干达获得的援助在撒哈拉以南地区非洲国家中的占比始终维持在一个相对稳定的状态，即 0.43% ~ 6.56% ，平均为 2.96% ，大多数时候在 3% 左右；在国际援助总额中的占比也维持相对稳定的状态，在 0.09% ~ 1.61% ，平均为 0.78，有相当多的时间在 1% 左右。

这就意味着 DAH 在乌干达具有独立的影响力。在国际援助中，DAH 最早的可查数据出现在 1971 年，那一年，DAH 的占比只有 0.8% ，在此后的几年中，这个比例的确在缓慢提高，到 1995 年，也只有 5% 左右，1971 ~ 1995 年的最高占比不过 6.7% （1983 年）；事实上，也是至今为止的最高占比。在 DAC 成员国提供的援助中，DAH 的占比就更低。图 4 - 4

显示了与乌干达可比较的变化趋势，可以看出，在乌干达的受援中，DAH的占比极高。加上 DAH 在乌干达卫生支出中的绝对重要性，占比达 90%左右，如此，援助方的干预就显得更加突出。

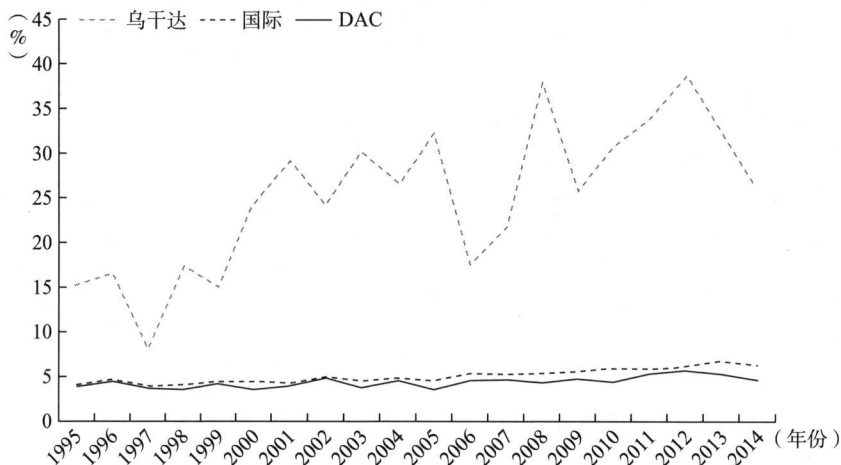

图 4 - 4 乌干达受援中的 DAH 占比与国际、DAC 的比较（1995 ~ 2014）

数据来源：依据 OECD 和世界银行的在线数据库整理。

在这样的格局中，有研究者专门研究了"援助协议"的影响，认为基于受援方的绩效来确定如何援助以及是否继续援助的做法，的确影响了卫生领域的过程与效率。运用代理理论和现实评估（realistic evaluation），研究者认为，由于对卫生部门绩效和项目绩效的官方评估机制缺乏客观标准，在援助方之间也没有结构化的、系统的讨论和共识，对绩效满意的标准常常没有考虑到需求，也缺乏对进展标志的测量，即使绩效很差，援助方也不会给予惩罚，援助仍会继续开展；对此，援助方常常用其他的理由进行解释，如基于信任、维持长期的关系；因此，绩效的好坏对援助没有实质性的影响（Mwenda and Tangri, 2005）。不过，也有相反的观点和看法（Matsiko, 2010）；还有人认为，卫生部门的效率是一个系统性效率，忽视系统性本身也是影响效率的因素（Juliet, Freddie and Okuonzi, 2009）。

对援助效率影响因素的另一项研究认为，鉴于低收入国家的治理效率，基于数量证据基础的决策是受援国政府无力执行的决策，并认为乌干达的卫生优先领域应该在防病、治病，以及家庭计划上，因为这些是对乌干达卫生体系有长远影响的领域；争议不断的卫生服务议题实际上已经变成了不同资源来源的权力之争。因此，重要的还是回到老百姓中去解决具体问题（Colenbrander, Birungi and Mbonye, 2015）。

尽管如此，对乌干达 DAH 的有效性研究表明，DAH 在两个方面表现出效果：第一，在总体上显著地减少了疾病带来的危害；第二，减轻了乌干达人因疾病带来的经济负担。研究结果还表明，援助越接近社区需要，效果越明显。因此，研究者建议将援助更多地送达到直接受益者，而不仅仅是国家（Odokonyero, et al., 2015）。来自联合国的统计数据也表明乌干达的卫生指标改善明显。在初级卫生保障领域，安全饮用水 1990 年的可及率为 40%，2015 年达到了 79%；结核病防治率 1990 年为 75%，2015 年达到 93%；白喉疫苗接种率 1990 年为 45%，2015 年达到 78%；麻疹疫苗接种率 1990 年为 52%，2015 年为 82%（United Nations, 2016）。

来自乌干达的观点却认为，目前的状态与政府目标和联合国千年发展指标还相去甚远。乌干达已经把政府预算的 10% 用在了卫生领域，每人约 15 美元，但距离 WHO 建议的人均 34 美元还有相当大的距离。[①] 不仅如此，乌干达还面临着人口快速增长、就医费用增长等不利因素；研究认为，尽管乌干达面临筹集卫生费用等压力，但重要的还是如何用好既有的资源以让人民最大限度地从卫生体系中受惠，其中，最重要的是卫生人力资源、医疗资源供给的优化与管理，以及卫生发展援助资源的高效运用；同时，还要着力减少不断增长的卫生支出（Okwero, et al., 2010）。

为协调受援资源，在与主要援助方不断协商的基础上，乌干达政府 2005 年正式公布了《联合援助乌干达合作策略》（Uganda, et al., 2005），代表着乌干达在受援战略与管理上的一个里程碑式的发展，让来自各方的援助能协调合作，最大限度地发挥援助的效果。2006 年，非洲发展银行对这一策略进行了评估，并给予了高度评价，认为这是非常有效地协调援助的策略（Puetz, 2006）。

不过，至少到目前为止，我们还没有看到其在 DAH 领域发生的效用。

---

① 这些数据与前面引用的其他来源的数据略有区别。不过，不影响对大趋势、大格局的基本判断，那就是，乌干达的卫生状况在过去的几十年里有了显著改善。

援助方的"自由意志"依然是最凸显的特征。或许正是在这样的环境中，中国对乌干达卫生发展援助的"依需而援"才显得尤其醒目和引人注意。

2. 参照：美国对乌干达的卫生发展援助

在对乌干达的卫生发展援助中，之所以选择美国的卫生发展援助作为参照系，基于以下两个依据。第一，通过对 OECD 卫生发展援助数据的比较分析发现，美国是 DAH 的主要援助方；在 DAC 成员国中，美国在卫生发展援助数额上把其他援助方远远地甩在了后面（见图 4 – 5）。第二，在乌干达接受的卫生发展援助中，美国也是最大的援助方；图 4 – 6 显示，在可以列出来的卫生发展援助者中，美国的卫生发展援助数额一家独大。因此，选择美国作为中国对乌干达卫生发展援助的参照系，意味着将中国与最大的援助方进行比较。

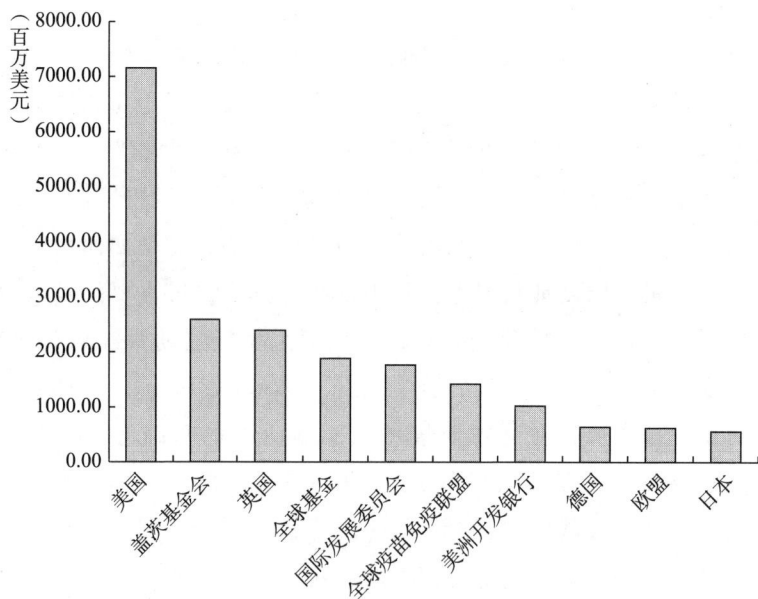

图 4 – 5 DAC 卫生发展援助中前 10 位援助方的数额（2013）

数据来源：OECD 数据库。

那么，美国对乌干达的卫生发展援助具有怎样的特点呢？由于受数据来源的约束，我们无法遍历美国对乌干达的所有卫生发展援助数据。在可收集的数据中，我们整理了 USAID 网站上公开的 2005～2015 年美国对乌

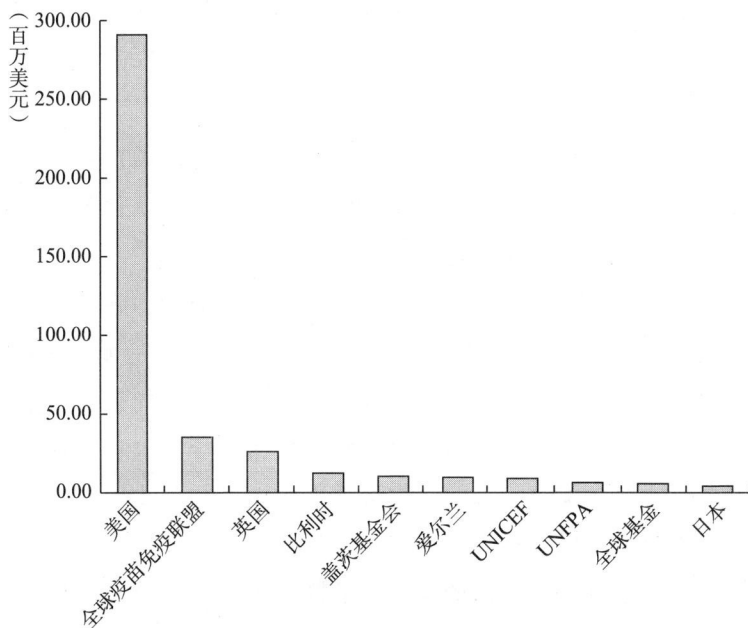

图 4 − 6　乌干达接受的 DAH 中前 10 位援助方的数额（2013）

数据来源：OECD 数据库。

干达提供的 48 个项目（详见附录 4　美国对乌干达提供的卫生发展援助项目表）。基于对这些数据的分析，我们产生了对美国卫生援乌的基本判断。

第一，对乌干达人的健康状况有清晰的掌握。2011～2013 年，美国援助约 170 万美元对乌干达人口的健康状况实施了调查（Uganda Demographic Health Survey，附录 4 第 44 项），这是一项从 1988 年开始的跟踪调查，由乌干达政府卫生部主持，联合了乌干达政府的计划与经济发展部、麦克雷雷大学的地理系、麦克雷雷大学的统计与应用经济研究所等机构，美国则通过资源发展研究院（The Institute for Resource Development）与哥伦比亚大学参与此事。此后，1995 年、2000/2001 年、2006 年分别进行 3 次跟踪调查，2011 年的调查是第 5 次调查。跨越 20 年的人口与健康状况的基本调查，应该让美国完全掌握了乌干达的人口发展趋势与现状，以及健康发展趋势与现状。

第二，对计划生育、母婴健康、营养状况有完整的了解。2007～2015 年，美国援助 3.5 亿美元，分 7 个项目，涉及母婴健康、计划生育、食品与营养、弱势儿童及其家庭、瘘管治疗等多个领域，其中计划生育项目还是家庭健康计划国际（FHI）的一部分。此外，除上述 5 个项目之外，还有 3 个专门涉及儿童影响与儿童支持的项目，其中有 2 个项目的经费不详；有 1 个项目与 UNICEF 合作，专门针对孤儿和弱势儿童。

第三，直接介入乌干达健康服务中的供应链管理。2009～2013 年，美国通过提供数额不详的经费与乌干达的供应链体系形成伙伴关系，其中包括美国国防部和乌干达人民国防军。

第四，把最多的经费投入了艾滋病的防治与研究中，在 10 年的 48 个项目中，有 20 个项目属于艾滋病防治类别，几乎每年都有新项目；除去 4 个项目经费不详以外，援助总额依然高达 4.7 亿美元。内容覆盖了艾滋病的预防、咨询检测、同伴沟通、姑息治疗、健康倡导、监测评估、社区介入、强化服务、国家支持、公共部门合作、定向医疗与实验室服务、项目管理等与艾滋病防治有关的方方面面。

第五，对乌干达的疟疾防治也给予了特别的重视，10 年中设置了 7 个项目；其中有 3 个项目有经费信息，经费总额达到 7900 万美元。项目的内容涉及疟疾的监测、疾控机构之间的合作、社区防治、室内灭蚊，以及其他疟疾项目，如对长效蚊帐项目的评估等（USAID，2015a）。

第六，对结核等的关注看起来有限，10 年中只有 1 个项目（附录 4，第 41 项）涉及结核病防治，可投入巨大，经费 2.25 亿美元，主要用于配合《乌干达国家结核病和麻风病控制计划》（NTLP）。2009～2014 年分 4 个子项目援助了"应对突发大流行威胁"，包括预防、识别、应对、预测，目的在于提升应对突发流行性疾病的能力。除这些项目之外，还有项目涉及动物源疾病的管理、医疗服务水平的提升、获取基本药物权利保障，以及私营部门的健康倡导等，其中对获取基本药物权利保障的项目就援助了 3900 万美元。

如果按照 OECD 对 DAH 的分类，在 48 个项目中，属于卫生政策与管理类的有 12 项，其中有 8 个项目的经费不详，其他项目的经费总额约 1.03 亿美元；属于基本卫生保障类的 1 项，经费约 2900 万美元；基础设置类的 1 项，经费约 10 万美元；属于健康教育类的 2 项，经费约 1.16 亿美元；教育培训类的 1 项，经费约 35 万美元；传染病类的 1 项，经费约 2.25 亿美元；疟疾与艾滋病防治项目的数量与经费额度与上同。

仅仅从经费分布来看，在 48 个项目中，有 30 个项目有经费数据，经费总额 11.82 亿美元，每个项目平均约 3900 万美元。如果采用平均值补值方法推算，则 48 个项目的经费总额高达近 16 亿美元，平均每年约 1.6 亿美元，这应该是一个非常保守的估计值。

其实，如果要理解美国对乌干达卫生发展援助经费分配的意义，还需要把它放在乌干达接受援助的总格局和美国对乌干达援助的总格局中。来自 OECD 的数据已经告诉我们，2013~2014 财年乌干达接受的 16.32 亿美元（参见表 4-1）中，援助额排在前 10 位的援助方就提供了 14.90 亿美元，占 91.2%，其中美国提供的援助 4.65 亿美元，占受援总额的 28.5%，在以援助国为单位的排序中美国远远高于其他各国（参见图 4-7）。

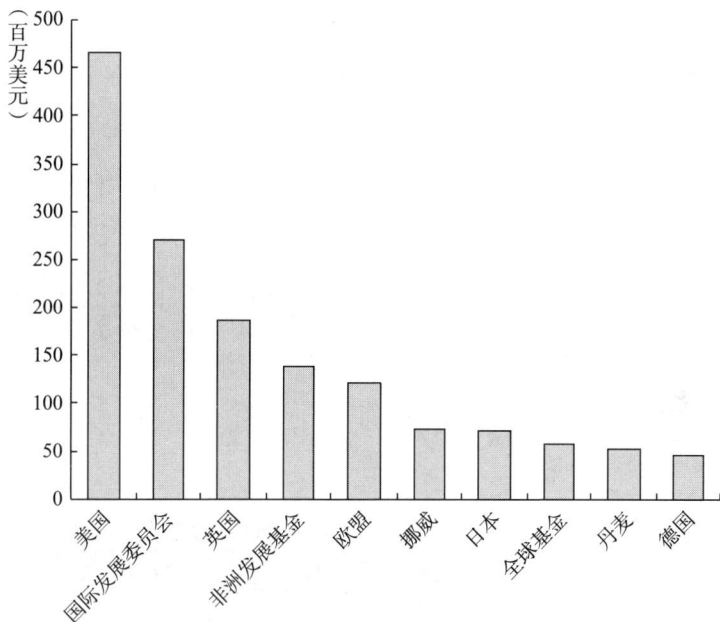

图 4-7　乌干达受援总额中援助方前 10 位（2014）

数据来源：OECD 数据库。

最近 5 年的细分数据进一步显示，美国平均每年向乌干达提供卫生发展援助的总额为 2.59 亿美元，高于之前的平均数。在援助的类别中，区分为民主与治理、经济发展、教育、环境、卫生发展、人道主义、和平与安全、项目管理 8 个大类，与 OECD 的分类有所不同；在这些类别中，占最高比重的是卫生发展，其次是经济发展，图 4-8 显示了 2011~2015 年的规模与结构变化，其中卫生发展援助的占比在缓慢提高。

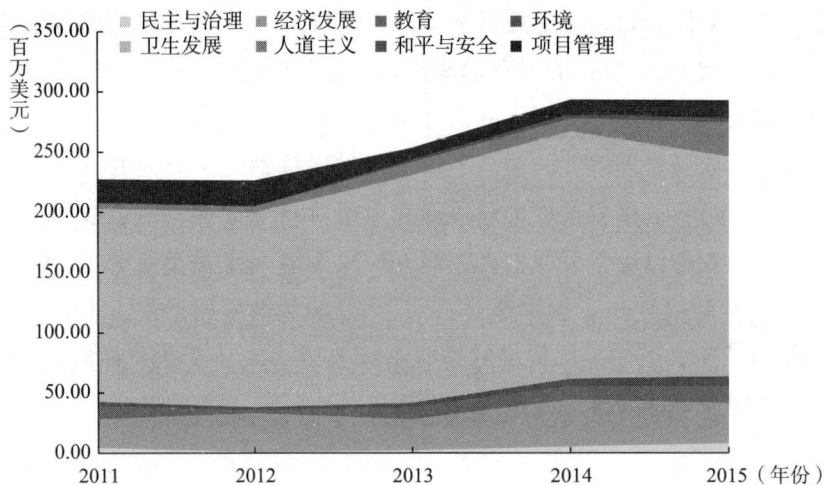

图 4 – 8　美国对乌干达提供援助的结构与规模（2011～2015）

数据来源：USAID 数据库。

在卫生发展援助内部，又区分为家庭计划（计划生育）、母婴健康、营养、结核病防治、艾滋病防治、疟疾防治、水与消毒以及其他等。从图 4 – 9 中我们可以清晰地看到，艾滋病防治与疟疾防治占据了卫生发展援助经费的绝大部分比例，接下来是家庭计划和母婴健康；最近 3 年，营养也占有一定的比例。

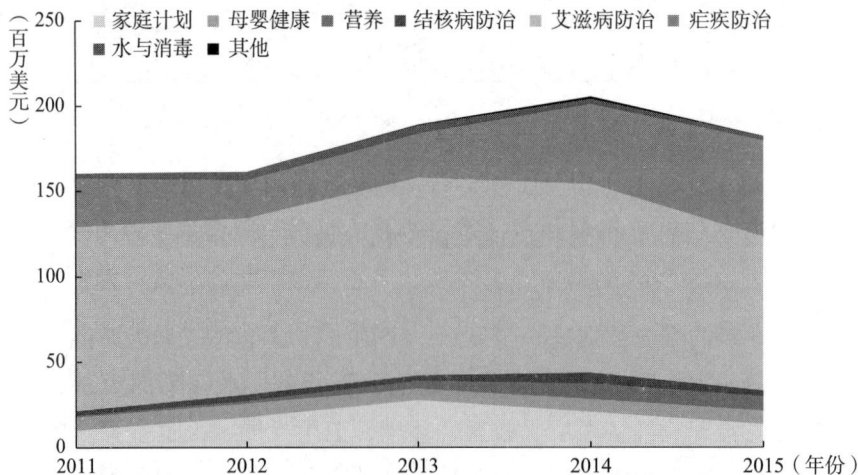

图 4 – 9　美国对乌干达提供卫生发展援助的结构与规模（2011～2015）

数据来源：USAID 数据库。

综上所述，我们可以获得有关美国卫生援乌的基本观察。文献回顾已经揭示，1998~2006 年乌干达接受的援助占 DGP 的比重始终维持在 10% 左右（Madina, Kilimani and Nabiddo, 2010），占国民总收入（GNI）比重最高的 1992 年达到了 26.1%，2000 年为 14%，2006 年为 16.4%，2014 年为 6.19%[①]。这意味着国际援助在乌干达的经济发展中扮演着重要的角色，更加重要的是卫生发展援助在乌干达卫生体系中扮演的角色。从卫生支出的视角来看，DAH 在乌干达卫生体系中占据着支配性地位。需要特别注意的是，无论是在对乌干达的援助中，还是在对乌干达的 DAH 中，美国都是最大的援助方。与既有的文献判断一致的是，美国对乌干达的 DAH 体现了强烈的美国意志——对艾滋病和疟疾的关注，超过 50% 的 DAH 都放在了减少这种疾病的努力中。

[①] 世界银行：http://data. worldbank. org. cn/indicator/DT. ODA. ODAT. GN. ZS? locations = UG&view = chart。

第 *5* 章

双边之二：援助方视角

第一节 中国对非洲的援助

依照"双边四重嵌入"框架，中国对非洲的援助是理解中国对乌干达援助的背景，也是理解中国对乌干达卫生发展援助的背景。要完整地理解中国对乌干达的卫生发展援助，必须了解中国对非洲的卫生发展援助。鉴于中、英文文献复杂多样，在综述时，我们根据其与"双边四重嵌入"框架关系的远近进行了筛选，希望尽量呈现一个有逻辑、成体系的讨论结构。同样，鉴于既有研究本身的离散性，要获得一个完整的体系也是一项不可能的任务。

非洲（Africa），全称阿非利加洲（Afrikyah），土地面积 3020 万平方公里，占全球总面积的 20.4%，是世界的第二大洲；根据联合国的统计（United Nations，2016），2006 年非洲的人口为 9.4 亿，2015 年人口 11.8 亿，其中，经济活动人口 4.5 亿，也是全球人口最多的第二大洲。在地理上被区分为北非、东非、西非、中非、南非共五个地区，共有 54 个国家和地区。

北非，习惯上被称为撒哈拉以北地区，指位于北回归线两侧的地区，包括埃及、苏丹、南苏丹等 7 个国家以及大西洋中葡属的马德拉群岛和亚速尔群岛，人口约 1.92 亿，其中 70% 为阿拉伯人。

东非，指从非洲之角、沿印度洋到东南部非洲的地区，有 20 个国家和地区，内部又区分为 4 个地理群体，其中非洲之角有 4 个国家，印度洋岛国有 6 个国家，东非共同体有 6 个国家，东南非洲有 4 个国家。因部分地区长期发生内乱，没有准确的人口数据。

西非，指东至乍得湖、西临大西洋、南接几内亚湾、北连撒哈拉沙漠地区，共有 17 个国家和地区，人口约 3.4 亿。

中非（central Africa），指非洲大陆中部的内陆 9 个国家和地区，人口约 2 亿。因战争，内部划分非常复杂，既有的人口统计也没有明确的来源。

南非，指南部非洲国家，根据联合国的区域划分，包括 5 个国家；1980 年成立的南部非洲发展共同体（Southern African Development Community）则包括 15 个国家，没有有关的人口数据。

在对非洲的援助中，另一个常用到的概念是撒哈拉以南地区，指撒哈拉沙漠以南的 49 个国家和地区。

无论是在改革开放前还是之后，中国对非洲的援助与合作都是中国对外援助的重要组成部分，甚至是最重要的组成部分。

2011 年 4 月中国政府首次发布的《中国的对外援助》（白皮书）指出：

> 中国对外援助从帮助周边友好国家开始起步。1950 年，中国开始向朝鲜和越南两国提供物资援助，从此开启了中国对外援助的序幕。1955 年万隆亚非会议后……1956 年，中国开始向非洲国家提供援助。1964 年，中国政府宣布以平等互利、不附带条件为核心的对外经济技术援助八项原则，确立了中国开展对外援助的基本方针。1971 年 10 月……中国同更多的发展中国家建立了经济和技术合作关系，并援建了坦赞铁路等一批重大基础设施项目……奠定了新中国与广大发展中国家长期友好合作的坚实基础。

2011 年的白皮书还指出，中国对外援助的资金可分为无偿援助、无息贷款和优惠贷款三类，并分布在多种援助方式中，如成套项目、一般物资、技术合作、人力资源开发合作、援外医疗队、紧急人道主义援助、援外志愿者、债务减免等，其中成套项目援助占对外援助财政支出的 40% 左右，一直是比例最高的项目。截至 2009 年，中国援助的成套项目达到 2025 个，项目最多的领域为公共设施类，其次为工业类；在子类中，工业领域的轻工业 320 项、公共设施领域的科教文卫 236 项、经济基础设施领域的交通运输 201 项为排名前三的类别。

2014 年 7 月发布的第二份《中国的对外援助》（白皮书）进一步指出，在 2010～2012 年的 3 年中，中国对外提供了 580 个成套项目，其中公共设施领域的项目最多，达到 360 个；经济基础设施领域次之，达到了 156 个。在子类中，公共设施类的医院、学校、民用建筑都超过了 80 个，交通运输类也超过了 70 个。由此我们看到，中国民生援助的特征十分凸显。

在援助的地区分布上，2011 年的白皮书指出，截至 2009 年，中国援助资金分布最集中的地区在非洲，占援助资金总量的 45.7%；2014 年的白皮书则进一步指出，在 2010～2012 年的 3 年中，基础设施类的援助资金占中国对外援助总资金的比重超过 44.8%，对非洲地区援助的资金占中国对外援助资金总额的比重上升至 51.8%。由此可以看到，对非洲的援助，在中国对外援助中占据着最重要的位置。结合前述中国对外援助的特点，也可以认为，在中国对非洲的援助中，民生援助占据着重要的位置。

值得指出的是，在既有的中文学术文献中，没有系统论述中国对外援助的专门著作，仅有的一篇学位论文（张郁慧，2006）也是 10 年之前的文献。西文文献中则不断有著作和文章出现。2009 年 Bräutigam 的专著（Bräutigam，2009）、2016 年 Cooper 的三卷本著作，系统论述了中国的对外援助与外交（Copper，2016）。

既有的文献大致讨论了中国对外援助的多个维度，如战略、政策、活动、成效，以及因援助而建立的外交关系、各类合作和经验。其中，涉及对非洲援助的文献最多，既有对非洲援助的总体性研究（Harneit-Sievers, Marks and Naidu, 2010; Dreher, et al., 2015, 胡美，2011; Schiere, Ndikumana and Walkenhorst, 2011; Strauss, 2009），又有具体的对非洲国别援助的研究、援助领域的研究、援助项目的研究（Stein, 2002），还有与其他国家对非洲援助的比较研究、经验归纳等（Rupp, 2013; Bräutigam and

Xiaoyang，2009；Niu，2014）。

1. 中国对非洲援助的理念

在讨论中国对非洲援助的文献中，涉及中国对非洲援助理念的文献是数量最多的，不仅有大量的中文文献，也有大量的西文文献。其中，内容最为丰富的，大致有两类，第一类，是对不附加政治条件的分析；第二类，是对民生援助的强调。这两类文献，在前面都有涉及，在此择要、择新予以概述。

中国对非洲援助的理念是明确的，那就是不附加任何政治条件。马尧通过对中国援非 60 多年历史的回顾试图证明，中国对非洲的援助从未附加过任何政治条件，尊重非洲国家的主权，支持它们探索自己的发展道路。中国的理念与实践，一方面，缓解了政治精英的压力；另一方面，增强了对民众的吸引力和感召力，减少了因交流不足而产生的偏见、隔阂和误解（马尧，2016）。

与马尧的探讨不同，陈路齐通过对中非合作论坛前后中国对非洲援助的考察试图证明，中国对非洲的援助体现的理念是，尊重非洲国家的主权，优先考虑非洲国家发展的需要，提高受援方自主发展的能力（陈路齐，2009）。与这个观点相呼应，Dreher 等人的报告认为，依需而援（aid on demand）在非洲更多地表现为对非洲各国政治领导人出生地区的援助。他们收集了 117 个非洲领导人的出生地和所属族群，对 2000～2012 年 1955 个中国的发展援助项目在 3553 个地理位置的分布进行编码，结果发现非洲各国现任领导人的出生地得到了比其他地区更多的援助，不过领导人所属的族群并没有获得更多的援助（Dreher，et al.，2015）。这篇文献的结果看似是对中国援助理念的负面评价，我们却认为，这是在负面的表象下透露出的更真实的援助理念，即中国对非洲的援助更加注重区域发展，而不是某个族群的发展。让一个地区优先发展正是中国的发展经验。在这个意义上，或许领导人出生地与中国援助的关系只是一种巧合。

陈水胜和席桂桂的文章再次提出了民生与民主先导问题（陈水胜、席桂桂，2013）。贺文萍通过分析中国援助非洲的人力资源培训、发展经验共享等实践，认为中国始终在坚持"授人以渔"的援助理念（贺文萍，

2011b)。胡美从中国对非洲援助的历史中观察到，中国援助的理念从一开始就具有南南合作的特征，即站在南方国家的立场上谋求中非关系的发展，中国在 20 世纪 60 年代倡导的平等、互助、尊重、真诚是中国对非洲援助理念的精髓，意味着南南之间的援助与北南之间的援助有不同的逻辑起点，在发展中让中国与非洲的关系从"老朋友"逐步变成了"新伙伴"，将心比心、授人以渔，并始终朝着非洲国家经济自主和自我能力提高的方向在努力。

中国在对非洲援助的行动远远领先于其理论，尽管中国强调了自己的理念，譬如对待利益，中国强调"君子爱财、取之有道"（Sautman and Hairong，2007），却缺乏与西方应有的对话与交流（胡美，2011）。来自非洲的留学生雷妮达（Leinira Lopes Sanches）则认为，2006 年的中非合作论坛在事实上宣布了中国方式，看起来是北京共识与华盛顿共识之间的竞争（Lopes Sanches，2009），事实上则是中国援助理念与西方援助理念之间的竞争。

舒运国从中国对非洲援助的历史进行考察，认为中国对非洲的援助充分彰显了中国的基本援助理念，即援助不是恩赐，而是相互支持；基于此，中国始终坚持在实践中授人以渔、急人所急、信守承诺（舒运国，2010）。

对于在具体援助实践中体现的理念，王朝等（王朝、梁尚刚，2010）认为，中国的理念就是做实事、重民生。西方国家习惯于用"资助者—受惠者"关系来认识对非洲的援助，中国则把非洲看作未来的市场和真正的合作伙伴，是中国的援助让非洲从"问题大陆"变成了"机遇大陆"。对此，王玉红认为，中国对非洲的援助体现了一种"和合发展"的理念（王玉红，2012）。张海冰则将其归纳为"援助＋合作"模式，以实现受援方自主发展。因此，其理念是"发展引导型的"（张海冰，2012）。

Gu 和 Carty 的研究提供了另一种视角，认为中国在非洲的援助和经济合作活动，无论是领域还是区域，都是西方人不愿意让中国进入的；不仅如此，中国以平等的合作伙伴身份进入，且不愿意把自己的标准强加给受援方，由此建立起了对当地人民负责的、实际有效的治理原则（Gu and Carty，2014）。持相同观点的研究还认为，中国援助理念突出表现为在中非之间强调伙伴关系（He，2012；Rotberg，2009；Strauss and Saavedra，2009）。也就是说，中国之所以在对非援助中体现为伙伴关系，是因为中国用受援方的方式进行治理。

Bräutigam 和 Xiaoyang 从中国对非洲农业领域援助方式的改变中探讨援助理念的改变，认为从 20 世纪 80 年代开始，中国就强调模糊援助、南南合作及其与投资之间的关系，并把这一理念运用在非洲建立的农业试验站中，采用"公-私"混合模式，在土地所有者、农场主以及投资者之间构建利益共同体，把伙伴关系用到实处，借此促进可持续发展（Bräutigam and Xiaoyang，2009）。

Strauss 还从中国对非洲援助的历史与现实探讨中提出，不干涉、互利、增进友谊以及不附加条件，是中国对非洲援助中一贯的、一致的原则。同时，她还指出，对此理念的强调，不仅具有历史的延续性，也与中国国内的文化相一致，与中国民众的对外关系理念相一致（Strauss，2009）。

此外，姜磊和王海军在中国与西方对外援助实践比较的框架下，讨论了中国和西方对附加政治条件的不同立场，指出中国认为附加政治条件是对受援方主权和内政的干涉，这是将附加政治条件贬义化；西方与之相反，认为附加政治条件是更好地实现援助目标的前提，而这是将附加政治条件褒义化了；两者都不可取，应该将附加政治条件中性化（姜磊、王海军，2011）。

从上述文献中，我们清晰地观察到学术界对中国援非理念的探讨，那就是：不附加政治条件，平等互利，授人以渔，合作发展，在中非之间建立伙伴关系。可以说，这是以合作发展关系为基本前提的援助理念。中国认为，非洲是中国的伙伴、朋友，中国人对待朋友的原则，正是中国对非洲援助的文化基础。

在附件政治条件的问题上，我们认为，中国与西方在是否附加政治条件理念差别的背后，更重要的是对发展主体认识的差异。中国不主张附加政治条件不仅是基于中国对自己发展历史和经验的认识，也是基于对发展中国家共同历史和经验的认识。中国认为发展的主体是受援方自己、没有任何力量可以替代受援方来实现它们的发展，援助只是触发内生性发展的初始力量和辅助力量，而不是根本力量。主张附加政治条件，无疑是认为发展的主体如果不是援助方至少也是援助方指引的受援方。在中国看来，对受援方的"指引"恰恰是罔顾受援方的主体性，是对受援方内政的干涉；把援助方置于优越地位，是中国不能接受的理念。

我们同时也认为，中国对非洲援助的理念也是一个发展的过程（Kobayashi，2008）。不同的历史阶段面临不同的援助环境和援助目标。在这个过程中，在总体原则一致的前提下，具体的援助理念体现在援助实践过程中，并逐步形成了自己的特色和特点（Bräutigam，2011），譬如，2009 年中国政府宣布对非洲援助的新八项举措就是对 2006 年中国政府宣布的八项举措的进一步发展。在举措变化背后的正是援助理念的发展。不过，总体上，中国奉行的始终是 1964 年提出的对外援助的八项原则。

当然，对中国的援助理念，在国际社会也存在广泛的争议，尤其是对是否附加政治条件。应该说，只要有对非洲的援助，对援助理念的争议就不会停止，对附加政治条件是否对非洲发展有利的争议也不会停止。

2. 中国对非洲援助的实践

中国对非洲援助的实践从 20 世纪 50 年代开始，也是一个逐步发展的过程，且与中非合作关系的发展相伴随。

关于中非合作关系的发展，有人将其划分为三个阶段，认为第一阶段为 1950～1979 年，中非关系的主要特征是政治战略考量占据主导地位，合作的关系深刻地受到了意识形态的影响。第二阶段为 1979～1999 年，中国和非洲国家分别调整了各自的战略，将经济发展作为首要任务，寻求进一步的多层次的经济合作，营造更好的世界环境和相对更加公平的世界。在这一阶段，中国也开始探索非洲国家的市场和资源，在保障中国社会经济发展的同时，还争取非洲国家在涉台问题上对中国的支持。第三阶段为 2000 年至今，中国尝试与非洲国家建立新型战略合作伙伴关系，在真诚、友谊、平等、互利互惠、共同繁荣、密切合作、相互学习、谋求共同发展的原则下，在政治、经济、教育、科学、文化、健康与社会和安全方面开展多种合作（Harneit-Sievers，Marks and Naidu，2010）。

作为官方文本，《中国的对外援助》也对中国援非的历史与发展进行了归纳，指出所有的援助方式都在对非洲的援助中有所实践。1956 年中国首次向埃及政府提供援助，到 1970 年，先后同 17 个非洲国家建立了经济技术合作关系；到 2012 年年底，共向 53 个非洲国家提供了援助，涉及工农业、技术设施、文教卫生等共 1000 多个项目，经历了三个历史阶段。第一阶段为 1956～1976 年，是中国对非洲援助的开创时期，特征是以援助为手段，建立和发展与非洲国家的友好关系，打破美国或者苏联的封锁，拓宽外交空间。第二阶段为 1976～2000 年，是中国援非的调整时期，特征是开始摆脱政治利益和意识形态的束缚，从支援非洲国家的民族独立和解放运动更多地向促进双方经济发展转变，从单向的对非洲援助转变为各种形式的援助和合作。第三阶段为 2000 年至今，为中国援非的发展时期，特征是根据中非双方各自的新变化，中国援助的方式和项目开始多样化，内容更加丰富，无偿赠送、无息贷款、贴息贷款、技术援助、项目建设、直接建厂、专家指导、劳务服务、人员培养、技术培训、技术管理指导、优惠贷款提供、投资贸易促进中心建设、重债穷国债务减免、经贸官员培训、自然灾害紧急救助等，逐渐成为援助和合作的方式（马尧，2016；舒运国，2010）。一些研究也把中国的对非援助区分为三个阶段或两个阶段，只是对阶段的划分标准、分期略有不同。何先锋将其区分为两个阶段，分界线为 1978 年的改革开放（何先锋，2011）。

比较中非之间合作关系的历史与中国对非援助的历史，既可以看到两者之间具有高度的重叠性，也可以看到两者之间的密切关系，合作与援助相伴发展，相互支持且相互促进正是中国援助的实践特征。2000 年之后，把这一特征制度化的则是"中非合作论坛"。体现这一特征的是中非合作论坛创建以来的一系列发展，例如 2006 年 11 月在中非合作论坛北京峰会上中国政府宣布了对非洲援助的八项举措；时隔 3 年，在中非合作论坛第四届部长级会议上，中国政府宣布了中非务实合作的新八项举措。对此，《国际商报》在中国对外援助 60 周年之际，比较了中国对非援助的新老八项举措，认为北京峰会的八项举措如期落实，2009 年中国对非洲的援助规模比 2006 年扩大了 1 倍，在基础设施建设、人力资源开发、农业、医疗、教育等领域的合作更加深入；务实合作的新八项举措有序推进，特别是在农业、卫生、教育、生活设施、人力资源开发等领域，进展顺利（国际商报，2010）。

中国对非洲援助的实践，除了《中国的对外援助》中呈现的成套项目如基础设施以外，在学术领域最受关注的可能是 Bräutigam 所称的"绿色革命"。早在 20 世纪 90 年代，Bräutigam 就已关注中国在非洲的农业援助，她博士论文的主题正是中国的农业援助与非洲的绿色革命。她指出，西方国家认为只有解决好了非洲不完善的制度、人们低下的能力以及抵抗发展的态度等问题才能解决非洲的政治问题，如参与、问责、透明与法治。可中国在西非的农业发展援助证明，西非国家参照中国模式开发水浇地、种植水浇地作物，即使用西方的标准来看这也是非常重要的政治决策，因为它保证了食物的供给，甚至国内政治的稳定（Bräutigam，1998），而把多方利益主体整合进一个发展框架的做法更是促进了农业的发展，甚至带来了绿色革命（Bräutigam and Xiaoyang，2009），在推广农业技术的同时，让农业产业化经营更是实现非洲粮食自给这一绿色梦想的可行途径（Bräutigam and Zhang，2013）；她们甚至认为中国在非洲关注民生的援助实践对拉丁美洲国家也是具有借鉴意义的（Bräutigam and Gallagher，2014）。

其他受到关注的援助实践还有轻工业（贺大卓，2013）、经济特区（Bräutigam and Xiaoyang，2011）、直接投资（巨正波，2010）等。

如果希望进一步归纳中国对非援助实践的特征，似可参考何先锋的观点，即非政治化、合作发展与民生援助（何先锋，2011）。

3. 对中国援非的争议

中国对非洲援助的拓展与影响力的增强，正受到越来越广泛的关注，争议的声音也越来越激烈。有人指出，"如果看到中国对自然资源的渴求和阻碍非洲在管理和可持续未来的努力时，中国就是魔鬼；若看到中国在基础设施建设、创造红利以及对长期经济发展的贡献，中国就被美誉为品德高尚者"（Sun，2014）。与此同时，世界也注视着中国在非洲的存在，对西方现实主义者来说，中国在非洲的合作是对西方在非洲的挑战（Schiere，Ndikumana and Walkenhorst，2011）。众多的争议，可以归纳为以下五个方面。

（1）中国提供援助的动机

新中国成立初期，中国向非洲提供的援助换取了非洲国家的信任，非洲在恢复中国在联合国的合法席位和"一个中国"等问题上为中国提供了重要的政治支持。中国对非洲的援助是基于国际地缘政治需要而制定的政策和计划（Liu, et al., 2014），也可以理解为新中国输出社会主义经验及意识形态和参与世界事务的尝试（Wang and Sun, 2014）。

一种较为普遍的观点是，中国对非洲的援助是一种外交工具，目的是确保国家利益（Zafar, 2007）。非洲的能源和自然资源丰富，市场广阔，是中国维持国内高速经济发展所必需的要素（Power, Mohan and Tan-Mullins, 2012）。近年来，中国在这三方面从非洲的获取十分可观。在《迈向2020 年的欧洲发展合作》（EDC2020）中，有 5 份文件与中国有关（Grimm, 2008；Hackenesch, 2011；Grimm, 2011；Grimm, et al., 2009；Humphrey, 2011），都涉及欧洲与中国在对非援助上的关系。欧洲的专家们认为，中国对非洲援助的主要目标包括：经济利益、外交利益如台湾问题、国际地位以及历史因素。其中，对经济利益的考量占据了主要地位。

通过提供援助换取资源的途径主要有两种。第一，显性的途径是，中国的贷款是以自然资源（如石油）为保障的（Bräutigam and Gallagher, 2014），中国可以直接从非洲获取需要的这些资源（Moyo, 2012）。第二，隐性的途径是，中国提供的援助提升了国家的软实力（李文刚，2013；罗建波，2007；魏雪梅，2011；余伟斌，2014；King, 2013；Kurlantzick, 2007；McGiffert, 2009；Rebol, 2011）。培养非洲国家领导人对中国的良好合作意愿（Tull, 2006），在非洲建立良好的信誉（Youde, 2010；Schiere, 2014），有助于中国获取当地的自然资源。

一些批评家和学者进一步认为，中国对非洲的援助是新殖民主义扩张（Pfaff, 1995；古尔默·阿布杜罗，2012；李佳，2012）。中国在非洲的开发仅关注利益，而不考虑给非洲社会各个方面带来的各种破坏，诸如环境污染、过度开发和剥削当地劳动力以及贸易不对称等（Schiere, Ndikumana and Walkenhorst, 2011）。有的研究甚至称中国的援助就是一种新帝国主义（Bello, 2007），把非洲当作中国的第二大陆（French, 2014），是典型的资源外交（Power, Mohan and Tan-Mullins, 2012）。

相反的声音则认为，中国的行为符合市场、资本和自由贸易的逻辑。比如，中国在非项目雇用中国工人，不能因此认为中国企业的入驻就阻碍了当地工人获得工作岗位和本土工业发展。Bräutigam 等人指出，中国在非洲获取的资源是符合市场行情的，并非资源掠夺（Bräutigam and Gallagher，2014）。谢琪等人认为，中国对非洲的援助与资源掠夺和驱逐其他国家等无关，中国始终强调的是南南合作的平等互信原则（谢琪、田丰、黄梅波，2012）。从被污名化的现象出发，肖洋认为，对非援助中存在声誉和权益的博弈，中国需要在援非的同时维护国家声誉（肖洋，2013）。

应该注意的是，中国对非洲的政策具有多重目标。国家对非长期战略的缺位，使得非洲国家和世界其他行动者对中国的信任度下降，误解增加（Dent，2011；宋微，2014；王新影，2013；黄梅波、郎建燕，2010；李小云、武晋，2009）。如果中国在非洲获取经济利益的过程损害了中国和非洲国家的友好关系，那就意味着这也是一个增加政治风险的过程。

李安山认为，相比较而言，中国做得多、说得少。传播中国援助是中国非洲战略的弱项，需要有全方位的国家战略和策略。在行动上有礼、有利、有节，需要从传播内容、途径和主体上确立中国的国家形象（李安山，2008a；李安山，2008b）。他还专门就 Bräutigam《龙的礼物》一书写了书评，用西方学者的观点来批驳新殖民主义论（李安山，2010）。

（2）援助项目对环境的影响

在中国对非洲的援助中，中国与非洲合作的许多项目都与环境密切相关，如基础建设、金属冶炼和自然资源开采等。其中，基础设施建设给非洲生态环境带来的影响受到广泛的关注。如在刚果民主共和国的水坝建设由三峡公司承建，建设引发了诸如水土流失与环境污染等问题。三峡公司在非洲的表现使外界认为公司没有能力在建设的同时保护环境。相似地，中国公司在受援方所进行的开采和冶炼金属也造成了污染，如在铜和钴的冶炼过程中会释放硫，在金的提炼过程中会使用水银。这些排放物都给当地环境带来破坏。另外，在森林资源开采中，不当的砍伐等加速了对资源的破坏。有研究认为，中国在对非援助中重视与受援方政府的关系，使政府没能发挥监督作用，直接破坏了环境（Harneit-Sievers，Marks and Naidu，2010；Chan-Fishel and Lawson，2007）。

（3）援助中引发的腐败

与国际社会的援助一样，中国对非洲的援助也面临效率问题。中国强调不在援助中附加政治条件，让与中国的合作带来比西方国家更多的优惠、更多的投资和贸易机会，以及债务减免（Jakobson，2009）；同时，中国的援助与受援方的政治精英的合作紧密（Angeles and Neanidis，2009）。当地政治精英会基于个人权力和利益的考虑，显著地影响援助的效果。有研究认为，在这种情况下，中国"不附加政治条件"的援助模式会导致腐败的发生。另外，中国较少公开援助相关数据，更可能为腐败提供温床（Alden，2005；Rimmer，2000）。

也有研究认为，中国通过雇用本国公司和员工的方法，减少资金流向受援方，从而降低了受援方官员腐败的可能性（Bräutigam，2010）。中国面对的挑战之一就是在不干涉受援方内政和鼓励受援方采纳更好政策之间找到平衡点（Schiere，Ndikumana and Walkenhorst，2011）。

（4）援助对促进当地经济发展的争论

中国援非的实际效果也是当前争论的重要方面。有研究认为，以坦赞铁路为代表的中国基础设施援建打破了当地贸易和经济发展的瓶颈（Bräutigam，2009；Smith，2010b）。对中国企业入驻非洲给当地经济发展带来的影响则褒贬不一。中国在非洲的合作以双边为主，有人认为，这种基于国家利益的合作方式导致非洲区域内的不均衡发展和不稳定（Schiere，Ndikumana and Walkenhorst，2011），与非洲区域一体化进程相抵抗。

进入非洲经营的中国国有企业规模较大，雇佣劳动力数量多，且集中在石油等资本密集型产业；私有企业则参与了更广泛的市场竞争（Warmerdam and van Dijk，2013；Diana，2013；巨正波，2010）。中国在非洲的企业投资一方面弥补了非洲工业生产能力的不足，提高了当地居民的生活水平；另一方面，也挤压了当地企业，特别是中小企业的生存空间。失业、工作环境、工资待遇低也同时引发了赞比亚、塞内加尔等非洲国家的社会冲突（Harneit-Sievers，Marks and Naidu，2010）。另外有人指出，中国出口的货品质量较差，影响了当地产业的健康发展（Gadzala，2010）。

（5）援助挑战传统援助方地位

更大的争议则围绕着以中国为代表的"新兴"援助方给"援助市场"带来的影响。随着中国企业在非洲的增多，中国从非洲的进口数额快速增长；与此同时传统援助方在非洲市场的份额下降，进而传统援助方越来越担忧中国可能颠覆其构建的援助体系（OECD，2012；Cheru and Obi，2010；Golley and Song，2011；Hu，et al.，2014；Schiere，2014；张湘东，2007）。有研究则评价中国在援助领域的兴起带来的是一场静悄悄的革命（Woods，2008）。欧洲的研究者甚至普遍认为，中国援助必然会对欧盟及其成员国乃至西方对非洲的援助规范包括商业利益带来挑战（Grimm，et al.，2009；Grimm，2011）。

由于中国很少公布其双边合作的数据，加上相当部分的援助在形式上不符合 OECD 对官方发展援助的统计口径，中国的援助看起来透明度较低，学者们对中国在双边合作中的份额有相当不同的判断。针对这一问题，Bräutigam 提出，中国等援助方对非洲的援助总量很少，其援助本质上与 DAC 国家没有巨大差异，不会动摇国际援助框架（Bräutigam，2012；Bräutigam，2010）。廖兰和刘婧也回顾了西方对中国援非的不透明、不负责任地大量贷款、攫取自然资源等主要批评以及其他西方学者的反驳，西方学者较为一致的意见是，中国援非在金额上还仅是"补充"而非"替代"。值得关注的是，中国作为重要的"新兴援助方"改变了援助方和受援方的话语体系（廖兰、刘婧，2012）。

概观针对中国援非的种种争论所基于的事实，均是发展中暴露的问题，是发展的过程。Dent 指出，对中国发展的过分担忧是现实主义的延续，一方面，由于美国关注与维持其霸权地位，鼓励了"寻找对手"的研究；另一方面，为了保护单极主义，美国将其他行动者的行动过分简单化，故意夸大这些行动者可能对美国造成的威胁（Dent，2011）。

除《中国的对外援助》以外，中国政府发布的另一份白皮书《中国与非洲的经贸合作》① 更加明确地阐述了中国与非洲经贸合作的立场、原则和实践。2010 年的白皮书重点强调了中国与非洲的贸易平衡、相互投资、互利互惠，以及中国在非洲的投资重视基础设施建设、重视发展能力建设、重视改善民生等，明确地展现了中国对非洲援助与合作的立场。2013 年的白皮书则再次强调了基础设施建设、能力发展和民生改善，并进一步

---

① 《中国与非洲的经贸合作》，俗称《中国与非洲的经贸合作》白皮书，到目前为止，中国政府发布了两次，一次在 2010 年 12 月，另一次在 2013 年 8 月。可以运用互联网搜索工具很容易搜索到白皮书的文本，故，不专门注明出处。

强调了中国在对非洲援助领域的传统内容即农业合作和粮食安全；与 2010 年版相比，2013 年的白皮书最重要的发展是强调多边合作。

我们认为，无论从哪个途径获得数据、采用什么方法进行分析，既有学术文献的讨论已经明确显示，主流的结论与中国政府的立场、观点、实践完全一致。

4. 对中外援非的比较

对中外援非的比较研究是中国援非文献中的重要组成部分，也是"双边四重嵌入"框架的重要内容，即中国对非洲的援助是嵌在世界各国对非洲的援助之中的，也是嵌在中国对外援助之中的。对后者，前面有比较充分的回顾与探讨；对前者，我们将从援助方的文献中梳理主要的研究与观点。需要说明的是，从收集到的文献来看，比较研究的中文文献数量要多于英文文献。

（1）中美对非援助的比较

美国是世界上最早对非洲进行援助的国家之一，在投入资源和覆盖面上是对外援助的第一大国。在 OECD – DAC 中，1950 ~ 1968 年，美国的援助经费占比超过 50%；1974 ~ 1991 年，其占比长期维持在 20% ~ 30%，1991 ~ 2000 年下降至 10% ~ 20%，2001 年之后又上升至 20% 以上。从 OECD – DAC 历年的数据来看，尽管美国的占比处在波动之中，但也没有动摇其最大援助方的地位，只有 20 世纪 90 年代，法国的占比超过了美国。2000 年之后，美国的占比迅速上升，也让 DAC 成员国援助总额呈陡峭上升格局。①

美国也是最早实现对外援助机制化和法治化的国家之一。从"马歇尔计划"开始，美国逐步将对外援助纳入其法律体系，1961 年国会通过了《对外援助法》，历经多次修改，从最初的 49 页增加到了目前的 400 多页，现共有 108 个目标和优先事务，涉及美国 37 个政府部门和 60 个办公室。在这部对外援助的基本法律之外，1945 ~ 2014 年，美国还通过了 20 余部针对特定地区、实践、问题的对外援助授权法案。除了国会通过的法律和

---

① 关于 OECD – DAC 的相关数据，可以直接从 OECD 的网站占上获得。在 https://data. oecd. org 上直接搜索相关主题就可以获得图表，并下载数据。

法案以外，总统令是美国对外援助的另一个政策来源，也是使法律得到切实执行的重要工具，譬如 2009 年美国全球发展政策研究总统指令、2010 年美国全球发展政策指令等。此外，还有一类建议性指导意见，即总统倡议，如奥巴马的全球卫生倡议、未来粮食保障倡议等。

美国对外援助的执行机构以 USAID（United States Agency for International Development）为主。1961 年成立的 USAID 至今依然管理着美国对外援助中的绝大部分项目。在 USAID 之外，美国国务院、国防部、农业部、财政部、千年挑战集团以及其他短期或临时机构也会因项目而参与对外援助。

这些组织在对外援助中合作或共事的基础是美国对外援助的各类项目。每一个项目，无论经费来自何处，都有专门账户，如发展援助、灾难援助、危机基金、全球卫生、移民和难民援助、麻醉品管制和执法、维持和平行动、军事援助、粮食换和平计划等，尤其是来自财政支出的经费。

简言之，美国的对外援助以法律为基础，《对外援助法》是其基本法律，在此基础上有总统令和总统倡议，构成从法律到执行的过渡体系。在法律基础上，对外援助由 USAID 主要负责执行，以援助项目为依托，让与项目有关的政府部门参与其中或主导。每一大类项目都建立专门的账户或基金。项目的立项、结项，都有完备的法律和行政程序，与美国审计署对项目资金的管理法规相一致，对每个项目必须执行结项评估，包括效果（effects）评估和影响（impact）评估。

美国援非是美国对外援助庞大体系的一部分，其对非援助不仅在冷战以后有一个政策转向（Walle，2010；Johnson，2010），重点亦有所不同（Fleck and Kilby，2010；Chhotray and Hulme，2009）。刘贵今认为，非洲特别是撒哈拉以南地区在美国对非战略中的地位一向不高，可从反恐开始，其地位却在逐步上升。"9·11"事件之后，美国在非洲的四大支柱更加清晰，即强化非洲的民主制度、促进对非贸易和投资增长、加大对非安全事务投入、增加非洲的机遇和促进发展；推出了《非洲增长与机会法案》（AGOA）；除了在非洲以反恐名义设立非洲司令部外，还强化民主援非，突出"对民众的投资"。2012 年的对非援助中，"对民众的投资"占比高达 74%。奥巴马政府推出的《美国对撒哈拉以南非洲新战略》特别强调非洲对美国安全与繁荣的重要性。中美在非洲虽志向不同，却也不一定发生冲突，在援非上可以相互合作，求同存异。中国在非洲应该是政治、经贸、人文"三驾马车"并驾齐驱（刘贵今，2013）。

冯喆颖的研究认为，在冷战结束之后，美国基于对经济利益和反恐的考量，开始日益重视非洲的地缘战略重要性，着力构筑"非洲之角"反恐网络，援助的重点转向了打击恐怖主义（冯喆颖，2010）。胡美的研究则认为，在战略上，美国把推行自己的价值观作为对非援助的重要组成部分，在冷战之后，形成了民主援非的新模式。中国则把对非经贸合作、实现经济上的互利双赢作为对非援助的调整重点，形成了民生援非的新政策。她认为，战略的不同导致了成效的差异。美国的民主援非成效并不理想，中国的民生援非获得了持续的动力（胡美，2010）。遗憾的是，胡美并没有提出对两种援非模式效果的测量工具，更没有呈现效果差异的具体证据或数据。

除了前面述及的对附加政治条件的争议以外，研究者对美国在援非中的政策、组织、效果也有讨论，如把安全与发展绑在一起。Anderson 认为，USAID 和 DoD（国防部）之间的关系是影响美国对非援助效率的重要因素（Anderson，2014）。王丽娟和姜新茹则认为，美国对非洲的援助产生了积极影响，如经济上为非洲提供了发展条件，稳定了政治局面，改善了医疗条件，提高了教育水平、能力；同时，也加剧了非洲国家内部的不平等以及援助依赖（王丽娟、姜新茹，2014）。曹晋丽和宋微认为，长期来看，美国对非洲的援助基本上达到了每个历史时期的特定目的，譬如遏制苏联在非洲的扩张、削弱欧洲宗主国的影响、加强对非洲的控制等（曹晋丽、宋微，2012）。

总体上看，在中美对非援助的比较研究中，专门进行比较研究的文献并不凸显，大多在论述美国援非时提及对中国的启示，或在专门讨论美国援非的某个议题时，兼与中国进行比较。在涉及比较的文献中，观点相对明确，即美国对非洲援助政策的重大转变和援助力度的加大与美国的反恐战略关系密切，非洲在美国全球战略中的地位正在快速上升。中国对非洲援助政策的重大转变也出现在 21 世纪以后，更加强调以援助促合作、以援助促发展战略，在非洲的合作性投资快速增长。不过，中美两国对非洲援助的基调未变，美国依然强调民主援非，中国依然强调民生援非。

（2）中欧对非援助的比较

欧洲部分国家曾经因殖民非洲的关系成为最早提供援助尤其是对非洲援助的国家之一。二战以后，非洲国家在民族解放和国家独立运动中逐步脱离殖民统治；作为前宗主国，欧洲部分国家依然希望维持其在非洲的影响力，对非援助便成为实现其目的的重要政策工具。

1957 年的《罗马条约》确立了联系国制度，要求欧共体成员国向其前殖民地和海外领地提供援助；1975 ~ 1989 年，欧共体与非洲、加勒比以及太平洋地区的国家先后签订了 4 个《洛美协定》；2000 年又签订了《科比努协定》，建立了对非洲国家进行援助的制度基础。

不过，在 OECE - DAC 框架下，欧洲各国对非洲援助的方式和力度各不相同。德国对其前殖民地国家卢旺达的援助涉及了德国经济合作与发展部（BMZ）、德国复兴开发银行（KfW）、德国技术合作公司（DTZ）、德国发展服务公司（DED）等。在不同的历史阶段，援助的重点也有差异：20 世纪六七十年代，援助作为一种政策工具被用于两国的政府谈判；80 年代因华盛顿共识而处于转型期；90 年代因种族大屠杀而关注紧急人道主义援助；2000 年以后，不仅强调更多的援助，且越来越重视援助的效果。不仅如此，德国对非洲国家的援助规模也在迅速扩大（Schmidt，2003；刘中伟，2012），对援助方式如三方合作也在积极探索中（陈猛、翟石磊，2013）。

英国也是 OECD - DAC 成员国。如果从殖民时期的援助算起，英国已经有 100 多年的对外援助史。1889 年，英国通过《殖民地贷款法案》向殖民地提供 300 万英镑的援助，1929 年颁布《殖民地发展法》，确定以贷款和拨款方式发展殖民地的农业和工业，以促进英国工商业的发展；同时，成立殖民地发展基金以管理援助款项；1940 年又制定了《殖民地发展和福利法》，在 1929 年法律的基础上把增进殖民地民众福利作为援助的重要内容之一；1945 年对《殖民地发展与福利法》进行修订，决定 10 年内把对殖民地的援助资金增加到 1.2 亿英镑；1947 年颁布《海外资源开发法》，通过开发海外公司改善殖民地的民众生活。在此后的几十年间，随着殖民地体系的解体，英国没有进一步出台法律和法案，只是在 1960 年、1963

年、1973 年发布了三次对外援助的白皮书，以阐述不同时期英国对外援助的基本政策与立场。1980 年英国通过《海外发展与合作法案》，强调援助的目标是促进受援方或地区的经济发展和民众福祉，规定了对外援助的机构与权利，以及援助的手段如技术援助、资金援助、教育培训等。1997 年和 2000 年，英国政府两次发布白皮书阐述对外援助的立场与原则。2002 年通过了《国际发展法》，2006 年通过《国际发展法——报告与透明度》。

这些构成了英国对外援助的法律框架和基础，尤其是 2000 年以来的两部法律，规定了援助的目标、援助与英国国内经济的关系、援助的机构以及援助的方向和区域，确立了英国国际发展部（The Department for International Development，DFID）在对外援助中的法律地位（张效民、孙同全，2014）。

DFID 是在原英国外交部海外发展署（Oversees Development Agency，ODA）的基础上于 1997 年成立的。作为 2000 年以来两部法律的执行机构，DFID 承担了实现英国对外援助目标的任务，包括消除极端贫困和饥饿，实现初等教育普及，促进性别平等和保障妇女权益，保障人类基本健康包括减少婴儿死亡数、提高产妇健康水平、抗击艾滋病和疟疾等疾病，提高环保水平以及开展全球合作等。

英国对非洲的援助是其对外援助最重要的组成部分。二战以后，英国即开始对其前非洲殖民地继续援助，以扶持刚刚独立的政府。DFID 成立以后，英国对非洲的援助被纳入其对外援助的总目标中，1994～1999 年，英国对非洲援助的总额约占其对外援助总额的 36%。具有的特点是，对非援助的重点一直放在非洲的英联邦国家上，2000 年以来，英国对非洲援助平均超过 1 亿元的国家有 9 个，其中 6 个是英联邦国家。

与中国的对非援助相比，英国援助的政治条件性在 2000 年以后没有减弱反而在加强，包括民主、善政，甚至对受援方的政治体制也提出要求。布莱尔曾经明确提出"新干涉主义"的主张（张广荣，2011）。此外，援助领域也不断拓展，从军事、减贫，到艾滋病防治。DFID 的《2011～2015 年非洲行动计划》除了扩大援助规模外，还改变了对非援助的对象，把援助资源集中到最需要援助的国家，在重点援助的 27 个国家中，有 17 个分布在非洲；改变援助的内容，把重点集中在改善健康状况、维护妇女和儿童的权益上。《2011～2015 年非洲区域方案》还具体提出了在非洲地区援助的行动计划，包括使 400 万农民从跨境贸易中直接受益，为 30 万户家庭提供低碳能源，减少 6000 名产妇的死亡，救治 1.7 万名营养不良的人，通过粮食安全干预帮助 100 万人获得安全的食物，在贸易中减少边境口岸的等待时间（至少一半），完善运输走廊沿线的道路基础设施等，和其他援助方一起促进区域内的能源建设和环境改善等。

在双边援助计划中，英国也提出了具体的目标，针对不同受援方，制定不同的目标。例如在《2011～2012 年布隆迪行动计划》中提出，至 2012 年 3 月，帮助布隆迪的更多儿童接受小学教育（51% 为女孩），向学校捐赠 45 万本教科书，帮助 2000 多名妇女享受更好的司法服务，确保 263 家医疗机构的基本药物供应等（李喜英、黄军英，2012）。

尽管欧洲各国在对非援助中有自己的安排，但由于与非洲有共同的历史渊源，各国之间也有相似之处，尤其在 OECD–DAC 成员国内，譬如建立欧非新型伙伴关系。2005 年 12 月，欧盟理事会通过了《欧盟对非战略：走向战略伙伴关系》的战略性文件，2007 年又通过了《从开罗到里斯本：欧盟—非洲战略伙伴关系》政策文件，除了调整援助的重点、区域，还加大了对非洲援助的力度，希望借此加强同非洲国家之间的对话与合作，推广民主制度，维持资金来源与产品市场，强化地缘政治安全与军事安全。

由此可以看出，在援助强度增强和范围扩大以及重点转移的情况下，欧盟对非洲援助的政治条件并没有减少。这在德国、英国的援助中体现充分，在欧盟整体的援助中也体现充分。"条件性"依然是欧盟援助的重要特色，甚至 1992 年及以后的每一个协定中都有涉及人权的条款，并将人权与治理放在一起，直接指向受援方的政治和行政体制（王新影，2009）。

当然，"欧洲"是一个复杂概念，我们无意混淆欧盟、欧共体、OECD 等多个涉及不同国家实体的概念；在对非援助的意义上，也无意区分不同概念的内部分野。我们认为，在本质上，不同概念指称的实体在对非援助的立场、实践、发展阶段上的共性大于特异性。

首先，既有研究认为中欧援非有各自的特点，重要的差别依然在于是否附加政治条件。其次，欧盟的援助政策与其他政策之间结合得更加紧密，中国虽然完成了从单一无偿援助向援助方式多元化的转变，但在援助的整合性上依然还有更长的路要走。还有，欧盟的援助制度，也是中国援助中缺乏的。重要的是，中国对援非的传播远落后于对援非的实践（王新影，2011；李伟涛，2011）。有研究认为，即使把中国和欧洲一起放在非洲面前，人们对中国在非洲的存在也没有一致的认识与看法，在中国学者内部，不同人的看法也可能相左。正因为如此，在讨论中欧援非比较时，可以看到中欧有许多可以合作的领域与空间，譬如在安全领域打击海盗。

另有研究认为，欧洲关注中国非洲政策中的人权问题，期待中国尊重欧洲的价值观；中国貌似并不关注欧洲所关注的，而是关注自己的需要以及与欧洲及其成员国之间保持微妙的平衡，不过中国也需要考虑各方的关注点。因为在这样的背景下，中国与欧洲在面对非洲时，既可能是合作者，也可能是竞争者（Men and Barton，2011；谢铿，2012）。

与对中美援非的比较研究一样，中欧援非的比较研究远非系统，还有的文献涉及澳大利亚（Davis，2011）、法国（Cumming，1995；Rioux and Belle，2005；Wilson and Ernest，1993）、俄罗斯（宋艳梅，2013；Parfitt，2005）、荷兰（Baehr，1980），同样也远未系统地论述一个国家对非洲的援助或对非洲某个领域的援助。

主要的影响因素可能是，第一，欧洲并非一个步调一致的实体，欧洲作为一个概念也并非与明确的实体相对应。第二，欧洲作为一个整体与欧洲各成员国对非援助的立场、实践、历史演变也并非完全相似。

尽管中欧对非援助主要关注的都是非洲的发展，尤其中英之间几乎是同一个目标；同样，中欧之间在达成目标方式上的差异也是明显的。譬如欧洲的援助更加强调附加政治条件、关注生活质量；中国的援助更加强调互利合作、关注生存。我们认为需要注意的是，中国、欧洲、非洲之间有长久的双边关系，三边关系直到近期才出现。在双边关系中，中非之间的关系更深、与非洲本地人的联系更广、承担的风险也更大；欧非关系的渊源更深，在双边关系上有更多的便利，包括语言、宗教、经济；同时也有更大的历史包袱。在中国与欧洲都谋求与非洲更加密切的关系时，实质上，两者之间在非洲有巨大的互补性，欧洲各国似乎感受到了中国对欧洲已经存在的影响力的威胁，事实上，中国在无意间在非洲竞技场上被假想为竞争者，尤其是与欧洲之间。

（3）中、印、日对非援助的比较

与美国和欧洲的对外援助相比，亚洲的绝大部分国家是后发展国家，是曾经的或现在的被援助对象。在这样的历史和现实背景下，依然有少量文献涉及印度与日本的援助及其与中国的比较。

和中国一样，印度也是世界上的人口大国，并号称世界上人口最多的民主国家，现在的经济发展水平还在中国之后。由于曾经是英国殖民地，印度也是世界上最早接受外援的国家之一。

随着经济的发展，印度的对外援助也在发展，并逐步建立起了相关的制度和机构。2003～2004 年，印度政府投资 20 亿卢比，在财政部下设立了"印度援助计划"（India Development Initiative，IDI），2007 年对 IDI 进行新的阐释、改革、定位，建议成立印度国际发展署（India International Development Cooperation Agency，IIDCA），组织体系日臻形成（黄梅波、谢琪，2012）。在这个过程中，USAID 甚至积极卷入，支持印度对外援助的体系建设①。

印度对非援助也因其与非洲国家的历史渊源和地缘关系而具有自己的特点。

历史上，在葡萄牙人到非洲之前，印度就与东非地区之间有密切的贸易往来，形成了印度洋贸易体系。在绵长的交往中，不少印度人在东非定居，与当地土著通婚，形成了印巴人。在西方国家对非洲殖民化的过程中，印度洋贸易体系衰落。随后，英国殖民地范围的扩大推动了大规模印度人向东非移民，印度人在东非的经济生活中占据了主导地位。与此同时，在英国种族制度的影响下，进入非洲的印度人被迫和非洲人一起反抗殖民统治，并发展非洲的经济，甚至出现了印度裔的政治领袖和商业领袖（杜英，2011）。

在印度独立之后至冷战结束之前的时间里，印度始终在努力成为地区大国、印度洋大国，在对外交往中和中国一样奉行"不结盟"外交政策，并在 1954 年 6 月与中国共同提出了处理国际关系的"和平共处五项原则"。

---

① USAID 于 2012 年启动的"India Country Development Cooperation Strategy（2012–2016）"，即意在支持印度对外援助的体系化建设。参见 https://www.usaid.gov/india/cdcs。

在与非洲的关系上，印度在独立之前和之后都一直明确反对非洲的种族隔离政策。不过，因印度政府在非洲民族解放和国家独立的进程中持不同立场而与非洲的关系在 20 世纪 50 年代出现过一些问题。60 年代，印度开始主动缓和与非洲国家的关系。1964 年 9 月通过了"印度与非洲开展技术和经济合作计划"，对新独立的非洲国家提供援助。1967 年甘地政府积极呼吁在"不结盟"框架下进行南南合作。此后，印度对非洲的援助始终持续，并支持非洲反种族歧视的政治斗争。冷战结束之后，印度的非洲政策开始转向，围绕与非洲国家的经济合作和保护印度侨民在非洲的权益这条主轴展开，沿着 1964 年的"合作计划"，印度在 90 年代对 1/4 的非洲国家进行了经济和技术援助。印非之间的贸易额也不断攀升，1992 ~ 2001年的贸易额增加了 2.8 倍（朱明忠，2005）。

2000 年之后，印度为了获取在非洲的资源和市场以及在国际事务中的支持，加强了民生导向的援助，特别是资金、技术、培训、医疗卫生、环境保护和人道主义等领域的援助。通过援助与合作，促进印度与非洲开展贸易。1991 年印非贸易额为 9.65 亿美元，2015 年已经增至 700 亿美元。2008 年印度与非洲之间通过了《德里宣言》和《印度－非洲合作框架协议》，双方确立了在多个领域的合作计划，印度希望通过非洲国家的支持，成为联合国安理会常任理事国（邱昌情、刘二伟，2012）。

印度在非洲多个领域的努力与中国的政策、实践有高度的重叠，都坚持不附加政治条件（温翠苹，2014）。难怪有人称，印度在重走中国的"非洲路线"（陶短房，2011）。不过，从印度的对非援助中可以看到，印度援助在非洲的受益面非常广，如"非洲大学生培训计划"在各阶层都有受益者，特别是中下层人群；对印度洋沿岸国家的援助也拓展至更广阔的范围，包括 2004 年开始的泛非电子网络工程（Pan-African e-Network Project）。此外，印度还有中国不具备的优势，如非洲的海外印度人（徐国庆，2015）、地缘经济优势、中小企业强项以及与非洲地区组织上的特殊关系等（亢升，2012）。不过，印度也有自己的难处，其经济实力尚不足以支持印度兑现对非洲援助的承诺（陶短房，2011）。

在英文文献中，涉及援非的语境时，印度总是和中国一同出现（Broadman, Isik and World Bank, 2007；McCormick, 2008；Cheru and

Obi, 2010; Santos-Paulino and Wan, 2010), 不过, 也有一篇文献专门讨论了印度的援助动机。通常而言, 援助是富国的游戏, 这篇文献的设问是, 为什么穷国要对其他发展中国家提供援助。通过对印度在 2008~2010 年对 125 个国家提供援助承诺的分析, 研究者提出了贫穷 (needy) 援助方概念, 认为商业和政治的利益左右了印度援助的分布。与 OECD - DAC 的援助方比较, 印度对政治利益的诉求更多, 与印度邻近或与印度经济发展水平相当的国家更可能进入印度的援助项目 (Fuchs and Vadlamannati, 2013)。

由此, 我们也看到了印度援助与中国援助之间的差异, 即中国更多地从受援方的需求出发, 关注受援方的民生需求, 更注重基础设施等 "硬" 设施的建设, 投资主体大多是国有企业。印度也注重民生, 覆盖的领域与中国相似, 只是更加注重 "软" 设施建设, 投资主体更多的是私营企业 (阿帕拉吉塔·比斯瓦斯, 2012)。更加重要的是, 尽管没有像欧美那样明确地携带约束性的政治条件, 印度却在不附加政治条件的背后依然携带了自己的政治利益诉求。

与印度不同, 日本首先是二战的战败国、二战后的受援方, 接着又成为发达国家。日本在二战中的角色使日本不可能像美国那样开展积极的政治外交, 也不可能像德国那样以援助前殖民地国家为由开发地缘政治空间, 对外援助便成为其经济外交的重要渠道和手段。20 世纪 50~70 年代, 虽然日本的对外援助规模和数量有限, 日本却在 1966 年开始向非洲国家提供贷款援助。1968 年, 在日本援助的 37 个国家中, 非洲国家仅为 8 个。70 年代的两次石油危机引起了日本对非洲的重视。1970 年代日本对非洲的援助只占其对外援助总金额的 2.2%; 80 年代开始出现 "非洲热", 80 年代末对非洲援助的金额占比上升, 达到了 11.9% (汪青青, 2012)。1990~2005 年, 在 OECD - DAC 成员国的对非援助中, 日本成为仅次于法国、美国、德国的第四大援助方 (Lebovic, 2005), 非洲成为仅次于亚洲的日本第二大援助地区 (王平, 2012)。2006 年日本对非洲的援助金额占比超过了对亚洲的援助, 占日本对外援助的 34% (汪青青, 2012); 1993 年日本牵头发起召开非洲发展国际会议, 到 2013 年已经召开了 5 次 (王平, 2012)。

在援助方式上，日本的贷款援助远超过其他类型的援助，日元贷款一直是日本对非洲的主要援助方式。1994 年日本对非的双边援助中，日元贷款比例为 20.2%，2003 年为 29.9%，2013 年则可能达到 43.7%（贺文萍，2013）。

在援助的领域上，1992 年出台的首个《ODA 大纲》特别强调了政治民主化、经济市场化、兼顾环境与开发等四项原则；援助的资源集中在经济基础建设、生产建设上，如制造业占 26.2%，基础设施占 40.9%；2005 年的一个明显变化就是，债务免除占到 52%。近年来的另一个变化是，全球热点议题成为日本对非援助的重点，如环境、卫生，《横滨宣言 2013》和《横滨行动计划 2013～2017》中的援助突出反映了这样的变化（龚伟，2014）。

在援助对象的选择上，由于日本与非洲之间没有历史渊源，与欧美甚至印度均不相同；日本与非洲没有共同的发展经历，与中国也不相同。在这样的背景下，对援助对象的选择直接反映了日本援非的诉求。2008 年日本政府发布的《外交青书》明确说明了依据 5 条标准选择受援方，包括战略重要性、与全球发展的关系、地区间平衡等，即选择能为日本提供所需资源、对西方具有战略意义、对日本具有市场意义，以及不会招致非洲国家内部不满的受援方。1960 年以来，日本给予援助最多的国家中，一类是资源型国家如肯尼亚、苏丹，另一类则是有政治影响力的国家如坦桑尼亚。

由此我们看到，与印度一样，日本对非洲的援助，对政治利益的诉求远大于对经济利益的诉求，特别是在谋求联合国地位的问题上希望得到非洲的支持；与印度不一样的是，日本还要谋求政治价值观的推广和资源保障（Schraeder，Hook and Taylor，1998；龚伟，2014；贺文萍，2013；王平，2012；Yasutomo，1989）。

总的来说，与欧美作为援助方不同的是，亚洲的对外援助更加复杂。第一，亚洲曾经是世界上最大的受援地区，有从贫穷走向富裕的历史经历，对受援有着切身的感受与体会。第二，与亚洲的受援不同，非洲的绝大部分受援方从殖民地时代开始就一直在接受援助。亚洲受援方即使曾经处在贫穷之中也一面接受援助，一面提供援助。第三，亚洲与欧洲内部构成不同，欧洲有一个欧盟、欧共体，在对非援助上有时候会有统一的步调或安排；亚洲没有类似的机制或组织，亚洲各国对非洲的援助有自己特殊的利益诉求和逻辑。

对身处亚洲的中国而言，身边的援助方是最具威胁性的伙伴。印度与非洲有悠长的经济与族群关系渊源；日本则有先进的技术与看似最没有实际利益的资金；日本和印度与欧美有相同的政治主张和意识形态；面对这些伙伴，中国在对非援助中面对的处境是：日本拿金钱和技术与我们拼实力；印度拿历史和族群与我们拼人脉。中国有什么？我们认为，这是中国在对非援助中貌似清楚，却没有清楚回答的问题。

第二节　中国对非洲的卫生发展援助

中国对非洲的援助是国际社会对非洲援助的一部分；中国对非洲的卫生发展援助也是国际社会对非洲卫生发展援助的一部分。

《中国的对外援助》（2011）指出，"医疗卫生是中国对外援助的重要领域"。中国对非洲的卫生发展援助也是中国对非洲援助的一部分。2013 年 8 月 16 日，中国－非洲部长级卫生合作会议在北京召开，中非卫生官员共同签署并发布了《中国－非洲部长级卫生合作发展会议北京宣言》（以下简称《北京宣言》）。中国政府表示，鉴于中非相互合作的范围和规模，中国随时准备分享在卫生发展中的经验，并与非洲一起努力，确保中非合作战略与当地优先事项和最紧迫的卫生发展需求相匹配。《北京宣言》为中非协力解决影响非洲的重点卫生难题制定了路线（白剑峰，2013）。

中国对非洲卫生发展援助的另一个背景是全球卫生（global health）。全球卫生的基本含义是"在研究和实践中把世界上所有人均等地获得健康改善放在首要位置"。对全球卫生的倡导主要来自世界卫生组织等国际机构，中国是世界卫生组织的重要成员，直接参与了全球卫生活动，中国对非洲的卫生发展援助是全球卫生发展援助的一部分。联合国千年发展目标（MDGs）是 2000 年以后全球卫生的纲领性文件，《拯救人类》则是近些年有关全球卫生重要观点与实践的文集（Frenk and Hoffman，2015）。

1. 措施

中国对非洲的卫生发展援助正是镶嵌在世界主要国家和机构对非洲的卫生发展援助之中的；同时，也是中国对外援助的重要组成部分，并有 60 多年的历史（夏庆杰、陈禹江，2016；Liu, et al., 2014）。《中国的对外援助》（2011）指出，中国卫生发展援助的主要内容包括建设医院、设立医疗卫生中心和疟疾研究中心、派遣医疗队、培训医疗人员、提供药品和医疗卫生器材、临时资金援助等。中国对非洲的卫生发展援助，也主要围绕着这些领域在进行（Li, 2011）。

（1）派遣医疗队

向受援方派驻医疗队是中国卫生发展援助的重要方式。《中国的对外援助》（2011）指出，援外医疗队是指中国向受援方派出医务人员团队，并无偿提供部分医疗设备和药品，在受援方进行定点或巡回医疗服务的团队。

与其他国家在非洲卫生发展援助中的"项目制"组织与管理不同，如果说中国向非洲国家派遣医疗队也是项目的话，那么，这个项目的设计是具有弹性的，即没有在项目之初进行总体设计，而是依据受援方的要求，在执行中进行调整。此外，中国向非洲派遣的医疗队也不是直接在国家层面组织的，而是采用任务分包模式，由各省级政府组织和部署，医疗队的主力是医师，此外还可能有护士、技师、翻译、司机。医疗队服务期限一般为 2 年。在服务期间，队员可以获得住房、食物和额外的工资补助（李安山，2009；蒋华杰，2015；梁文杰，2015；陈海波，2014；杨新建，2013；孙娴，2013；刘建豪、全小祥，2013；蒋晓晓、张辰，2013；符清烨，2013；黄占华，2013；许文颖，2011；丁旭虹、张大庆，2010；Li, 2011；Shen and Fan, 2014）。

根据《中国的对外援助》，1963 年，中国向阿尔及利亚派出第一支医疗队。截至 2009 年，中国已向亚洲、非洲、欧洲、拉丁美洲、加勒比和大洋洲 69 个国家派遣了援外医疗队、累计派遣 2.1 万多名医疗队员，经中国医生诊治的受援方患者达 2.6 亿人次。2009 年，依然在援助岗位上的有 60 支援外医疗队，共 1324 名医疗队员，分布在 57 个国家的 130 个医疗机构。2010～2013 年，中国有 55 支医疗队工作在 120 个援助地点，累计有 3600 名医护人员在岗，培训当地医护人员上万人（夏庆杰、陈禹江，2016；Harneit-Sievers, Marks and Naidu, 2010；Wang, et al., 2012）。

（2）提供药品和医疗卫生器材

向援助方提供药品和器材是中国对外卫生发展援助的另一个重要方式。根据《中国的对外援助》，在 2006～2009 年的 4 年时间里，中国向非洲国家提供了价值 1.9 亿元人民币的青蒿素类抗疟药品。2000～2013 年，中国向非洲国家提供了约 120 批医疗设备和药品等，包括多普勒彩超仪、CT 扫描仪、全自动生化仪、母婴监护仪、重要手术器械、重症监护检测仪、核磁共振仪等高端医疗设备，以及防治疟疾、霍乱等疾病的药品，价值达 8 亿元人民币。

（3）兴建医院及卫生设施

中国卫生发展援助的第三个、也是近 10 年的重要方式就是在受援方建设医院。根据《中国的对外援助》，到 2009 年年底，中国共帮助发展中国家建成 100 多家医院和医疗服务中心，还有 30 多家医院正在建设之中。2010～2012 年，中国又援建了约 80 个医疗设施项目，绝大部分都分布在非洲，包括综合性医院、流动医院、保健中心、专科诊疗中心、中医中心等，如也门塔兹医院、中非谊好医院、几内亚比绍卡松果医院、津巴布韦奇诺伊医院、乍得自由医院、乌干达中乌友好医院、赞比亚移动医院等（Freeman and Lu, 2011）。

以移动医院为例，每套移动医院配备 12 辆医疗车、3 名医生和 1 名技术人员。一般情况下，移动医院组装只需 20 分钟，具备综合性医院的主要功能，包括内、外、五官和妇产等多个科室，可开展手术、急诊、放射、化验、重症监护等医疗服务；在水电缺乏的环境下也能工作（Freeman and Lu, 2011）。

还有研究进一步指出，2000 年以后，中国对非洲的卫生发展援助迅速增加，尤其是在卫生、人口、洁净水与消毒（HPWS）领域，在对非洲的全球卫生发展援助中，已进入提供援助最多的前 10 家双边援助方之一。在这些援助中，有 50% 的 HPWS 用于技术设施、40% 用于人力资源发展，并关注医疗设备和药品以及疟疾防治（Grépin, et al., 2014）。

（4）开展疟疾和艾滋病防治

中国依托治疗疟疾的特效药青蒿素和初级卫生保健系统，还在非洲实施了大量疟疾防治援助项目（Grépin, et al., 2014），包括医务人员培训和实地疟疾防控，以及援助建设了 30 个疟疾防治中心。2007 年，中国与科摩罗启动青蒿素复方快速控制疟疾合作项目，2010～2012 年，在巩固灭疟项目成效的同时，中国还在科摩罗昂儒昂岛推广灭疟项目。

此外，在对非洲的卫生发展援助中，中国还参与全球抗击艾滋病活动，包括医疗队直接参与防治艾滋病工作（许前磊等，2016）。

（5）临时资金援助

中国直接向非洲国家提供的卫生资金援助较少，且主要通过专项捐款和向卫生基金捐款的方式进行（Wang and Sun, 2014）。另外，中国曾宣布向非洲提供 100 亿美元的特殊出口信贷和优惠援助贷款以鼓励非洲发展，其中 7300 万美元用于提高非洲医药和卫生服务水平（Kenyon, 2010）。

2. 效果

从上述归纳来看，中国对非洲的卫生发展援助内容和做法与其他国家甚至与印度比较，的确有自己的特点。需要指出的是，既有文献中涉及中国对非洲卫生发展援助内容的，除了中国政府公布的内容外，可以运用的数据几乎为零。一些组织试图从多个信息源归纳数据，但效果也非常有限。

与此相对应，既有的对中国卫生援非及其效果的研究文献运用的也只是这些有限的数据。有研究认为，与 DAC 传统的援助比较，中国重点关注卫生体系和疟疾的做法代表了南南合作框架下的努力，发挥了显著的作用（Grépin, et al., 2014）。还有研究认为，非洲国家的卫生人力资源严重不足，医疗队弥补了非洲国家外科、泌尿科等专业医师的缺乏（Liu, et al., 2014；尹鸿伟，2006；卫生部国际合作司，2003），在一定程度上缓解了受援方医疗服务人力资源供给的矛盾。

《中国的对外援助》（2011）认为，医疗队一般工作在受援方缺医少药的落后地区，治愈了大量常见病、多发病，采用针灸、推拿以及中西医结合诊疗的方法诊治了不少疑难重症，挽救了许多垂危病人的生命。此外，医疗队员还通过观摩示范、专题讲座、技术培训和学术交流等方式培训当地医务人员，内容涉及疟疾、艾滋病、血吸虫病等传染病防治，病人护理以及糖尿病、风湿病治疗等领域。一个意外的效果是，中国向非洲国家派出医疗队的时间与派出其他专业人员和援建队伍等的时间"巧合"（Shen and Fan，2014），也为中国援外队伍提供了医疗保障。

如果把中国医疗队放在整个非洲的卫生受援，甚至放在中国对非洲的援助中来看的话，中国援非医疗队"花钱少，收效快，影响大"。中国医疗队的工作不仅得到受援方医务人员的高度赞誉，譬如在 2000～2012 年，就有 100 多名中国医疗队员因贡献突出获得受援方颁发的勋章；也形成了团队内的良好自我评价与认同（Wang，et al.，2012）。

中国提供的药品尤其是防治疟疾的药品成为非洲防治疟疾的特效药（师昀煜，2010；Siringi，2003）；在科摩罗的小岛，局部村庄的疟疾感染率曾高达94.4%，在中国专家指导全岛服药后，感染率下降了98.8%。中国药品得到的评价极好，以至于许多非洲国家愿意推广中国的方法（Li，2011）。以乌干达为例，每年因疟疾死亡的人数超过 8 万，其中大部分是孕妇和孩子。中国承诺捐献防治疟疾的药物，为当地医务人员提供防疟培训，并在首都坎帕拉建立了疟疾防治中心。一些人认为，中国制造的药品质量可靠，价格低廉。中国的制药业和医疗器材厂能用较低的成本满足中国市场的需求便证明了药品和供应是中国的相对优势所在（Han，et al.，2008；Ren and Lu，2014）。不过，中国对非洲提供的中药则是争论的焦点之一。有人认为，中国的中药缺乏有效性的科学依据，大范围推广中药的时机尚不成熟（Wang and Sun，2014）。

中国在非洲地区援建的医院、专科门诊、防治中心等，见证了中国对非洲的卫生发展援助历程，为中国医疗队更多地发挥影响力提供了基地，也在一定程度上解决了受援地区医疗设施不足的问题。譬如在利比里亚的塔佩塔多医院，医疗设备先进齐全，由中国、埃及、利比里亚三国合作运营，为开展医疗合作和医院的可持续运营进行了有益尝试。中国为赞比亚 9 个省提供急需的医疗服务，其中流动医院为边远、不发达地区的卫生医疗事业提供了重要支持，为解决当地人民看病就医困难做出了积极贡献。

也有学者指出，建医院的投入高、维护运营成本高，其成本收益不如开展疾病防控和公共卫生产生的效益（Watson，2009）。

针对中国对非洲卫生发展援助的资金，现存文献中完全没有效果评价或说明的内容，或许是相关的数据实在有限。

3. 争议

与中国对非洲的援助相似，中国对非洲的卫生发展援助也受到了广泛关注。在中非合作论坛之后，中国对非洲的卫生发展援助一些新的做法，也因此被猜想，进而形成了一些新的争论。

（1）动机与效果

一般认为，中国对非洲的卫生发展援助首先是基于人道主义的，是利用中国在卫生领域的独特优势帮助非洲提高卫生水平，促进全球范围内的卫生公平（Browne，2012；Liu，et al.，2014；Wang and Sun，2014）。中国派出的医疗队深入非洲国家基层，其所进行的医疗和预防工作切实改善了基层包括农村的卫生条件，提高了卫生公平性，这是其他卫生发展援助没有做到的（Freeman and Lu，2011）。

也有人指出，中国对外提供卫生发展援助的动机与其他援助一致，都是提高国家软实力，是将卫生援助作为外交手段，通过和平行动保证和扩大国家利益的尝试（Tull，2006；张春，2010；King，2013；Bräutigam and Xiaoyang，2012），有人甚至因此认为在软实力上，中国没有竞争对手（McGiffert，2009；Kurlantzick，2007）。中国提供的卫生发展援助提高了中国的政治影响力，帮助中国获得自然资源，也帮中国获得了优惠贸易条款，同时更树立了中国"负责任的国际成员"的形象（Youde，2010）。

还有学者认为，虽然中国政府一再否认，但中国向非洲提供卫生发展援助也有经济利益的考虑。通过卫生发展援助渠道提供免费药品，非洲可以得到需要的药物，中国医药企业可以在非洲树立良好的形象，中国药企在非洲的竞争力提高，逐步占领和扩大市场，获得可观的经济回报（Wang and Sun，2014；Youde，2010；黄建银，2012；Huang，2010）。

当然，从中国的立场出发，中国在 60 多年前向非洲提供卫生发展援助时是基于人道主义的。在 60 多年的发展中，中国对非洲提供卫生发展援助的动机远不只有一个简单的理由，而是政治、社会、经济和文化等多方面综合以后的、负责任的决策和实践（Liu，et al.，2014；Ren and Lu，2014）。

（2）供给与需求

中国对非洲的卫生发展援助是根据中国的成功经验和相对优势开展的，比如派遣医疗队、兴建医院、基于青蒿素治疗疟疾等（Ren and Lu，2014；Fan，et al.，2014）。Easterly 指出，如果援助方的供给与受援方的需求、社会发展水平等并不吻合，那么，援助的效果不会令人满意（Easterly，2009；Easterly and Williamson，2011）。另外，各国援助的出发点都是最大限度地实现援助方的国家利益，这甚至在很大程度上延续了冷战的思维。这些供给与需求方面的不吻合，减弱了受援方的主动性，损害了效率的提高（Browne，2012）。

中国的卫生发展援助，不仅面临提供援助与当地需求吻合的问题，还面临随着时间推移变化带来的新挑战。以援非医疗队为例，随着一些非洲国家自身经济实力和医疗水平的提高，受援方的需求逐步在变成更高层次的医疗合作。在某些领域，中国也面临人才短缺和经验不足的难题；另一些欠发达的非洲国家，则需要大量能够解决基础健康问题的卫生人力资源。在这样的变化情境中，中国对非洲的卫生发展援助面临着更加复杂的需求，如何继续既有的依需而援（aid on demand）便成了巨大的挑战（Dreher，et al.，2015；Youde，2010）。

（3）可持续性

中国对非洲的卫生发展援助在某种意义上与欧、美、日、印之间形成了互补，进而发挥了其他援助没有的效果，得到了世界范围包括世界卫生组织的认可（Ren and Lu，2014）。中国能否持续地向非洲国家提供卫生发展援助，也受到了广泛关注。

首先是人力资源的可持续性。对非洲的卫生发展援助要克服包括语言不通、生活习惯差异大和工作强度大等诸多障碍，而思乡和当地卫生条件与医疗设备的落后是医疗队员需要克服的最主要困难。另外，随着中国国内劳动收入的提高，因派出带来的逆向收入差距等也导致可派出人力资源急剧减少，这些变化都会使拥有较高技术水平的医师不愿意到非洲服务或

因参与对非洲的卫生发展援助而付出高昂的个人成本（Wang, et al.,
2012）。

其次，在管理上如何保持和进一步提高援助效果，是中国对非洲卫生
发展援助必须面对的难题。从总体看，也从长远看，由于缺乏国家援助战
略，中央政府、省级政府的相关部门可能因对援助的理解不同和利益诉求
不同而削弱了援助设计的实际效果（Schiere, Ndikumana and Walkenhorst,
2011; Liu, et al., 2014; Shen and Fan, 2014）。

最后，在组织上，中国缺乏统筹和相对独立的对外援助管理机构，这
在卫生发展援助中尤其突出。管理机构功能上的重叠、部门间的利益冲
突，导致组织效率不高、相互协调不足（Wang and Sun, 2014）。

针对上述因素的影响，在对非洲卫生发展援助的知识和技术层面均没
有进行及时的归纳和总结，更没有类似于美国的项目制管理和项目评估，
因此相关人员需要梳理既往的经验和教训，以提高未来援助的效果（Zou,
McPake and Wei, 2014）。有研究指出，一些细小的技术问题也可能限制中
国医疗队发挥更大的作用，例如，当前医疗队往往被部署在当地医生不愿
前往的偏远地区，而偏远地区设备器材落后，导致专业医师大材小用，只
能提供简单的基础服务（Li, 2011）。

随着中国对非洲卫生发展援助规模的迅速扩大、范围的逐渐延伸，与
其他援助方的交集逐步产生，与受援方的制度体系关系逐步密切。中国对
非洲卫生发展援助涉及的议题、争议会越来越多，未雨绸缪，现在正当
其时。

第三节　中国对乌干达的援助

1. 中国对乌干达的援助与合作

乌干达于 1962 年 10 月 9 日宣布独立（新华社，1962）。随即，中国承
认乌干达（陈毅，1962），于 10 月 18 日正式宣布与乌干达建立外交关系并
发表联合公报（国务院，1962）（参见附录 3　中国同乌干达的关系）。

1965 年 7 月 11 ~ 16 日，乌干达总理奥博特（Milton obote）访问中国，
16 日两国政府发表联合公报，公报的重点是双方共同谴责殖民主义，支持

非洲各国人民反殖民主义的民族解放和国家独立斗争，谴责种族隔离政策，坚持和平共处五项原则等，没有探讨援助问题（国务院，1965）。

在此后的 40 年间，在中义公开义献中，很少看到两国之间的文献。直到 2006 年 6 月 24 日，在时任总理温家宝访问乌干达期间，两国政府才再次发表联合公报。在这份公报中，提出了"中乌经济合作前景广阔，愿本着平等互利、共同发展的原则，认真落实已商定的合作项目，拓展在贸易、投资、农业、水利、电信、基础设施建设、能源、农产品加工、纺织、人力资源培训等领域的互利合作……双方愿进一步加强在文教、卫生、旅游等领域的交流与合作"（国务院，2006）。

1965 年中国与乌干达签订了第一个经济技术合作协定，不过在 20 世纪六七十年代，双方的合作主要限于中国向乌干达提供技术援助，并通过无偿援助和优惠贷款等方式为乌干达提供经济援助。从 1987 年中国在乌干达进行工程承包和劳务合作开始，双方的经济合作规模不断扩大。2000 年召开中非合作论坛之后，中国对乌干达的援助开始转向援助与合作并举（李雪冬，2016；卢苗苗，2015）。

在援助领域，1977 年援建了奇奔巴（Kibimba）农场。之后，援助的范围延伸到农业、教育、卫生、公共设施建设、优惠贷款、债务免除等，建立如中乌友谊农业技术示范中心、农村沼气池、农村中学、中乌友好医院、疟疾防治中心，广电节目落地，以及给乌干达政府办公楼和国家体育场等提供成套项目。此外，还给大区中心医院捐赠生殖健康设备、大型物资设备、30 台小型农用拖拉机、外交部办公设备及 6 批具有中国自主知识产权的疟疾防治药品，并派遣中国医疗队、高级农业专家组、体育场技术合作组和农业技术示范中心专家组等（中国驻乌干达使馆经商参处，2012）。

利用中国政府的优惠贷款，中国还完成了乌干达国家骨干网和电子政务网工程（一期和二期）、市政工程设备等项目（一期）；组织 630 名乌干达学员赴华参加培训，涉及领域包括经济管理、金融外贸、公共行政、医疗卫生、农业技术、信息科技、教育、交通、能源等；通过优惠贷款，中国还向乌干达提供市政工程设备，由中国一汽集团公司实施项目，已有 1413 台自卸车、平地机、装载车、推土机等设备运抵乌干达，用于道路维修和市政设施维护（中国驻乌干达使馆经商参处，2012）；通过优惠贷款3.5 亿美元修建 6 车道、51 公里长、连接首都坎帕拉和恩德培机场的高速公路（Allen and Baguma，2013）。

中国政府还免除了乌干达 2005 年之前借的 1700 万美元债务，承诺再提供 680 万美元的无偿援助（Allen and Baguma，2013）。

对这些援助内容，有研究者将其放在乌干达的经济背景和受援状况下进行考察。2000 年之后，乌干达农业、工业、服务业的 GDP 增长不稳定，譬如 2005 年比前一年农业增长了 2.0%，工业增长了 11.6%，服务业增长了 6.2%；2009 年比前一年农业增长了 2.6%，工业却只增长了 3.8%，服务业反而增长了 9.4%。研究者观察到的是，1998～2006 年，无论乌干达的经济状况如何变化，受援总额占 DGP 的比重始终维持在 10% 左右（Madina，Kilimani and Nabiddo，2010）。

从援助的来源来看，2000～2008 年，乌干达的受援总额为 66.55 亿美元。其中，最大的援助方是国际发展协会（International Development Association，IDA），累计达 20 亿美元，其次是英国、欧盟、美国，分别累计达8.3 亿美元、6.5 亿美元、4.2 亿美元，中国提供的援助额度排在 41 个国家、国际组织、私人援助机构的第 27 位，日本排第 23 位，日本援助额总计 3100 万美元，中国为 1352 万美元。中国援助占乌干达受援总额的0.2%。需要说明的是，在援助额最多的前三个国家和机构中，除美国2008 财年没有记录以外，其他年份都有；日本亦是；中国在 8 年中有 3 年没有记录。与其他国家和机构的援助形式不同，中国的援助并未直接进入乌干达的政府预算（Madina，Kilimani and Nabiddo，2010）。

在中国对乌干达的援助中，如果划分为直接援助和间接援助，则直接援助包括了与 OECD 的竞争性援助和补充性援助，如无偿援助、贷款、培训等；在间接援助中也包括了竞争性援助与补充性援助如给排水、输电线等。由此，有研究者认为，中国对乌干达的援助以技术形式为主，包括到中国培训、无偿援助、无息贷款、贴息贷款、优惠贷款、债务免除等，乌干达也因此间接受惠，如债务免除减轻了乌干达的负担进而有利于增进人民的福祉（Madina，Kilimani and Nabiddo，2010）。

在经贸合作领域，2010 年 2 月，中国与乌干达签署政府间免关税待遇协议。协议约定，自 2010 年 7 月 1 日起，中国首先对 60% 的乌干达产品实施免关税待遇；从 2012 年 1 月 1 日起，乌干达出口到中国的 95% 的产品享受免关税待遇，包括对 400 多种乌干达产品和物质免除关税（中国驻乌干达使馆经商参处，2012；Allen and Baguma，2013）。

乌干达接受的国外直接投资（FDI）自 1990 年以来一直在增长之中，2010 年以后的增速更快，总量更大（Sam，2013）。自 1993 年第一家中资企业在乌干达注册以来，1993～2001 年，中国在乌干达的投资额达到 5.96 亿美元，有 256 个中国公司与乌干达有生意往来，创造了 2.8 万个工作岗位。2005 年，两国之间的贸易额也接近 9937 万美元，中国出口到乌干达的主要是机械、电子、纺织、服装、医药、瓷器等；据中国的统计，2011年，双边贸易额达到 4 亿美元，与 2010 年相比增长了 40%，与 2005 年相比则增长了 300%（Allen and Baguma，2013）。到 2011 年年底，共有 265家中国投资企业在乌干达注册登记；2012 年，中海油通过收购模式在乌干达投资 16.82 亿美元（中国驻乌干达使馆经商参处，2012）；2013～2014财年，乌干达吸收国外直接投资达 14.7 亿美元，其中中国投资 4.4 亿美元，占 29.9%，涉及 53 个项目，提供了 2.1 万个就业岗位；中国在乌干达的投资额仅次于英国和印度，位居前三（卢苗苗，2015）。截至 2014年，中国共有 400 多家企业在乌干达注册，累计投资 36.34 亿美元，涉及贸易、电子、农业开发、皮革加工、建材生产、酒店、食品等产业和领域（李雪冬，2016）；据此认为，中国是对乌干达计划投资金额最多的国家，计划投资项目数量也排在第二（苑基荣，2014）。

在经贸合作领域，一个重要的类别是工程承包。到 2011 年年底，在乌干达注册的中资承包企业近 30 家，如国机集团、中水电、中铁工、中交集团、河南国际、重庆外建、江西国际、华为、烟建集团、广东世能集团等。业务领域从传统的道路、房建、通信工程、水电项目、输变电线路、打井等拓展至道路设计、工厂建设和设备安装、地勘地探等专业服务。中国重庆外建承包了在乌干达西南部地区修建 103 公里、连接西部城镇 Fort Portal 和民主刚果道路的工程。中海油还在寻找机会与其他国际公司合作在乌干达西部建设炼油厂，多家中国公司还在投标建设 Karuma 水电站（Allen and Baguma，2013）。也有报道称，由中铁五局 2013 年 9 月开始承建的、位于乌干达北部通往南苏丹的 AN 公路已经于 2016 年 6 月 23 日建成移交。公路全长 35 公里，合同金额 2900 万美元。除此以外，中铁五局在乌干达还连续中标了 75 公里公路、66 公里公路项目（李继红、李加顺，2016）。中国三峡集团在承建 Isimba 水电站的同时还修建坝区 Nampay 村公路，赞助 Kayunda 市举办足球比赛，为当地员工开展技能培训等（张晓华、杨毅、郭海鹏，2015）。不仅如此，中海油在企业发展中重视社区关系管理，包括理解和尊重社区的信息需求、尊重社区居民的文化和情感、适度投资社区项目等（柴维，2013）。

对中国在乌干达企业的研究说明，中国在乌干达的国有企业、混合制企业大多集中在资本密集型领域，如石油、建筑，规模比私有企业大，也先于私有企业到达乌干达。与私有企业相比，国有企业和混合制企业对整体市场更感兴趣，吸收了更多的当地雇员，更愿意让雇员本地化。不过，研究者也认为，无论是哪种所有制的企业，其到乌干达投资的动机都是一致的，那就是冲着乌干达的市场，其中国有企业和混合制企业更多地携带中国政府的项目，得到中国政府的支持也更多。在中资企业中，比较集中的领域除了资本密集型企业之外，还有进出口、制造业以及批发零售业（Warmerdam and van Dijk，2013）。

在援助与合作并举的背景下，研究者观察到，与西方的援助比较，过去 10 多年中国对乌干达援助的规模迅速扩大，非洲各国包括乌干达似乎更喜欢中国的援助，认为中国的援助直接促进了经济发展，让成百上千万的人摆脱了贫困。同时，中国基于友谊与相互尊重以及南南合作框架而提供的援助迅速、简易、有效，没有西方援助那么多条条框框和对受援方的约束条件（Allen and Baguma，2013）。

在此基础上，有研究者探讨如何通过建立与中国的联系来增加社会就业，让援助为人民产生可持续的福祉（Madina，Kilimani and Nabiddo，2010）。事实上，对这个议题的探讨涉及中国与乌干达在经贸等多个领域合作的另一面，如双边贸易的不平衡在不断扩大。2012 年，乌干达出口到中国的贸易额达到了 4000 万美元，增长了 49.5%，但依然只有中国出口到乌干达贸易额的 1/10。这似乎意味着在乌干达市场上会出现更多廉价、不安全，甚至与乌干达产品形成竞争的产品。另外，大量的中国企业进入乌干达的批发、零售市场，直接影响了乌干达当地人的生意，因为中国商店的货品不仅便宜，选择性也更强（Allen and Baguma，2013）。还有，中国产品的充斥影响了当地的制造业，造成与当地制造业之间形成恶性竞争、无序经营等问题（李雪冬，2016），甚至把当地制造业逐出了市场，进而造成了当地人的失业，因为中国企业更愿意雇用中国的劳动力（Allen and Baguma，2013）。

对中国援乌以及与乌干达的经贸合作，来自乌干达的留学生更愿意从中国软实力建设的视角进行探讨，认为 Alexander L. Vuving 的软实力中介（才华、善意、魅力）理论（Vuving，2009）可以用来解释中国在乌干达的软实力，中国在乌干达的政治、经济、文化三个维度建设的软实力，与中国在非洲的软实力建设策略、方式相一致（Kurlantzick，2007；Rebol，2011；罗建波，2007；Kurlantzick，2007），而这个软实力并非一蹴而就的，是中国在乌干达多年积累的结果，包括中国革命对乌干达领导人的吸引。不过，中国的廉价产品和中国的传统文化，对中国的软实力却有负面影响（Martin，2013）。

2. 中国对乌干达的农业援助

中国对非洲的农业援助起始于 1959 年向几内亚提供无偿的粮食援助。据统计，1960～2010 年，中国在非洲共援建了约 220 个农业项目，约占援非成套项目数量的 1/5（唐晓阳，2013）。

农业援助的方式也经历了历史的演变。20 世纪六七十年代，中国对非洲的农业援助大多采用大型农场和农业技术推广站模式，到 1980 年为止共兴建了 87 个农业项目，耕种面积达 4.34 万公顷。另外，兴建了 16 个水利项目，惠及 7.1 万公顷土地。项目建成初期，成效显著、生意兴隆，可在移交之后的不长时间里，就出现生产滑坡、倒闭等状况。

在总结经验和教训的基础上，中国对非洲的农业援助逐渐转向重视技术交流和人员培训等能力建设方面。在建设农田设施的同时向农民传授技术。不过，技术传授可以到位，农民却不一定有能力接受。为此，中国在对非洲农业的援助中，加入了市场因素，如组建农业合作开发公司，让中国的农业技术人员有留在非洲工作的动力；还建立农业技术示范中心，既进行农业技术示范，又培训当地的技术人员和农民，即在示范期结束以后，引入市场因素，采用企业经营模式，保证其可持续发展（唐晓阳，2013；高贵现、朱月季、周德翼，2014；高贵现，2014；周泉发，2014；周海川，2012；李嘉莉，2012）。

中国对乌干达的农业援助较晚。1977 年中国在乌建成的奇奔巴农场，是1980 年之前对非洲援助 87 个成套农业项目中的一个，也是最晚的一个。1973 年，中国政府派出的援助人员在一个长满芦苇、茅草、荒无人烟的沼泽地上，经过几年的努力，建立了一座现代化的农场，拥有 1000 公顷土地，800 余名职工，还附设了碾米厂、面粉厂、砖厂、畜牧场、商店、酒吧、饭店、学校、幼儿园等，把在中国建设国有农场的经验灵活地运用到了乌干达；每年生产稻谷 3 万吨，盈利约 200 万元人民币。1982 年移交给乌干达政府后，农场生产经营便遇到了种种问题（李嘉莉，2012），1989 年生产下滑到了历史最低点，水稻亩产仅 100 多公斤。为此，1991 年 8 月中方农业专家重返农场（马建华，1992）。经过改革后的奇奔巴农场，再一次成为中国对乌干达农业援助的有效样本（中国驻乌干达使馆经商参处，2012）。

除奇奔巴农场以外，2006 年，中国政府宣布为非洲建设 14 个国家级农业技术示范中心，其中有中乌友谊农业技术示范中心（中国驻乌干达使馆经商参处，2012）。示范中心的建设吸引了企业的参与，由四川省华侨凤凰集团承建。2008 年启动，2010 年完成，是一个具有淡水鱼鱼苗孵化繁育、成鱼养殖、饲料加工、实验研究、技术培训与示范等功能的渔业技术示范中心（黄凌，2016）。

在 2015 年 12 月的中非合作论坛上，中国提出在未来 3 年的合作中将把农业放在首位，继续 2012 年"一省包一国"的模式，对乌干达进行农业援助，由中国政府提供 170 万美元、乌干达政府配套 80 万美元，派中国专家在乌干达进行谷物、果蔬生产，畜牧，水产养殖等方面的技术示范和推广。四川省科虹集团积极牵头，联合四川省仲衍种业等 5 家企业组团赴乌干达筹建中乌现代农业示范园，前期计划投资 2.2 亿美元，占地超 380公顷。自 2016 年起，示范园陆续启动 13 个项目，包括粗粮加工、水稻种植、蛋鸡养殖、农机服务等，建成后有望成为乌干达最大的农业产业项目（黄凌，2016）。此外，中国还在资助乌干达建立有机农业交易组织（黄艳，2016）。

运用"双边四重嵌入"框架理解中国对乌干达的农业援助，我们知道，它是中国对乌干达卫生发展援助的重要环境，既是中国对非洲及乌干达援助的一部分，也是中国对非洲农业援助的一部分，还是乌干达接受的所有援助以及农业援助的一部分。

因此，我们还需要了解的是，始于殖民时期的国际社会对非洲包括对乌干达的农业援助都有哪些内容。1952～1972年，洛克菲勒基金会在撒哈拉以南非洲地区也曾进行过农业援助，提供了从农作物种子到农业技术教育的系统性援助（王亮，2012）。覆盖面较为广泛的援助则是从20世纪70年代开始的，其中中国扮演了重要角色（Bräutigam and Xiaoyang，2009），应该说非洲的"绿色革命"与中国的援助之间有着密切的联系（Bräutigam，1998）。

除了中国以外，国际组织是援助非洲农业的另一个重要机构。20世纪八九十年代，国际社会对非洲的农业援助基本处于停滞阶段，这一期间，也是中国对非洲农业进行援助的间歇期，即早期的援建项目陆续移交给受援方，乌干达的奇奔巴农场就是例子。1980年以来，来自世界各国和国际组织的对非洲农业援助的份额尽管维持在20%以上，可由世界银行倡导的以市场为导向的结构调整基本以失败告终。90年代，农业援助的占比维持在10%左右。

2000年以后，对非洲的农业援助再次兴起，农业成为推进MDGs的重要内容。世界银行的"非洲行动计划"重新恢复农业在非洲经济增长中的地位。依据OECD-DAC的数据，每年流向非洲农业的援助额为20亿美元左右；其中以农业受援额排序，乌干达排在第4位；提供援助最多的是多边机构，如非洲开发基金、国际发展协会、欧盟和国际农业发展基金等；在提供援助最多的双边机构中，排在前三位的为德国、美国、日本。援助的领域围绕着提高非洲国家粮食生产能力展开。背后的驱动力可能是，世界上粮食危机最严重、人口最集中的国家和地区都在非洲，乌干达也在其中。从援助的具体领域看，制定农业发展战略、促进农业管理体系建设、提升管理能力是重点；其次是农业基础设施建设、土地综合开发；最后为农业水资源管理；近些年，畜牧业技术、农业技术、作物生产技术推广的重要性在逐步上升（唐丽霞、武晋、李小云，2011）。

　　如果把中国对乌干达的农业援助放在这样的背景下来看，与中国的其他援助一样，中国对乌干达的农业援助，依然注重"实干"和技术等层面，特点突出。

3. 中国对乌干达的教育援助

　　与理解中国对乌干达的农业援助一样，依据"双边四重嵌入"框架，理解中国对乌干达的教育援助也需要将其置于国际社会对乌干达的援助以及教育援助之中，包括中国对乌干达的援助。

　　如果说乌干达是撒哈拉以南地区粮食安全需要关注的国家，那么，其中因人口快速增长而带来的影响不仅在于粮食需求的激增，也在于对教育需求的激增。根据联合国的非洲统计年鉴，乌干达 2006 年的总人口为 2900 万，2010 年增至 3300 万，2015 年 3900 万，近 5 年的人口增速明显快于之前（United Nations，2016）。

　　20 世纪 90 年代以后，国际社会对乌干达的教育援助也在不断增加。1999～2007 年，份额最大的援助方是世界银行，占乌干达受援教育资金总额的 19%，接下来是英国、美国、荷兰、爱尔兰。2001～2002 财年，教育援助金额是 1997～1998 财年的 3 倍，占受援经费总额的 7%～8%（郑崧、孙小晨，2012）。

　　利用国际援助经费，乌干达于 1997 年取消学费，普及了小学教育。由此带来的一个成效是小学入学人数几乎翻了一番。学龄人口小学的毛入学率 2001～2005 年为 132.52%，2011～2015 年为 111.13%（United Nations，2016），说明近 15 年乌干达在逐步消化之前的学龄文盲人口，在撒哈拉以南非洲国家中，乌干达的小学教育发展应该是最快的。

　　国际教育援助经费的流向也推动了乌干达教育政策的发展。2006 年乌干达实施普及初中教育政策，用于初中教育的经费增长迅速，也提高了初中毛入学率，2001～2005 年的毛入学率为 18.85%，2011～2015 年则增加到了 26.83%（United Nations，2016）。

　　国际社会对乌干达的教育援助主要采取了提供资金的方式，将援助资金纳入"减贫行动计划"框架下的政府总预算和部门预算，其中大额援助基本上采用了针对教育部门和纳入乌干达政府预算的方法，小的援助则采用了项目援助方式。乌干达政府制订的《1998~2003年教育部门投资计划》《2004~2015年教育部门战略规划》为国际援助的资金配置提供了明确导向，加上2005年公布的《联合援助乌干达共和国策略》、倡导"援助有效性"的《巴黎宣言》以及倡导"发展有效性"的《釜山宣言》，使教育援助的效果明显增强。

在过去的10多年里，USAID致力于改善乌干达的基础教育，注重小学教师、教育管理人员的能力发展；关注青少年的艾滋病防治教育；提高家长和社区对教育的参与程度；监控和评估教育政策实施的效果等。爱尔兰则重点支持教育基础设施的改进、教师教育以及中等教育的课程改革、东北边疆地区的教育重建，在教师教育上与日本合作，帮助提升边疆地区科学与数学教学的质量。比利时支持乌干达的后初等教育与培训。日本的重点是改进后初等教育的质量，如"强化中学科学与数学教育"和"加强职业教育与培训"等（郑崧、孙小晨，2012；张珍，2016）。

对乌干达的教育援助，除了小学毛入学率提高以外，改善最大的是生师比。2001~2005年乌干达的生师比为51.88，到2011~2015年迅速降低为23.37（United，Nations 2016），这说明15年间教师资源增加显著。教育发展的结果，让成年人文盲率逐步下降，2001~2005年为31.9%，2011~2015年降至27.9%，其中女性文盲率的下降尤为明显，15年间下降了5.5个百分点（United Nations，2016）。

相比较而言，中国对乌干达的教育援助主要有4种方式：人力资源培训、提供奖学金、援建农村学校、选派志愿者。当把这些援助放在乌干达的教育受援中来看时可以发现，尽管份额不大，却是国际援助中非常有特点的一分力量，尤其是援建农村学校。

比较遗憾的是，总体上，无论是中国对乌干达的援助，还是与乌干达之间的合作，中国在乌干达到底有多少项目，援助的领域到底如何分布，很难找到准确的数据和可靠的数据源。为了弄清楚这个问题，有研究者采用实地踏勘的方法进行研究后指出，中国对乌干达的援助大约还有34%的项目没有见诸文献和报道；在南非，这类项目的比例超过50%（Muchapondwa，et al.，2014）。

第 *6* 章

中国对乌干达的卫生
发展援助

第一节　乌干达与乌干达卫生体系

在国际事务中，人们常用撒哈拉沙漠作为标志把非洲国家区分为撒哈拉以南和以北地区。撒哈拉以南地区指撒哈拉大沙漠中部及以南的地区，又被称为亚撒哈拉或次撒哈拉（sub-Saharan）地区，还被称为"黑非洲"，那里是黑种人或尼罗河人的故乡，也是世界上最贫穷的地区、疾病谱最复杂的地区。艾滋病、埃博拉病毒病、疟疾等恶性传染病都与这一地区有复杂的关系。

乌干达在地理位置上属于东部非洲，与肯尼亚、坦桑尼亚、布隆迪、卢旺达和南苏丹同属东非共同体成员，也被划分在撒哈拉以南非洲地区。1956 年的面积约 24.34 万平方公里，现在公布的面积 24.10 万平方公里[①]，数量上基本没有变化，与英国本土面积相当。尽管乌干达属内陆国家，境内却湖泊众多，除维多利亚湖以外，还有艾伯特湖（Albert）、爱德华湖（Edward）和基奥加湖（George）。乌干达也属于东非高原国家，平均海拔

---

① 不同文献中引用的数据不同，如表 6-3 中引用的数据，面积只有 20.46 平方公里。故，仅作为参考。

900 米；大多数地区为热带气候，气候温和。年平均气温 22 摄氏度，最高气温 35.8 摄氏度，最低气温 8.5 摄氏度。雨量充沛，年降雨量约 1000～1200 毫米，人部分集中在 4、5 月和 9、10 月。

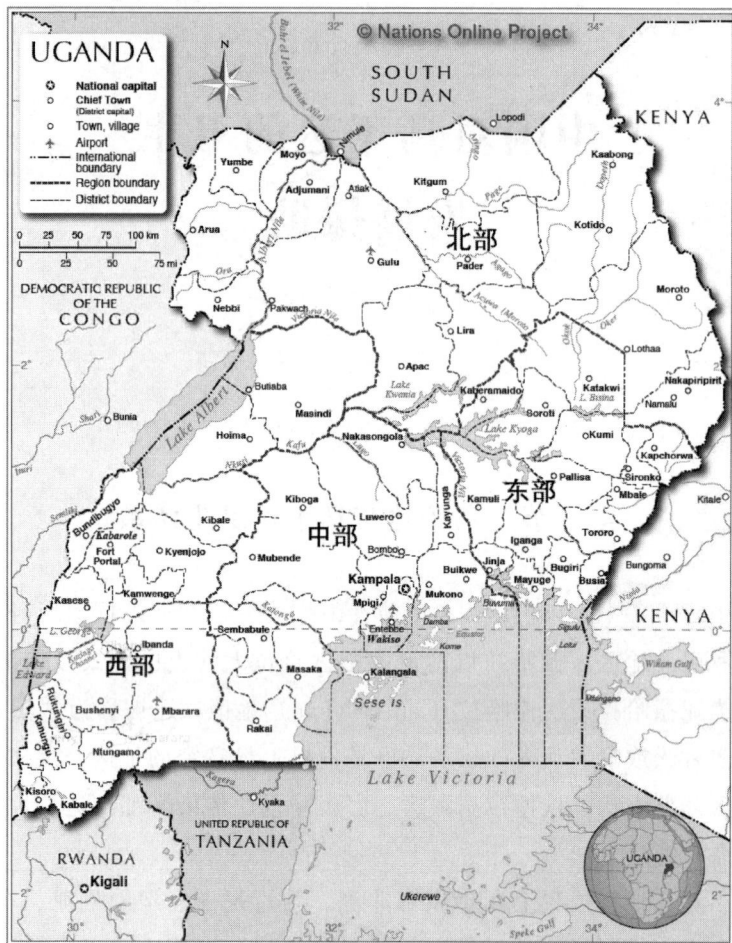

图 6－1　乌干达政区图

数据来源：http://www.nationsonline.org/oneworld/map/uganda-administrative-map. htm。查询时间 2016 年 8 月 18 日。

据称在公元 11 世纪，南部的布干达人便在维多利亚湖附近建立了统一的布干达王国。维多利亚湖（VictoriaNyanza）是世界第一大高原湖泊，面积 69400 平方公里，也是世界第二大淡水湖泊，它是尼罗河的发源地。19 世纪下半叶，布干达王国已经是维多利亚湖地区最强盛、领土最广阔的的王国，曾多次成功地阻止了英国军队的直接入侵。不过，最后还是没能避免成为英国的保护国。英国人通过传教士传教，用宗教分化布干达等王国、挑起内部纷争，在 20 多年的时间里基本瓦解了布干达王国及其周边的其他王国，如托罗王国、昂科雷王国以及布尼奥罗王国，于 1890 年与德国签署协议瓜分东非。1894 年布干达成为英国的保护国，1900 年的布干达协议则确认布干达王国是乌干达的一部分，1907 年英国在乌干达设立总督。

在乌干达成为英国殖民地时期，英国已经开始在殖民地地区实施改革了，包括支持殖民地地区的发展。20 世纪 20 年代后期，迫于乌干达内部的各种抵抗，英国在乌干达推行改革，包括宪政改革。1961 年 3 月乌干达举行大选时，已经形成了三大政党：乌干达人民大会党、民主党、卡巴卡耶卡党；1962 年乌干达实行自治，当年 10 月 9 日宣告独立，不过仍留在英联邦内。

在独立后 50 多年的历史中，乌干达历经了联邦制和共和制的转变。依据 1942 年殖民时期的宪法，1956 年独立时实施联邦制，人民大会党主席米尔顿·奥博特（Milton Obote）任总理，卡巴卡耶卡党主席、布干达国王穆特萨二世（Frederick Mutesa II）任总统。1964 年，两党联盟破裂；1966 年中央政府攻占布干达王宫，穆特萨二世逃亡英国。

1967 年通过新宪法，乌干达改行共和制，取消各王国和国王。1969 年，奥博特发布《平民宪章》（1969）、《纳基伍博公报》（1970）等，谴责封建主义，强调一个民族和一个政府。

1971 年 1 月 25 日，陆军司令伊迪·阿明（Idi Amin）发动政变，推翻奥博特政府。奥博特流亡坦桑尼亚。1979 年 3 月，20 多个流亡国外的反阿明组织在坦桑尼亚的莫希组成乌干达全国解放阵线和民族解放军。4 月 10 日，乌干达民族解放军在坦桑尼亚军队的支持下占领坎帕拉，阿明出逃。

4 月 11 日，卢莱（Yusuf Lule）建立新政府。好景不长，两个月之后，卢莱被比奈萨（Godfrey Binaisa）替代。不到一年，1980 年 5 月，比奈萨又被解除职务，穆万加（Paulo Muwanga）新组内阁。至此，军人之间的内讧告一段落。1980 年 12 月举行大选，建国总理奥博特（Milton Obote）代表的人民大会党获胜，奥博特在被推翻 9 年之后重掌政权。不过，穆塞韦尼（Yoweri Museveni）认为选举被操纵，1981 年开始组织全国抵抗运动，建立全国抵抗军进行反政府的游击战。直到 1985 年 7 月奥博特再次被奥凯洛（Bazilio Olara-Okello）政变推翻。遗憾的是，前一位奥凯洛很快被后一位奥凯洛（Tito Okello）推翻，几个月后的 1986 年 1 月，又被穆塞韦尼推翻，穆塞韦尼就任总统。

之后，经历了 5 年的动荡。在比奈萨之后相继更换了穆万加（Paulo Muwanga）、奥博特（Milton Obote）、奥凯洛（Bazilio Olara-Okello）、奥凯洛（Tito Okello），直到 1986 年 1 月 29 日全国抵抗运动的组织者穆塞韦尼（Yoweri Museveni）就任总统，乌干达在政治上才趋于稳定。1986 年以来，尽管乌干达曾经在 2005 年举行过一次回到多党制的公投，不过，穆塞韦尼始终在担任总统，2016 年的大选第五次获胜，连任总统（乌干达独立后的政局大事，请参见附录 1　乌干达国内大事、中乌及中非关系大事）。

乌干达的行政区划历经变化。20 世纪 70 年代末期的阿明时期，分为省、地区（市）、县、区、乡、村六级；有 10 个省，39 个地区，另有 4 个市，122 个县[①]。1980 年废省，并把地区数量降至 33 个，之后又历经改变[②]。

对于最新的行政区划，不同来源的数据说法不同，或许用途不同、数据定义也不相同。这里，我们采用了乌干达政府地方政府部（ministry of local government）[③] 的数据。乌干达全境被划分为 4 片行政区域（administrative regions），即东部地区（含 32 个区）、中部地区（含 23 个区和 1 个城市）、西部地区（含 26 个区）、北部地区（含 30 个区）；111 个地区（districts）；每个地区又划分为县（counties）和市（municipalities）；在县、市之下，又区分为镇（town）、教区（parish）以及村（village）。

不过，在乌干达人口普查数据中对行政区划的介绍又有不同，在县下还有副县（sub-county），之下才是教区；在人口普查数据中没有列出"镇"（Statistics, 2016）。1969 年以来，历次人口普查的行政区划，除"县"数以外，其他层级的数量变化极大，其中地区（district）的数量增长了 4 倍，副县和教区数量都增加了 1 倍多（见表 6-1）。

---

① 参见援乌干达医疗队考察组，1978，《乌干达医药卫生情况考察报告》，昆明：云南省档案馆。卷宗号：131：3：288：6。

② 参见 http://www.statoids.com/uug.html。

③ 参见 http://www.uganda-sds.org/local-governments 中的相关内容。乌干达于 1997 年通过了《地方政府法案》（*The Local Government Act*），地方政府拥有相对自主的各类权力。

表 6 - 1　乌干达普查年行政区划的数量变化 （1969 ~ 2014）

行政层级	1969 年	1980 年	1991 年	2002 年	2014 年
地区	21	33	38	56	112
县	111	140	163	163	181
副县	594	668	884	958	1382
教区	3141	3478	4636	5238	7241

数据来源：Statistics, 2016。

1956 年时，乌干达的人口只有 530 万，却有 65 个族群，主要族群有居住在中部和西部的班图族（Bantu）、居住在尼罗河谷和西北部的尼罗族（Nilotic）和居住在东部的半哈姆族（Half-hamite），其中，班图人占大多数。乌干达一直是一个文化熔炉，有 5 个独特语言体系，30 多种不同土著语言（Sekidde, 2013），通行语言为卢干达语（Luganda），主要宗教为基督教，也有几十万人信奉伊斯兰教（周道，1956；竺杉，1959）。

乌干达的人口普查数据表明（参见表 6 - 2），自乌干达独立以来，人口一直处于高速增长状态，基本上每 20 年翻一番。依据联合国的数据，2015 年乌干达的人口已增长至 3900 万（United Nations, 2016），比前一年又增加约 500 万人。

表 6 - 2　乌干达人口规模的变化

单位：人

普查年份	男　性	女　性	合　计	年增长率（%）
1911	1116903	1349422	2466325	
1921	1320286	1534322	2854608	1.5
1931	1707437	1834844	3542281	2.2
1948	2481394	2477126	4958520	2.0
1959	3236902	3212656	6449558	2.5
1969	4812447	4722604	9535051	3.9
1980	6259837	6376342	12636179	2.7
1991	8185747	8485558	16671705	2.5
2002	11824273	12403024	24227297	3.2
2014	17060832	17573818	34634650	3.0

数据来源：Uganda Bureau of Statistics, 2016。

此外，人口密度的增加在地区之间也处于非均衡状态（参见表6－3）。依据搜寻到的可比数据，东部和中部地区不仅人口数量大、密度高，增长速度也快。其中东部地区2014年的人口密度是北部地区的3.5倍，是西部地区的1.7倍（参见附录2　乌干达分地区的人口、面积与大区属性表，2002、2014）。首都坎帕拉属于中部地区，中国援乌医疗队曾经所在的金贾市属于东部地区。

表6－3　乌干达人口数量与密度变化

		合计	中部	东部	北部	西部
面积（km²）		204633	39899	29962	83967	50805
人口	2002年	24227297	6575425	6204915	5148882	6298075
	2014年	34634650	9529227	9042422	7188139	8874862
密度	2002年	118	165	207	61	124
	2014年	169	239	302	86	175
人口增加（%）		43.2	44.8	45.9	41.0	41.1

数据来源：http://www.statoids.com/uug.html。

另，根据美国中央情报局的数据[①]，2015年乌干达人口年龄的中位数为15.6岁，在229个国家和地区的排序中排在第228位，排在年龄中位数最年轻的第二位，比第一位的尼日尔仅多0.4岁。在人口金字塔中，0～14岁的人口占48.47%，65岁以上的人口仅占2.04%（参见图6－2）。2015年的人口增长率为3.24%，是世界上人口增长率最高的5个国家和地区之一；出生率43.79‰，是世界上出生率最高的前三个国家和地区之一；死亡率10.69‰，排在第36位；妇女平均初生年龄为19.3岁；人口迁移率为0.74‰，属于净人口流出国。

在经济上，乌干达2006年的GDP为1100万欧元，2015年便增长至2370万欧元。GDP增长情况：2007年为8.1%，2008年为10.4%，2010年为7.7%，2015年为5.3%，没有负增长，可非常不稳定，2012年最低，只有2.6%。人均GDP则处于不断上升之中，2006年为380欧元，2015年达到了607欧元；此外，2000年的城市人口占比为12%，2005年增至13%，到

---

① 参见 https://www.cia.gov/library/publications/the-world-factbook/geos/ug.html。

男性　　　　　　　　　　　　　　　　　　　　　　　　　　女性

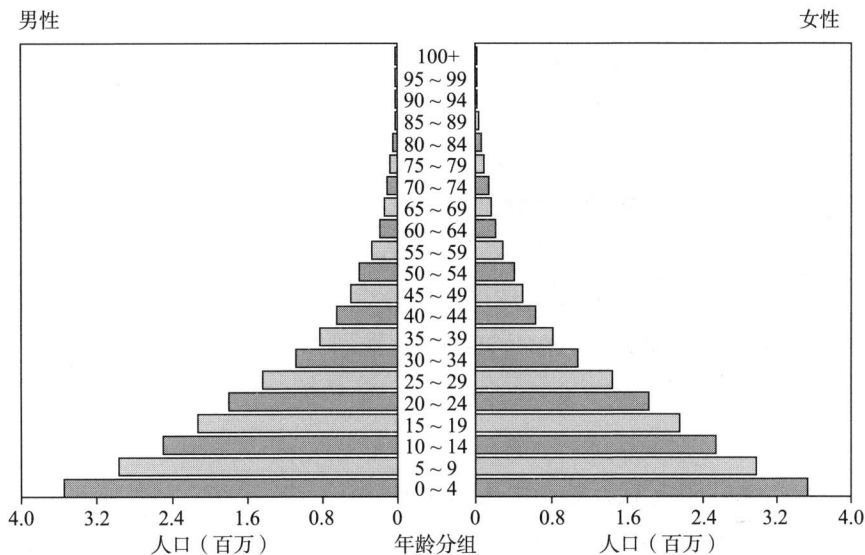

图 6-2　乌干达人口年龄金字塔（2015）

数据来源：https://www.cia.gov/library/publications/the-world-factbook/geos/ug.html。

2015 年就变成了 16%，城市化在逐步推进之中。经济活动人口 2010 年为 1350 万，2015 年增至 1610 万（United Nations, 2016），其中劳动力人口 1858 万；在劳动力人口中，农业占 40%，工业占 10%，服务业占 50%①。贫困线以下的人口占总人口的比例，2013 年的估计数为 19.7%。

另，美国中央情报局的数据与联合国的统计数据略有差异。中央情报局的数据显示，依据购买力推算，2013 年的 GDP 为 724.8 亿美元，2014 年 760.5 亿美元，2015 年 798.8 亿美元，连续 3 年的 GDP 年增长率在 4% ~ 5%；人均 GDP 在 2013 年 1900 美元，2014 年 2000 美元，2015 年 2000 美元；在 GDP 的产业构成中，农业占 26.3%，工业占 21.3%，服务业占 52.4%；在 GDP 终端消费结构中，住房消费占 72.6%，政府消费 8.9%，固定资产投资 29.7%，出口产品与服务 22.5%，进口产品与服务 33.9%；2013 ~ 2015 年的储蓄率在 17% ~ 21%；以消费价格计算的通货膨胀率在 4.5% ~ 6.0%。

---

① 参见 https://www.cia.gov/library/publications/the-world-factbook/geos/ug.html。

为协调受援资源，在与主要援助方不断协商的基础上，乌干达政府于2005年正式公布了《联合援助乌干达共和国合作策略》（Uganda, et al., 2005），代表着乌干达在受援战略与管理上的一个里程碑式的发展，让来自各方的援助能协调合作，最大限度地发挥援助的效果。2006年，非洲发展银行集团对这一策略进行了评估，对策略给予了高度评价，认为这是非常有效的协调援助的策略（Puetz, 2006）。

简要地说，乌干达的政治环境相对稳定，人口的区域分布相对均衡、人口增长速度快、平均人口年龄低、经济活动人口规模庞大、经济增长速度不快且不稳定、工业不发达、城市化程度较低、住房消费占主要比重、进口大于出口、储蓄率不高、价格相对稳定。

从20世纪50年代开始，中国就在了解乌干达。1962年10月9日，乌干达一独立，中国便与其建立了正式外交关系。尽管80年代乌干达政局动荡，中国却始终与乌干达政府和领导人保持着友好关系。中国派驻乌干达的第一批医疗队就是在乌干达政局最混乱时决定的，在乌干达内战期间，也没有撤离。

乌干达的行政区划几经变动，现行的行政区划为：4个大行政区域（administrative regions）：东部大区（含32个地区）、中部大区（含23个地区和1个都市）、西部大区（含26个地区）、北部大区（含30个地区）；111个地区（districts）之下又划分为县（counties）和市（municipalities）。在县市之下，又区分为镇（town）、教区（parish）以及村（village）。

乌干达的卫生体系是一个典型的科层制结构，有2个管理层级和5个服务层级。管理和服务机构统归国家卫生部，其中，国家中心医院和大区中心医院直属卫生部，其他层级的服务机构归属地区卫生管理机构（district health service headquarter）（参见图6-3）。

在这个结构中，从上到下，卫生资源逐级减少，服务能力逐级变弱。中国援乌医疗队驻扎了30年的金贾医院（Jinja Hospital）属于卫生服务机构中的第二个层级——大区中心医院，也是东部地区最大的医院。

在乌干达，提供卫生服务的有公立机构、私立非营利机构（private not for profit）、私立医疗机构、传统和补充性的医疗机构（如草药、传统接生、接骨、精神治疗），以及社区卫生工作者、促进者、药房等。不同层

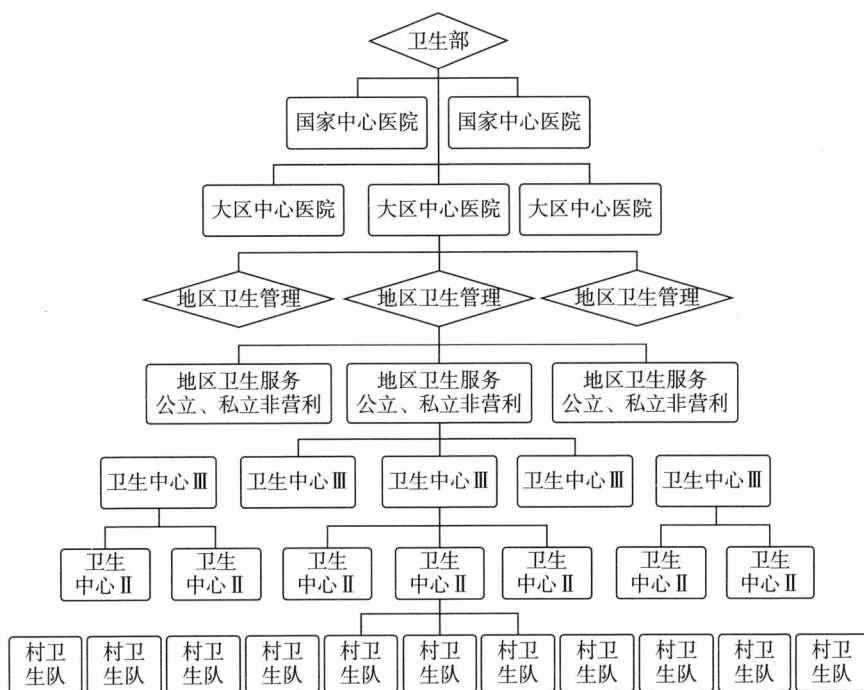

图 6 - 3　乌干达的卫生服务体系（2016）

注：笔者依据多方数据整理。

级的管理和服务机构数量与分布参见表 6 - 4。从表 6 - 4 中可以看出，自
国家中心医院到卫生中心 Ⅱ，机构数量分布呈现典型的等级结构。

表 6 - 4　2015 年公立和私立非营利医疗服务机构数量

单位：家

服务机构类别	中部地区	东部地区	北部地区	西部地区	总计
行政单位	263	428	332	407	1430
门诊机构	645	34	32	120	831
总医院	53	30	27	34	144
卫生中心 Ⅱ	1065	618	484	774	2941
卫生中心 Ⅲ	318	324	271	376	1289
卫生中心 Ⅳ	51	48	31	67	197
国家医院	2	0	0	0	2
大区医院	3	3	4	4	14

数据来源：Ministry of Health. 2015. *Human Resources for Health Bi-Annual Report*，Kampala：Ministry of Health，Uganda. p. 8.

在卫生管理和服务系统中，公立机构的人力资源占 52% ，私立非营利机构占 12% ，其他包括私立机构占 36% （Ministry of Health，2015）。不同级别的卫生管理与服务机构的填岗比例差异较大，国家医院占 64% ，大区医院占 79% ，地区卫生机构占 69% ，表 6 - 5 展示了公立卫生机构卫生管理与服务人员的填岗人数与比例。

表 6 - 5 公立卫生机构的人力资源状态

类　别	设计岗位数（个）	雇到的人数（人）	填岗比例（%）
医生	1296	936	72
护士	19946	16584	83
助产士	6061	4607	76
门诊医生	2758	2780	101
实验室人员	2737	2379	87
麻醉师	725	215	30
药剂师	370	31	8
配药师	420	232	55
其他相关人员	1177	820	70
冷链技术员	284	115	40
咨询人员	305	107	35
一般行政人员	1337	1356	101
卫生行政人员	374	124	33
支持性人员	8622	4573	53
其他人员	6055	3330	55
合　计	52467	38189	73

数据来源：Ministry of Health. 2015. *Human Resources for Health Bi-Annual Report*，Kampala：Ministry of Health，Uganda. p. 11.

在乌干达人口发展趋势与卫生体系下，依据美国中央情报局的数据[①]和其他来源的数据[②]（部分数据如表 6 - 6），乌干达的基本健康指标可以

[①] 死亡率是在世界范围内由高到低排序，排序越靠前，表示死亡率越高，卫生与健康状况越差。参见美国中央情报局 https://www.cia.gov/library/publications/the-world-factbook/geos/ug. html。

[②] 参见 Mutiatina，Boniface. 2016. "Uganda Health System."*A Presentation at McMaster Health Forum*，McMaster University，May 27，2016.

表述为"两高一短"：孕产妇死亡率高（第 37 位），初生婴儿死亡率高（第 21 位），出生期望寿命短（第 211 位）。此外，HIV 在成年人中的扩散率高，排在第 10 位；主要传染病等级为"极高"。2011 年生育年龄人口的避孕率约 30%。

表 6 - 6　2015 年乌干达与东非邻国卫生指标比较

	乌干达	肯尼亚	坦桑尼亚	卢旺达
总人口	37.101745	45925301	51045882	12661733
年龄中位数（年）	15.6	19.3	17.5	18.8
人口增长率（%）	3.24	1.93	2.79	2.56
出生率（每千人）	43.79	26.4	36.39	33.75
MMR（每十万活产）	343	510	398	290
IMR（每千活产）	45.0	39.4	42.4	58.2
出生期望寿命	54.9	63.8	61.7	59.7
卫生支出占 GDP 比重（%）	9.8	4.5	7.3	11.1
HIV 扩散率（%）	7.3	5.3	5.34	2.82

数据来源：Mutiatina，Boniface. 2016. "Uganda Health System." A Presentation at McMaster Health Forum，McMaster University，May 27，2016.

据美国中央情报局的数据①，就基本卫生资源而言，2014 年卫生支出占 GDP 的比重排在第 58 位的高位。2015 年，医护人员与人口的比例，医生：1∶24000；护士：1∶11000；牙医：1∶77000；化验 1∶16000。2010 年人口与病床的比例为 1∶2000。2015 年，卫生厕所的占比在城市为 28.5%，农村 17.3%；5 岁以下儿童体重不足的比例 2011 年达 14.1%，排在第 51 位的高位。

综上所述，在人口高速增长的背景下，乌干达尽管有完整的卫生管理与服务体系，但卫生服务人力资源非常不足，加上高级医务人员外流，致使传染病得不到有效防治，儿童营养不良，孕产妇死亡率、初生婴儿死亡率和总死亡率都排在高位，出生预期寿命不高；与此同时，人均卫生支出不高②（约 15 美元）（Okwero，et al.，2010），卫生总支出占 GDP 的比重却非常高。

简言之，相对于人口的急速膨胀和人们对卫生服务的需求，乌干达的

---

① 参见美国中央情报局 https：//www. cia. gov/library/publications/the-world-factbook/geos/ug. html。

② Mutiatina 提供的数据为人均支出 27 美元，并指出咨询机构建议的人均支出额为 44 美元。

卫生资源，尤其是基本卫生保障资源明显短缺。

第二节　派遣援乌医疗队①

1. 中国第一批医疗队面对的环境

1978 年，为考察乌干达对 DAH 的需求，中国政府组织了援乌干达医疗队考察组。对考察组的组成、考察时间与方式、考察过程等，我们没有找到相应的档案和文献，无从了解考察的缘起与目的。幸运的是，考察组的《考察报告》②让我们对第一支援乌医疗队将要面对的环境有所了解。

考察组在乌干达考察时，还是阿明（Idi Amin）执政。《考察报告》指出：

> 阿明执政 7 年多来，主要靠军队维持其统治、血腥镇压反对派，并利用伊斯兰教和本地区的小部族势力，排斥打击占人口大多数的其他宗教和部族。由于阿明的政治压迫和经济上越来越糟、物价昂贵，人民生活得不到保障。所以，乌的阶级、部族、宗教以及领导层中的矛盾日益激化，人民怨声载道，政局一直处在动荡之中。为了改变这种状况，维持其统治，阿明于 1977 年宣布了恢复国民经济的三年《行动纲领》，缓和人民的不满情绪。
>
> ……阿明上台以后，曾多次编造反华谎言。1972 年 9 月以后，阿明表示，愿意改善中乌关系。近几年来，阿明一再赞扬我不干涉别国内政、支持民族解放运动；感谢我对乌的援助③，称赞我援乌人员生活简朴、平易近人，愿意发展中乌友好合作关系。

《考察报告》还指出，乌干达的常见疾病有：疟疾、性病、小儿麻疹

---

① 有关医疗队的其他事实，还可以参见附录 6　中国援助乌干达医疗队工作纪实（1978 ~ 2014）。

② 援乌干达医疗队考察组，1978，《乌干达医药卫生情况考察报告》，昆明：云南省档案馆，卷宗号：131：3：288：6。

③ 指的是中国政府 1973 年开始援建的奇奔巴农场。

（并肺炎）、外伤、疝、早产、肺结核等。

在中国派驻医疗队之前，乌干达获得的 DAH 主要来自联合国机构。世界卫生组织（WHO）提供紧急援助、培训资源；联合国儿童基金会（UNICEF）提供食品、疫苗、设备；联合国开发署（UNDP）提供人员培训等设施和设备，援建培训学校和技校。此外，利比里亚政府援建了 1 家有 100 张床位的医院，并接受 20 名护士到利比里亚学习 6 个月。其他，则没有更进一步的信息。据此可以认为，在双边 DAH 中，中国是早期援乌干达的少数国家之一。

那时的乌干达卫生管理体制与现在有较大区别。现在只有两级管理（参见图 6-3），即卫生部和地区；那时则有"国家—省—地区—县四级"（参见图 6-4），一级政府，一级管理。卫生服务体系与现在也有很大的区别。现在的卫生服务体系有 6 级，一直延伸到最小的社区；那时只有 4 级，最低一级到乡村（参见表 6-7）。

卫生资源的差别更大。1978 年，乌干达的医院总量为 62 家，病床总数约 10000 张，病床与人口的比例为 1：1200；医生与人口的比例为 1：30000；护士与人口的比例为 1：4000。如果说现在的卫生资源紧张的话，那么，那时的卫生资源更加紧缺，其中，医生资源处于极度缺乏状态。

还有，医疗设施与器材也极度缺乏。《考察报告》指出：

> 乌干达没有制药厂和医疗器械厂，药品器械全靠进口。药品主要从法国、英国、西德、南斯拉夫、印度、苏联、丹麦、中国、瑞士等国进口。医疗器械主要从英国、荷兰、西德等国进口……药品种类不多，数量不足，有的医院药品很缺乏，医疗器械数量不足。

正是在这样的背景下，中国政府把派驻乌干达医疗队的工作分配给了云南省，由云南省人民政府（当时的名称是"云南省革命委员会"）组织实施。经过了 5 年的筹备和准备，1982 年中国卫生部和乌干达卫生部正式签订了议定书，约定在 1983～1993 年的 10 年内，由中国派出 5 批医疗队到乌干达工作[①]。

---

① 参见"附录 6　中国援助乌干达医疗队工作纪实（1978～2014）"。

```
                              部长
                ┌──────────────┴──────────────┐
              常秘次官                 医务主任、副主任
      ┌────┬────┬────┐      ┌────┬────┬────┬────┬────┐
    首席  首席  首席    副主任  巡回  医生  首席  首席  乌干达
    助理  执行  会计    助理   检查  注册  护士  药物  医学会
    秘书  官    师          官    官    官    官
```

省医务官
┌──────┴──────┐
省卫生检查官　省护士官

地区医务官
┌──────┴──────┐
地区卫生检查官　地区护士官

县（大）　　县（小）
卫生检查官　助理卫生官

检查员

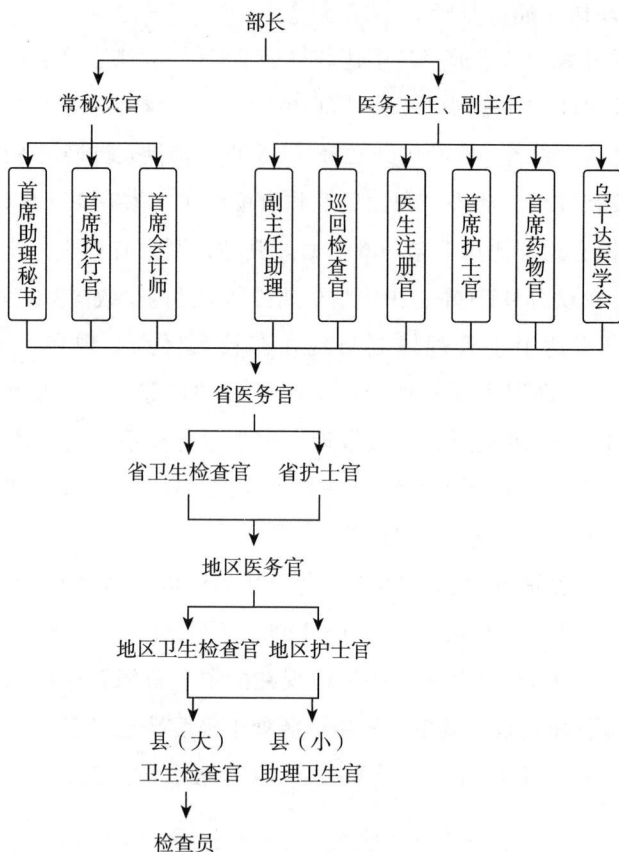

图 6－4　乌干达卫生管理体系（1978）

数据来源：援乌干达医疗队考察组，1978，《乌干达医药卫生情况考察报告》，昆明：云南省档案馆，卷宗号：131：3：288：6。

表 6－7　乌干达各级政府医院

		中央医院（1个）	省医院（8个）	地区医院（32个）	乡村医院（21个）
床数		1500 张	150 ~ 1000 张	87 ~ 300 张	100 张
门诊（日）		3000 人次	600 ~ 1000 人次	300 ~ 900 人次	200 ~ 300 人次
人员	总数	4000	450 ~ 1050 ±	200 ~ 250 ±	150 ±
	医生	121	6 ~ 36 ±	6 ~ 9 ±	2 ~ 3 ±
	医助	46	11 ~ 45 ±	6 ~ 11 ±	3 ~ 6 ±
	护士	400	46 ~ 150 ±	30 ~ 60 ±	40 ~ 45 ±

续表

	中央医院 （1个）	省医院 （8个）	地区医院 （32个）	乡村医院 （21个）
分科情况	内、外、妇产、儿、眼、五官、泌尿、胸结核、牙、精神、药房、放射、理疗、化验	内、外、妇产、结核、眼、化验、药房、放射	内、外、妇产、小儿、化验、放射、牙、结核、药房	男、女、小儿、产科、门诊有放射、药房
设备	有 500mA 带电视 X 光机两台，抢救室有监护仪及除颤起搏器，化验室有电子血球计数仪、血钾钠快速测验仪、有心导管检查设备，手术室设备完善	X 光机 2～4 台（100～200mA，其中 200mA 1～2 台）化验可做生化及培养细菌，手术室设备不完善，只能做中小手术	X 光机 1～2 台 25～100mA，有大型输液设备，手术室设备陈旧	同地区医院，设备较新
技术水平	可做 X 线及化验、特殊检查，相当于国内省级医院水平	相当于国内地方医院水平	相当于国内县医院水平	相当于国内公社医院水平
备注	麦大* 教学医院，并附设医助放射学校	设有护士及助产士学校		

数据来源：援乌干达医疗队考察组，1978，《乌干达医药卫生情况考察报告》，昆明：云南省档案馆，卷宗号：131：3：288：6。

*麦大，现译麦克雷雷大学。

2. 一枚"闲子"：中国第一批援乌医疗队的派出

1979 年 11 月 26 日，云南省革命委员会援外办公室的《简报》① 指出：

> 省卫生局筹组的援助乌干达医疗队，已于今年初组成，经卫生部批准，现待命出国。
>
> 这支援乌干达医疗队是由省第一人民医院，昆明医学院附一院、附二院，省中医附属医院选派医生十一名，省外办选派翻译一名，下

---

① 云南省革命委员会援外办公室，1979，《援助乌干达医疗队待命出国》，《云南省对外经援简报》（第 18 期），昆明：云南省档案馆，卷宗号：不详。

关市商业局选派炊事员一名，共十三人组成。队伍比较精干……大专毕业十一人，中专一人……从业务技术方面看，有内、外科副主任医师各一名、主治医师二名（五官、放射各一），有医师七名（即检验、牙、骨、妇产、小儿、麻醉、中医针灸各一）。他们多数是有十多年或者二十多年临床经验的医生。

依照预定的行程，这批医疗队员应该在 1980 年前往乌干达。不巧的是，1979 年 3～4 月，坦桑尼亚和乌干达的 20 多个反阿明组织以坦桑尼亚为基地，推翻阿明政权，在位 9 年的阿明逃亡。1981～1985 年，乌干达内乱此起彼伏，政局在奥博特手里还算稳定。在这样的背景下，医疗队待命出发。1981 年 9 月 16 日的云南省人民政府卫生厅的文件①显示：

> 按卫生部〔81〕卫外字第 528 号"关于援乌干达医疗队的函"，按〔78〕国务院外交办 1588 文规定援乌干达医疗队由我省筹组，我省于一九七九年经上级正式批准组成，并脱产进行了八个月的外语培训，因乌国内动乱，待命出发。

1983 年 1 月 18 日，DAHCU 的第一支医疗队先遣组抵达乌干达首都坎帕拉。中国驻乌干达大使馆李石大使专门宴请乌干达政府卫生部长、副部长、常务秘书和中国医疗队。在中国驻乌干达大使馆经参处人员的陪同下，中国医疗队拜会了乌干达政府卫生部副部长、常务秘书、金贾地区专员、金贾医院院长。

根据先遣组的《情况反映》②，乌干达政府对中国医疗队期待很高，坚持要求中国医疗队分两个点工作。先遣组却认为，中国医疗队的配置仅适合在一个点工作。此外，鉴于金贾医院的医疗条件很差，中国医疗队到达时，需要携带 1～2 个月的常用及抢救药物。工作环境究竟差到何种程度

---

① 厅政治处，1981，《关于援乌干达医疗队的函及医疗队筹备组和人员名单》，昆明：云南省档案馆，卷宗号：131：4794：30。

② 援乌干达医疗队先遣组，1983，《情况反映》，昆明：云南省档案馆，卷宗号：131：16：439：35。

呢？《情况反映》指出：

> 化验室仅能做三大常规……其他如细菌培养及生化检查无试剂；放射科有两台 X 光机……放了 4 年无人会使用……造影剂很少。
>
> 药房药品极少，常用药都很缺乏……药库货架上，所有药物品种都很少，基本上是空的……
>
> 手术室有两个……无治疗巾，小开刀巾、大开刀巾、手术衣等都极为缺乏。
>
> 有救护车两张（辆），一张因无轮胎停驶……

在先遣组到达 2 个月后，1983 年 4 月，DAHCU 的第一支医疗队到达乌干达第二大城市金贾的金贾医院。

对中国而言，自 1963 年建立第一支医疗队、1964 年应阿尔及利亚政府邀请前往执行援助活动的 20 年后〔参见附录 7　中国援非医疗队派遣情况一览表（1963～2009）〕，中国终于向乌干达派出了第一支医疗队。尽管乌干达政局极度不稳定，中国还是依需而援，没有赋予医疗队在乌干达的存在以直接目的，就像是中国外交和中国援助围棋中置下的一枚闲子。

3. 一颗真心：中国第一批援乌医疗队的实践

在派驻医疗队之前，中国对乌干达的援助活动仅限于中国援建的奇奔巴农场。援建起始的时间是阿明掌权后不久的 1973 年，1977 年正式建成，此时还是阿明掌权；1978 年中国政府派小组考察卫生发展援助需求时，阿明政权还很稳定。

可 1982 年中国政府向乌干达移交奇奔巴农场、1983 年派出第 1 批医疗队时已是物是人非，中国最早承认的奥博特又掌握了政权。之后，从奥博特到穆塞韦尼，政权易手三次，次次考量着中国的诚意与诚心。历史已经证明，中国没有放弃置下的第一枚闲子，一直坚持到现在，每两年一批，继续派驻医疗队员，到现在，轮值的已是第 17 批医疗队员（参见附录 5　援助乌干达医疗队第 1～16 批队员名单）。在 30 多年中，其中有 30 年坚守在一个地方的一家医院——金贾医院。

为帮助读者理解中国医疗队在乌干达的援助，现在是时候对金贾市和金贾医院做一些介绍了。

在现在的政区中，金贾（Jinja）属于东部大区的一个地区（district），1991年的人口为289500人；到2012年，人口增长至501300人，人口密度745人/平方公里；区域面积673平方公里（相当于北京市半个昌平区），首府在布文吉（Buwenge）。金贾地区的主要产业为农业，粮食作物有豆类、花生、高粱、黍子、木薯、土豆等，经济作物有咖啡和棉花。

金贾市是金贾地区的一个城市，也是乌干达的第二大城市，距离首都坎帕拉80公里，城区面积大约81平方公里（比北京市昌平区的两个回龙观小区面积略大一点），2002年人口为71213人，2014年人口普查时变化不大，为72931人。人口中的绝大多数为班图（Bantu）人，讲卢索卡语（Lusoga）。市区内有15所大学等高等教育机构，包括麦克雷雷大学东部校区、布索卡大学金贾校区、坎帕拉大学金贾校区、恩萨卡（Nsaka）大学等。

现在的金贾医院（Jinja Hospital），全称为金贾大区转诊医院（Jinja Regional Referral Hospital），于1926年建立，有600张病床，是乌干达14家大区医院之一，也是东部3家大区医院中最大的一家，也是乌干达16家教学医院之一；2009年用三方（美国、乌干达政府、金贾）经费始建有20张病床的ICU（加护病房）。

中国医疗队1983年到达金贾医院时，金贾市还是金贾市，金贾医院却大不相同。第1批援乌干达医疗队的《总结》[1]中指出：

> （金贾医院）系乌三大教学医院之一……有病床400张，工作人员千余人（包括所属护士及助产士学校师生约200人）……临床科室设内、外、妇产、儿、眼、口腔等科，有医生20名，外科有两名顾问医生（相当于我国的主任医生）……内科、妇产科各有一名顾问医生……化验……常缺试剂及器材，仪器多数损坏无法补充更新……全院技术情况相当于我国一般县级或地区医院水平。

---

[1] 援乌干达医疗队，1985，《首批援乌干达医疗队总结》，昆明：云南省档案馆，卷宗号：131：3：377：1。

> 由于多年战争及其他原因，医院破烂、设备简陋、药品物资奇缺，病房只有空床架。我们队到达时，整个医院找不到一支体温表，血压计仅有两三个。病人手术时也只能用冷开水清洗，手术室无消毒巾，没有手术衣。由于没有吸引器，手术时，血水横流，苍蝇飞舞……

从这份档案中我们看到，在 20 世纪 80 年代上半叶，鉴于教学医院的标准，可以判断金贾医院在乌干达的卫生服务体系中有极高的地位，可诊疗条件却极差，说明乌干达当时卫生服务提供的资源奇缺。

在如此的环境里，第 1 批医疗队员还要接受金贾医院同行怀疑的眼光。不是因为同行眼光狭窄，也不是因为在中国医疗队到达之前他们曾经与英国、意大利、荷兰、印度、苏联、孟加拉国、韩国等国的医生共同工作过；而是因为他们实在不了解中国。医疗队在《总结》中描述了他们的观察。

> 乌干达受西方影响较深，开始时，对中国医疗队持保留态度。由于当地对妇女的轻视，乌一顾问医生居然问我妇产科医生是否会做手术。大家听了，又急又气，气的是对方这样不了解我们，急的是这样的条件下如何开展工作（特别是手术）。

在这样的环境里，医疗队的医生把救人放在第一位，成功地对一位子宫破裂病人展开手术，在乌干达同事最怀疑的妇产科医生那里打响了第一枪。为展开工作，医疗队员们不仅是医生，还是木匠、修理工、电工等，还把其他专家组的人也请来帮忙。《总结》里，医疗队说：

> 他们用包装箱改装手术脚踏凳，请中国其他专家组同志协助修理了手术室抽风机、手术床，安装了药库的门，修理了其他器械，X 光科医生自己检修了 X 光机。
>
> ……1984 年圣诞节前夕的同一晚上，金贾出现两起车祸，死伤 20 余人，伤员送到医院，中国医生闻讯带着药械赶到。

此时，乌干达同事都在休假呢！

除了中国医生的敬业精神，他们的技术也具有独占性。譬如妇产科与外科合作，展开尿瘘修补手术。在乌干达，国家医院因手术效果不好而停做，中国医生则满足了乌干达病人的急需，且手术技术赢得了极高的声誉，致使乌干达各地的病人涌向金贾医院找中国医生诊治。

即使如此，中国医生也非常清楚与乌方的合作非常重要。在《总结》里，他们说：

> 与乌方的合作是工作成败的关键。我们是为友谊而来。

由此我们看到，第 1 批医疗队不仅是中国政府用真心派往乌干达的援助人员，医疗队员自己也非常清楚自己的使命是用医德、医技传播中国与乌干达交朋友的真诚；能力与技术不是他们获得社会地位与金钱的台阶，而是传递友谊的桥梁。乌干达人也感受到了这份真心。《总结》中引用了金贾医院院长的话：

> 在我国经济复兴时期，最困难的时刻，你们中国医生来帮助我们，这才是真正的友谊。中国医疗队在所有方面都是最容易合作的。

为了更好地传递友谊，医疗队在《总结》里报告了他们的认识。

> （医疗队的组建）应根据受援国家或地区的具体情况，加强其薄弱的地方，或填补其空白。

中国医疗队的组建正是以受援方的需要为依据的。或许正因为如此，医疗队成为 DAHCU 的特征性符号，也成为中国对外援助中表达真诚的符号。

4. 一份使命：中国援乌医疗队在战乱和艾滋病威胁中的坚守

让人更加担心的还不是医疗条件差，而是乌干达的内乱。1985 年 7

月，第 1 批队员与第 2 批队员交接，政局也开始动荡，奥博特被推翻，政府军内部不同派系轮番上阵，由穆塞韦尼领导的抵抗运动、抵抗军也积极加入。可以说，迎接第 2 批医疗队员到达的正是乌干达的枪林弹雨。让我们来看一个场景[①]。

> 1 月 23 日正值周末，医疗队照常去医院上班，看到医院内就诊病人很少，乌医护人员几乎都没有到医院上班⋯⋯金贾地区不时也有枪声，形势比较紧张，但医疗队同志把急诊剖腹产（盆骨狭窄，难产）和颌骨骨折牵引术坚持做完（下午晚下班两个多小时做完手术），当天下午几乎只有中国医生做手术，医疗队同志也把病房查完，处理好医院和就诊病人。
>
> 1 月 24 日晚上开始，金贾地区枪声密集，连续两天，白天夜间都有枪声响起，还夹着一些炮声⋯⋯为了安全，把病人搬到枪弹打不到的地方休息⋯⋯我们也做了一些应急准备，一旦士兵闯入我们医疗队，我们也不会惊慌失措，在枪声特别激烈的那天晚上，还派了同志轮流值夜班，以防不测⋯⋯
>
> 医疗队到乌干达工作半年的时间内，就遇到了两次政变，由于同志们都认识到在国外开展救援工作，情况复杂，有可能担当一些风险，因此大家此时遇到战乱都比较镇静⋯⋯并在可能的条件下，克服困难，积极努力地去做好医疗工作。

在内战期间，乌干达当地的医务人员几乎不敢来上班，他们甚至还关照中国医生说："你们不要来上班了，这样太危险了。"[②] 中国医生却依然坚守着岗位，在那段时间，金贾医院几乎变成了中国医疗队的医院。

穆塞韦尼执政以后，尽管政局渐趋稳定，可物价上涨、人民生活困难，乌干达医护人员的工作积极性受到影响，中国医疗队却依然认真履

---

① 驻乌中国医疗队，1986，《乌干达战乱期间医疗队情况（86.1.13～29）》，昆明：云南省档案馆，卷宗号：131：3：393：1。

② 云南省卫生厅，1987，《中国医疗队在乌干达——援乌干达第二批医疗队评选先进材料》，昆明：云南省档案馆，卷宗号：131：3：416：3。

职。1986 年 1~5 月，医疗队员门诊接诊 9998 人次，接受住院病人 1408 人次，手术 179 人次，抢救病人 83 人次。以 180 天计算，相当于每天门诊接诊 56 人次、住院 8 人次、手术 1 人次、抢救 0.5 人次[①]。第 2 批医疗队值守两年，接诊病人 58662 人次，做大手术 778 次。

战乱的威胁刚刚离去，另一个威胁接踵而至——艾滋病。乌干达一直是世界上艾滋病感染率排在前 5 名的国家之一；表 6-6 显示，即使是现在，乌干达的艾滋病扩散率也高达 7.3%，在东非地区远远高于其他国家。可 20 年前，中国对艾滋病的了解还非常有限，面对艾滋病的威胁和中国入境制度的调整，尤其是耳鼻喉科医生田兴华在给艾滋病病人做手术的过程中左手掌被穿刺针划破了 4~5 厘米[②]，在面对感染的情境下，医疗队员产生了本能性的恐惧反应。在 1988 年给卫生部的信函[③]中，第 3 批医疗队队长黎明指出：

> 1987 年 8 月以来我队检测了 300 例住院和门诊病人，其中 192 例阳性（阳性率 64%）……医护人员艾滋病的职业性感染率亦相当高，坎帕拉的摩拉哥（Munogo）医院妇产科有 7 人感染；金贾医院去年 7 月以来有 2 人死于艾滋病，现又有 3 人病危（妇产科医师、眼科护士长、内科护士）；其余未行普查。目前，金贾医院缺乏消毒剂过氧乙酸，手套供应十分紧张，门诊部和住院部至今病人混住，无任何隔离措施，手术中手被刺伤或划破是常事，被感染的机会极多。

> 近听中央台广播，HIV 阳性者一律不予入境。队员们对此提出以下问题，请领导考虑。

> 一、能否拨专款给卫生厅，以保证随时提供足量的消毒药品、乳胶手套及薄膜型一次性使用手套以及预防用疫苗和治疗用磺胺甲基异恶唑、制霉菌素、环孢素等。

---

① 援乌干达医疗队，1986，《援乌干达医疗队 1986 年第二季度工作简报》，昆明：云南省档案馆，卷宗号：131：3：394：15。

② 卫生部赴乌干达考察组，1991，《卫生部赴乌干达考察组报告》，昆明：云南省档案馆，卷宗号：131：3：590：11。

③ 援乌干达医疗队，1988，《关于乌干达医疗队员首例艾滋病严重威胁的情况反映》，昆明：云南省档案馆，卷宗号：131：3：436：28。

二、医疗队员万一感染艾滋病或成为艾滋病病毒携带者，能否回国？回国后如何隔离治疗？能否与家人团聚？是否像麻风病人一样被隔离到偏僻，人烟稀少，十分荒凉的地区？

三、能否为医疗队员的职业性感染艾滋病办理健康保险？

四、队员感染艾滋病后是否会被劝告或强迫移居乌干达？

五、万一家属也被感染，失去劳动力，未成年子女和老人的抚养如何解决？

六、对艾滋病高发国家，经多次建议，该国仍不对本病采取隔离措施，我国能否照会该国中止派医疗队？

可就是这支生发了恐惧的医疗队，在值守的两年时间里，接诊病人 6 万余人次，实施手术 1766 例，抢救病人 521 人次，针灸治疗 13807 人次，开展新手术及新疗法 38 种 338 例，包括不全断掌拇指再植手术，累积了少见特殊病例 20 种 30 例；平均每年接诊 83 人次、手术 2.5 例、针灸 20 人次。在实地调查中我们发现，对金贾医院的医生而言，平均每天接诊 10 个病人就是"超级"忙了。如果按这样的标准计算，医疗队的队员几乎每天都处于超级忙状态。

对艾滋病的恐惧很快成为过去，中国医疗队开始和当地医生一起探讨治疗艾滋病的新方法。第 4 批医疗队的内科主任吴运超医生坚持每周看专科门诊，在值守的 2 年中，诊治艾滋病人 1257 人次[①]；第 5 批医疗队受金贾医院院长的委托推广大蒜治疗方法，治疗 98 例患者，有效率达 68%，不仅在乌干达产生了影响，肯尼亚和中国香港也派人和来电咨询，美国大蒜协会也高度关注；乌干达的国家报 *New Vision* 还进行了专题报道。

5. 一根银针：中国援乌医疗队的 30 余年

原本计划 10 年的援助，却一直延续了 30 多年。最能代表这 30 多年坚守的，当属针灸了。从派出第 1 批医疗队的周幼民医生开始，在中国派往乌干达的医疗队中，针灸医生几乎是标配。在第 2 批医疗队的汇报

---

① 援乌干达医疗队，1991，《编织中乌友谊的花环——云南省人民医院赴乌干达第四批医疗队》，昆明：云南省档案馆，卷宗号：131：3：590：19。

材料①中有：

> 针灸医生每天连续接诊 5～6 小时，采用体针、耳针灸治、按摩等治疗方法。许多久治不愈的慢性病人，如腰腿痛、肢体麻木、瘫痪、哮喘、顽固性呃逆等，专程来队求医。
>
> 乌干达农业部总监，因外伤腰痛三年，一直行动不便，行走要手杖支撑，他来到金贾医院，经我针灸治疗，仅一疗程就好了。
>
> ……针灸治疗……来求医的有乌方高级官员，也有普通百姓……一位曾患腰椎骨折，无法行动的病人，在他给中国医生的信中这样写道："……我来医院治病，是别人用自行车推送来的，由于你的精心治疗和帮助，我自己现在已能骑自行车了。"

1986 年 9 月 25 日，乌干达电视台还专门采访了针灸治疗的操作。金贾医院院长多次提出，希望在乌干达建立"针灸中心"。乌干达卫生部认为，针灸是中国的传统医学，现在许多欧美国家都在学习和研究这种传统技术，乌干达人民从针灸治疗中受益匪浅，希望针灸大夫能传授技术。

1991 年中国卫生部赴乌干达考察组与乌干达政府卫生部门进行交流时，乌方甚至希望中国政府再派一位（外语能力强的）针灸医师在其首都从事带教培训工作②。我们发现，在众多中国对非卫生发展援助的案例中，最丰富的内容之一就是针灸治疗③。在乌干达人的疾病治疗中，针灸或许是最后一个选择，一旦有效果便相当于绝处逢生，由此带给人的惊奇和欣喜是可以想见的。针灸因此被赋予了起死回生的力量——魔力，一种传奇故事必需的元素。

正是这种魔力，在很短的时间里，让针灸在金贾医院扎根——建立了专门的针灸治疗室，医院还派专人跟随学习。30 多年来，如果说因为中国

---

① 云南省卫生厅，1987，《中国医疗队在乌干达——援乌干达第二批医疗队评选先进材料》，昆明：云南省档案馆，卷宗号：131：3：416：3。
② 卫生部赴乌干达考察组，1991，《卫生部赴乌干达考察组报告》，昆明：云南省档案馆，卷宗号：131：3：590：11。
③ 在《主人与客人：金贾医院与中国医疗队》的民族志里，有专门的部分刻画了针灸进入乌干达医疗体系的过程与故事，有兴趣的审阅者和读者可以在民族志部分细读。

医疗队的轮值使一些科室存废不定，针灸治疗室却是从未中断的科室之一。毫不意外的是，每一批医疗队都有针灸疗效的传奇故事。

尽管中国医疗队在 2012 年离开了金贾医院，针灸科却依然在运转，且是金贾医院中最受欢迎的治疗科室之一。2014 年和 2015 年，我们两次到金贾医院实地调查发现，针灸治疗室中已经没有中国医生了，而当地的护士和医助依然在进行着针灸治疗。我们翻看了治疗记录本，每天最少也有 20 多位患者接受治疗。

在 DAHCU 中，医疗队就像是针灸用的银针，扎在了中国与乌干达两国关系"合作"的穴位上。正如金贾医院前院长、乌干达政府卫生部长 Chrisine Ondoa 评价的："我认为我们受益最多的是，中医的针灸科成为金贾医院的一部分。金贾医院也因中国医疗队和针灸科而闻名。医疗队还曾经教会了一些本地人做针灸治疗。可以说针灸是中国医疗队的一张名片。"①

不仅如此，医疗队还填补了金贾医院诸多学科的空白。几乎每一批医疗队的轮值都会给金贾医院带来科室的变化。这是因为医院的空白原本就多，加上乌干达当地医护人员的流动性强，使得让医院科室空白的动态性极强。

第三节　援建中乌友好医院

在乌干达的实地调查中我们了解到，DAHCU 的另一件重要举措当属中乌友好医院（China-Uganda Friendship Hospital）的建立。

在与乌干达政府充分沟通和协商的前提下，中国投资约 800 万美元，乌干达政府配套约 250 万美元在首都坎帕拉的 Naguru 建设了中乌友好医院。医院于 2009 年 12 月开工，2011 年 11 月竣工。2012 年 1 月 7 日，中国驻乌干达大使赵亚力代表中国政府，乌干达卫生部长 Christine Ondoa 代表乌干达政府分别在交接证书上签字。当地 NTV 等多家电视台及 *New Vision* 等多家报社报道了此次交接仪式。

中乌友好医院是一家大区级综合医院，占地面积 17993 平方米，8 栋建筑分别为门急诊楼（两层，一层为门诊大厅、挂号收费室、药库、急诊

---

① 2015 年 8 月 26 日上午 8：15 对 Christine Ondoa（Director general, Uganda Aids Commission）的访谈。访谈地点：Christine Ondoa；访谈者：Rehema Bavuma。

科、外科和儿科诊室，二层为内科、疟疾防治中心、妇科、产科、口腔科诊室）、医技办公楼（两层，一层为检验科、病理科、功能检查科、放射科、中心供应室，二层为手术部和行政办公室）、住院部（两层，每层设置两个护理单元，一层为内科、儿科病房，二层为外科、妇产科病房、ICU 病房）、后勤保障楼、青少年活动中心、太平间和门卫室等。

走进中乌友好医院，建筑风格是乌干达式的，设计却处处在为患者着想。回转式楼梯以方便患者上下，尤其是在停电时方便担架和诊疗车上下。不同建筑之间也有连廊相接，内、外、妇、儿诊疗科室，手术室、门诊室、病房、治疗室等布置规范整洁。与金贾医院比较后，更能让人联想到中国的三级医院。

医院设计床位数 100 个（含急诊科病床），现有医护人员 245 名，其中本地医生 10 名。中国政府提供给医院的主要医疗设备有移动式 X 线机、全自动生化分析仪、CT 机、超声诊断仪（台式）、心电图机、麻醉机、电动手术台、多功能麻醉监护仪等。遗憾的是，医院内部的重要灯光标识仅有中文，从中国进口的医疗仪器和设备也都仅携带中文标识。

在乌干达政府卫生部看来，中乌友好医院建设是乌干达卫生服务提供的重要一环，希望能借此解决首都 300 万人看病难的问题，分担 Mulago 国家中心医院的诊疗负担。

在 2014 年的实地调查中，我们对医院院长进行了深度访谈①。院长是一位在 Mulago 国家中心医院工作了几十年的骨科医生，有丰富的医疗经验。遗憾的是，乌干达能用的高级卫生人力资源依然有限，在医院的医生中，中国医生数量的占比接近一半。不仅如此，医疗器械依然奇缺。中乌友好医院的设备几乎是清一色的中国设备。如此，这位院长在管理中得处处想到"中国"。

在我们问到"如果中国大夫不在中乌友好医院，这所医院会如何"时，院长给出了这样的回答。

我们会遇到很多困难，特别是设备方面的困难。设备来自中国。

---

① 2014 年 7 月 22 日对中乌友好医院（China-Uganda Friendship Hospital）院长 Dr. E. K. Nadd-umba 的访谈。访谈地点：中乌友好医院。访谈者：邱泽奇、张拓红、谢铮、马宇民、张华芯。

我们想获得更多的设备，这些设备是我们在同级别医院中的竞争力。我们医院的实验室、X 光、手术室的设备都很好。我们也希望获得更多的设备，以获取更具竞争力的优势。

院长虽然在谈设备，事实上也在谈中国医生。在医院的管理中，院长常常会征求中国医疗队的意见。

在中国政府看来，中乌友好医院是 DAHCU 发展中一个里程碑式的大事，不仅把中国援助的卫生资源进行了整合，重要的是让 DAHCU 集中展现在中乌友好医院，为 DAHCU 产生更好的有效性提供了条件。对此，中国驻乌干达大使馆的官员①指出：

> 第一个考虑的是把规模聚集起来，发挥集中效应。我们把所有医疗援助的药品呀，设备呀集中起来。以前医疗队想过来，（但）首都这边不具备条件。现在在这边建立了医院，硬件条件很好，但是缺软件。医疗队过来以后，这个医院的硬件软件就都好起来了。医疗队的作用也可以更好地发挥出来。第二个，金贾相对首都来说，毕竟是一个小城市，相对首都来说，它的影响没有那么大。它的受众面、影响面没有那么大。如果放在首都，全国各地的患者都会过来看病。

作为 DAHCU 的一件大事，也作为乌干达接受中国 DAH 的一件大事，中乌友好医院一直受到中乌两国政府的高度重视。在竣工时，中国驻乌干达大使赵亚力、使馆经商参赞邹小明、中国援乌医疗队、乌干达卫生部部长 Christine Ondoa、乌干达卫生部常秘 Dr. Luwago Asuman、坎帕拉市市长 Erias Lukwago、医院首任院长 Dr. Edward Naddumba 悉数到场。在投入运营之后，时任胡锦涛主席特使、全国人大常委会副委员长韩启德在应邀出席乌干达独立 50 周年庆典活动期间专门视察了中乌友好医院。乌干达副总统 Edward Ssekaudi、国务部部长 Vincent Nyanzi 也视察过中乌友好医院。

---

① 2015 年 8 月 4 日 10：00 对中国驻乌干达经商参赞处参赞欧阳道冰的访谈。访谈地点：中国驻乌干达经商参赞处。访谈者：邱泽奇、马宇民、庄昱。第 16 批援乌医疗队队长戴峥参与访谈。

在中乌友好医院建成一周年之际，乌干达卫生部常务秘书 Dr. Lukwago Asuman、临床司司长 Dr. Amandua Jacinto 也专程到医院参与庆贺。

在实地调查中我们还了解到，中乌友好医院的发展很快，2014 年的日均门诊量已经达到 1000 人次。

在建设中乌友好医院之前，中国政府还尝试性地投资 40 万美元在乌干达 Mulago 国家中心医院（Mulago National Referral Hospital）援建疟疾防治中心（Malaria Consortium），以回应乌干达遏制疟疾肆虐的需要。遗憾的是，在实地调查中我们发现，疟疾防治中心的有效性有待进一步的发掘。基于此，中国政府甚至在考虑把疟疾防治中心搬迁到中乌友好医院。

第四节　其他数据源的补充刻画

由于中国政府没有公布中国对外援助的详细数据，在案例性数据之外，课题组试图从其他可及途径收集 DAHCU 的数据。

第一，我们通过一个专门运用公开信息收集、整理、数据库化中国对外援助数据的网站 China. AidData. org① 获取了相关信息，并对信息进行了整理。

第二，我们运用中文媒体公开的信息收集、整理中国对非洲援助的信息，并对信息进行了数据化处理。

下面的讨论，主要基于从这两个数据源获得的数据。

为建立中国对外援助的基本图景，我们运用 China. AidData. org 中的可视化工具，呈现了中国对外援助的一般情景和中国对外卫生发展援助的一般情景。从图 6 - 5 中可以看出，地图中标记了 2762 个项目分布的 5044 个地理位置，在 2000 ~ 2015 年，中国对外援助的主要区域集中在非洲大陆。

与中国对外援助的总体格局同构，采用属性过滤方法，我们获得了中国卫生发展援助的图景，地图中标记的 348 个卫生发展援助项目和 628 个地理位置，包括了卫生（health）、人口政策与生殖健康（population policies/programs and reproductive health）、供水与消毒（water supply and sanitation）3 个大类，这些也主要分布在非洲大陆，参见图 6 - 6。

---

① 网站数据的权威性有待检验。这里引用的目的仅仅希望说明中国援助的一个格局。

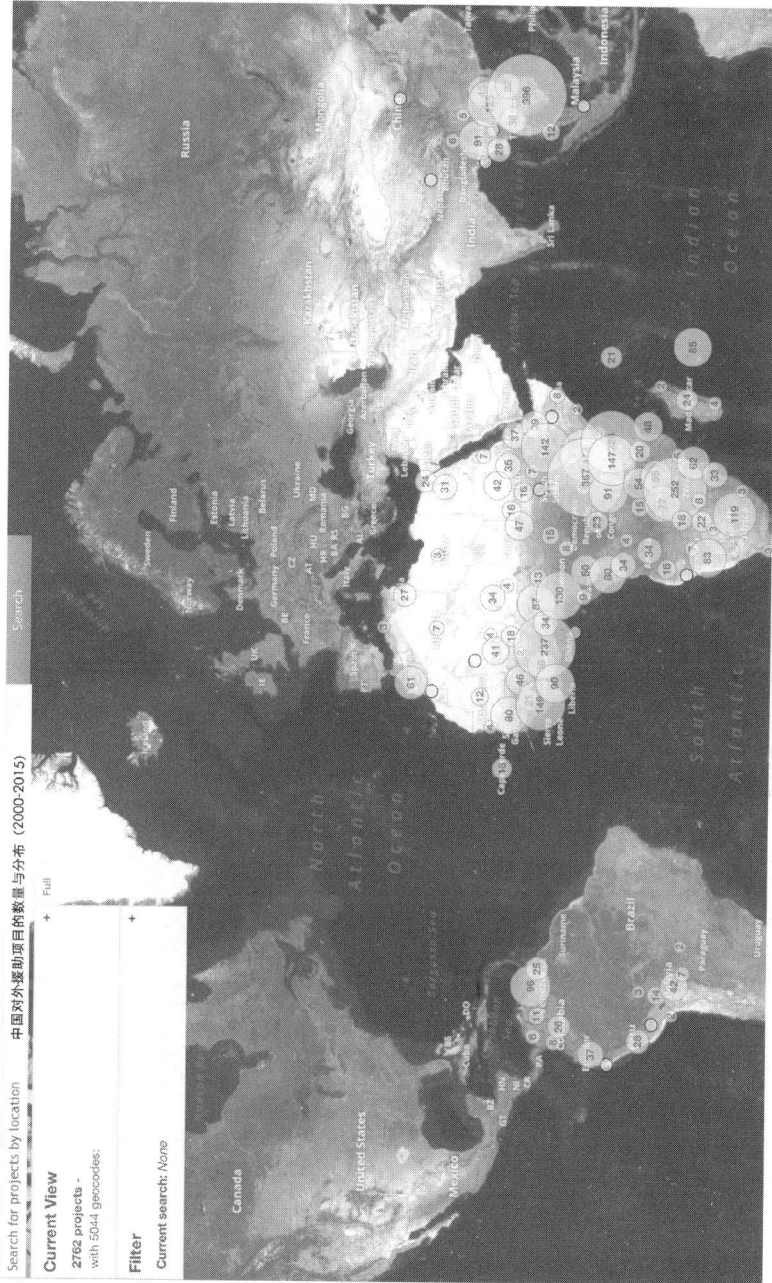

图 6-5　中国对外援助项目数量与分布图（2000~2015）

注：图中标注的项目数量仅为有国家标记的数量。

数据来源：http://china. aiddata. org/geospatial_dashboard。查询时间2016年9月8日。

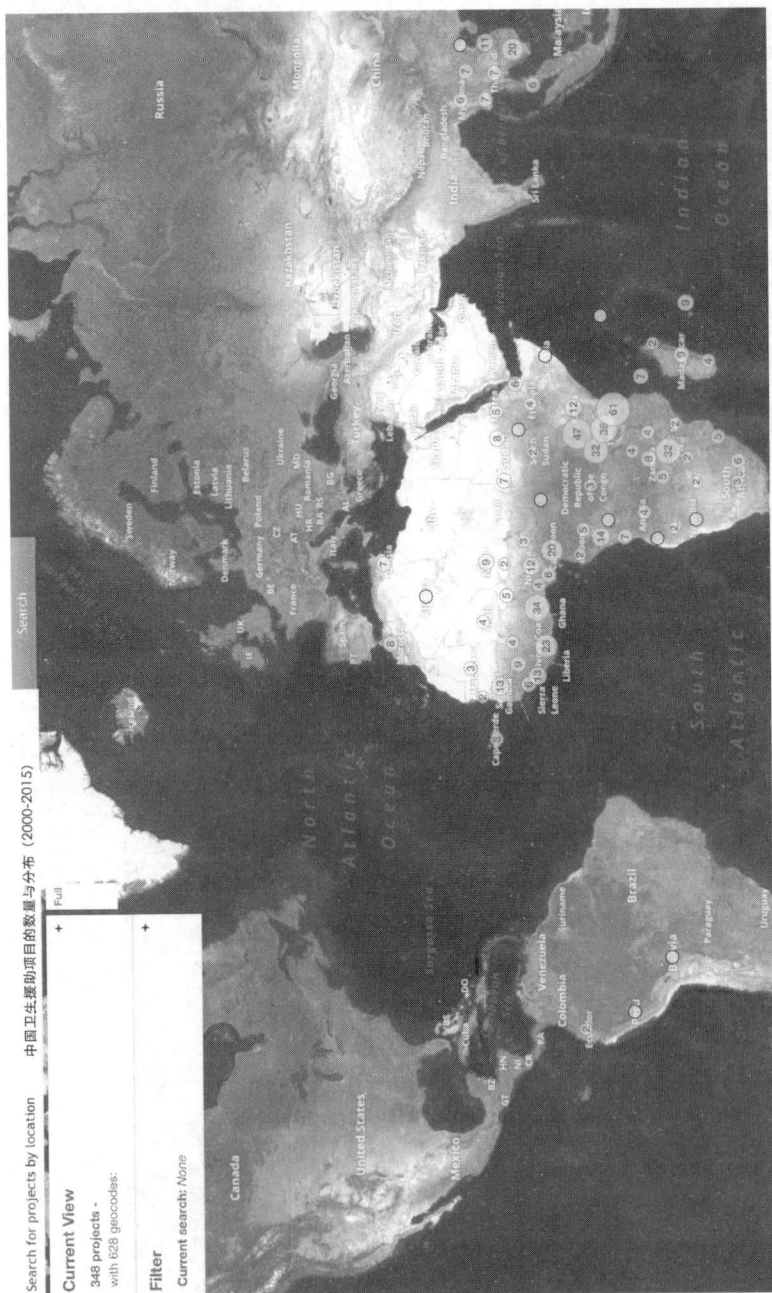

图 6-6　中国对外卫生发展援助的项目数量与分布图（2000~2015）

注：图中标注的项目数量仅为有国家标记的数量。

数据来源：http://china.aiddata.org/geospatial_dashboard。查询时间2016年9月8日。

　　需要说明的是，地图中标记的仅为有地理位置信息的项目，没有这一属性信息的项目不在其中。为此，我们查询了 China. AidData. org 数据库。

　　从数据库获得的数据显示，2000～2015 年，中国对外项目记录总数 12197 项；其中官方援助记录总数 7113 项，进入数据表格的 6032 项，而只有 2953 个项目有经费数据，额度合计为 604689287464 美元。

　　在官方援助中，中国提供的卫生发展援助 1061 项，进入数据表格的 877 项，其中有经费数据的项目只有 285 个，额度合计为 6919292441 美元。由于数据量庞大，数据库的分类中没有地区子类信息，无法整理出专门针对非洲援助和卫生发展援助的数据。如果运用这两个数据分析，则卫生发展援助经费占援助总经费的份额只有 1.2%。

　　为弥补这个缺陷，我们整理了中文公开文献中的数据。令人遗憾的是，中文文献通常没有与项目关联的援助经费信息。这样，我们就只能整理"援助事件"。从"附录 8　中国对非洲的卫生发展援助事件（2000～2014）"中可知，2000～2014 年，中国对非洲的援助事件总计 1690 项，援助领域涉及农业、教育、体育、卫生、经济、建造和维修、物质捐赠、其他。其中，对非卫生发展援助事件 304 项，占 18.0%。

　　必须说明的是，这两个来源的数据都是不完整数据。尤其是对项目经费的记录，缺失值多，在对外援助项目中只有 40% 的项目有经费数据；在卫生发展援助中只有 27% 的项目有经费数据。尽管如此，有，远胜于无！至少能在我们的头脑中建立一个基本的判断，譬如 2000 年以来，中国在对外援助中至少花费了约 6047 亿美元，其中用于卫生发展援助的至少有 69 亿美元，且援助的对象主要在非洲。

　　其中，对乌干达的援助，从中文文献中整理的援助事件表明〔附录 9　中国对乌干达的援助事件（2000～2014）〕，对乌干达的援助事件 51 项，占对非援助事件的 3.0%；其中对乌干达的卫生发展援助，除去 7 批医疗队以外，还有 18 项，占对非卫生发展援助事件的 8.2%，占对乌干达援助事件的 49%。这意味着，尽管对乌干达的援助和卫生发展援助在中国对非洲的援助中所占比例不高；不过在对乌干达的援助中，卫生发展援助所占的比例却很高。

　　对 17 个医疗队以外的卫生发展援助事件的分析表明，援助内容基本上可以归纳为提供抗疟药物、进行人员培训、援建疟疾防治中心及设施和设备、援建中乌友好医院及设施和设备等类型。

从 China. AidData. org 整理的数据中则可以看到，援助乌干达的项目共102 项，进入数据表格的有 98 项，其中有 54 个项目有经费数据，额度合计为 963251028 美元〔参见附录 10　中国对乌干达的援助项目（2000～2015，AidData 数据库）〕；有可视化数据的 90 个，分布在 188 个地点（参见图 6 - 7）。在援助乌干达的 102 个项目中，卫生发展援助为 32 项，进入数据表的项目 31 项，其中有项目经费数据的只有 14 个，额度合计为 143532837 美元〔参见附录 11　中国对乌干达的卫生援助项目（2000～2015，AidData 数据库）〕；卫生发展援助占援助经费总额达 14.8%。地点的分布也相对稀少和分散（参见图 6 - 8）。

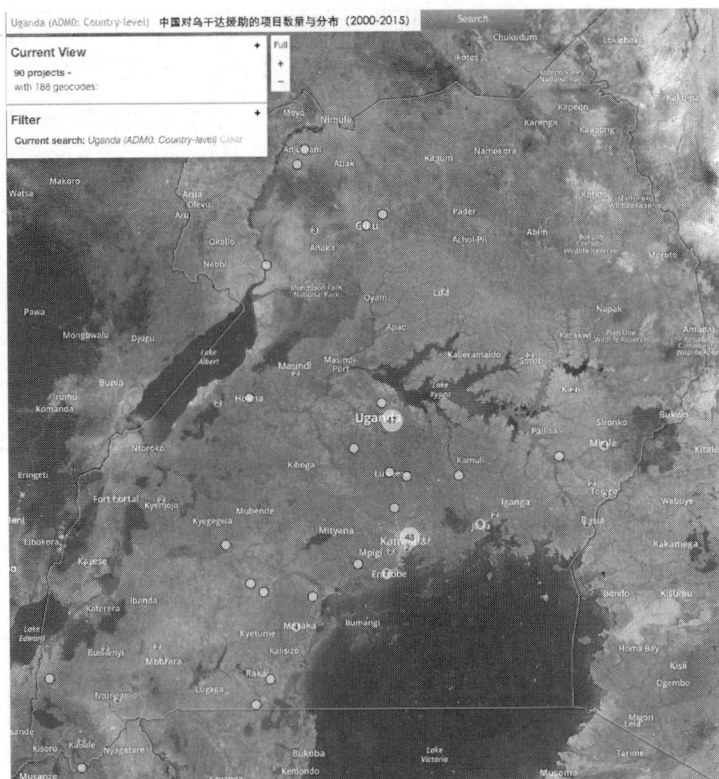

图 6 - 7　中国援乌与卫援的项目数量与分布图（2000～2015）

注：图中标注的项目数量仅为有位置标记的数量。

数据来源：http://china. aiddata. org/geospatial_dashboard。查询时间 2016 年 9 月 8 日。

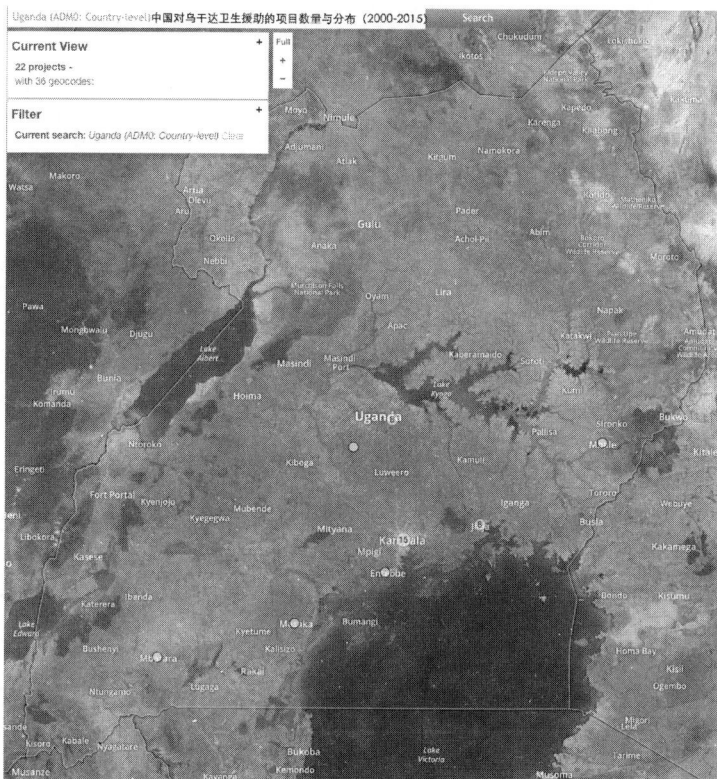

图 6 – 8　中国对乌干达卫生发展援助的项目数量与分布图（2000～2015）
注：图中标注的项目数量仅为有位置标记的数量。
数据来源：http://china. aiddata. org/geospatial_dashboard。查询时间 2016 年 9 月 8 日。

对列入数据表的 31 个卫生发展援助项目的进一步分析也表明，除派遣医疗队以外，援助内容可以归纳为提供抗疟药物、抗击埃博拉病毒、进行人员培训、援建疟疾防治中心及设施和设备、援建中乌友好医院及设施和设备，还有捐助医院用计算机设备、防治艾滋病的设备及生殖健康设备。

综上所述，在 DAHCU 中，与派驻医疗队相比，其他援助的类型没有超出我们通过到乌干达进行实地调查所掌握信息的范围，即援建医院和疟疾防治中心，捐助药品及医疗器械和设施、设备，还有进行人员培训。在这些类型中，中国的药物始终与医疗队伴行，防治疟疾和艾滋病药物则是近些年尤其是中非合作论坛之后扩展的内容；中乌友好医院尽管投入使用年头不长，却展现了重要的发展。

第 *7* 章

中国对乌干达卫生发展
援助的有效性

到这里，我们需要梳理一下前面的讨论，然后进入对有效性的评价。1983 年向乌干达派驻医疗队是 DAHCU 的开始。在此后相当长的一段时间，DAHCU 限于派驻医疗队和捐赠与医疗队活动相关的药品和器材，偶尔有临时的紧急卫生援助行为，直到 21 世纪。在 DAHCU 中，援建医院和疟疾研究中心都是近 10 年甚至更晚近的事。在这一部分，讨论医疗队的篇幅较长，讨论其他两类援助的篇幅较短，实则是因为其他两类的有效性还有待时间的积累和呈现。

第一节　国际援助格局变化中的中国对
非洲的援助

当 Moyo 陈述 2000 年以来中国对非洲援助影响力的时候，似乎仅仅看到了实际的、在非洲场景的影响。数据或许更能说明问题。

世界银行的数据表明，1960 年以来，国际援助经费总额为 28524 亿美元，其中提供给撒哈拉以南非洲国家的约为 8354 亿美元，提供给乌干达的高达 306 亿美元。在这些经费累积中，2000 年以来国际援助经费总额达到 16474 亿美元，其中提供给撒哈拉以南非洲国家的约为 5237 亿美元，提供给乌干达的高达 208 亿美元；这一组数据说明，2000 年以来的国际援助总额占据了 1960 年以来总额的 58%；其中，提供给撒哈拉以南非洲国家的比例为 62.7%，这意味着在 2000 年以后增长的援助经费中，更多地被投向了撒哈拉以南非洲国家；提供给乌干达的比例为 68%，意味着在撒哈拉以南非洲国家中，乌干达获得的援助具有更高的份额。归纳起来可以认为，2000 年以后的国际援助被更多地投向了非洲、撒哈拉以南地区的低收入国家。

在这样的格局下，国际援助中 DAH 经费的总额也在增长。世界银行的数据显示，2000 年国际援助中 DAH 的经费约为 28.05 亿美元，2014 年增长到了 116 亿美元。需要注意的是，DAH 经费在援助经费总额中的比例变化不大，最低 4.4%，最高 6.8%，与此前 40 年的占比基本一致。

假设 China. AidData. org 的数据可参考，则中国 DAH 经费占援助经费总额的比例仅为 1.2%，远低于国际社会平均水平。在对乌干达的援助中，DAH 的占比则高达 14.8%，又远高于国际社会平均水平。尽管数据的准确性有待检验，但趋势是可以接受的，即近些年，DAHCU 有了一些特别的变化。事实上，如果从 DAH 的特点来看，的确如此。在 DAH 中，从单纯派遣医疗队，向建设医院、建设疾病防治中心、提供人力资源培训、提供医药和器械等综合方向发展。不仅在乌干达如此，在整个非洲都如此，应该说这是 2000 年中非合作论坛以来的大趋势。

假设世界银行的统计中包含了中国的数据，以 China. AidData. org 的数据为参考，则意味着 2000 年以来中国对外援助经费的总额已经占国际援助总额的 36.7%，中国对非洲提供了超过 3000 亿美元的援助，占国际社会提供给撒哈拉以南非洲国家的 57%。事实上，依据 China. AidData. org 数据的探讨，可以推测的是世界银行的统计中并没有完全包括中国的数据，如果把中国的数据合并到世界银行的数据中，则这两个比例会分别下降至 26.9% 和 36.4%。即使如此，这两个比例看起来依然有些夸张，与中国官方公布的数据相比，明显夸大了中国援助的份额，不过，中国在非洲援助的快速增长应该是事实。

尽管如此，世界银行和 OECD 的数据依然明确地告诉我们，在乌干达接受的援助和卫生发展援助中，中国并不在提供援助额最多的前 10 位之列。

在这样的背景下，如果希望用 USAID 或 OECD 的项目评估方式和工具（USAID，2015b；OECD，1991）来评估中国对乌干达卫生的发展援助，尤其是研判援助的有效性，显然是不现实的，因为中国根本就没有对乌干达卫生发展援助的项目制体系和管理。

还有，由于疟疾防治中心、中乌友好医院投入使用的时间不长，对其进行有效性尤其是影响评价还为时尚早，甚至针对中国捐助的药物和医疗器械与设备进行有效性研究也为时尚早。因此，评价中国对乌干达卫生发展援助有效性的重点是医疗队，而这亦会兼及其他卫生发展援助内容。

如前所述，DACHU 在乌干达四重嵌入的每一个层次都应该有一个主效应。下面的讨论，将沿着这个评估思路展开。①在实践层次，DAHCU 均为受乌干达政府之邀的援助，从医疗队到中乌友好医院，直接补充乌干达的卫生资源，发挥着资源有效性。②在乌干达接受的 DAH 层次，DAHCU 的医疗队不仅是一支医疗队伍、乌干达最紧缺的卫生人力资源，还由于医疗队直接嵌入乌干达的金贾医院直接提供卫生服务，既与乌干达接受的其他 DAH 不重叠，也因此发挥了其他 DAH 没有机会发挥的有效性，即在乌干达受援的 DAH 中发挥结构有效性。③在乌干达接受的所有援助中，DAHCU 的有效性取决于 DAH 的有效性。尽管 DAHCU 在乌干达受援的 DAH 结构中具有特征，但由于其在 DAH 总量中的份额太小，且始终在实践服务层次，进而还无法归纳出其在乌干达受援中的有效性。④在外交层次，尽管 DAHCU 在乌干达的受援中规模极小，但由于其连接着中乌两国一系列重要的关系，是中乌关系的重要桥梁，发挥着连接有效性。⑤在四重嵌入之外，随着中乌经贸关系的快速发展，中国到乌干达从事投资、贸易的人群数量迅速增加，在乌干达卫生服务资源紧缺的条件下，DAHCU 的存在与发展对中国在乌干达人群的健康，无疑是最后一道保障，即发挥溢出有效性。

第二节　资源有效性：送炭效应—补充效应—聚集效应

如果我们回想中国第 1 批医疗队到金贾医院时和中乌友好医院开业时

的医生人力资源就会发现，在这两家大区级医院，中国医疗队的医生数量都占一半的比例。在这个意义上，DAHCU 是在救乌干达卫生之急。需要特别提醒的是，尽管在医院层级 DAHCU 依然具有救急的性质，可在乌干达卫生服务层次、乌干达接受的 DAH 层次，DAHCU 占据的位置和份额却发生了巨大的变化。这并非由于 DAHCU 变了，而是 DAHCU 嵌入的背景、环境和参照变了。

"救急"理论的基础是中国传统文化。中国有句俗话：救急不救穷。其中的道理是指，如果需要的帮助是机会性的，则帮助受助者，这是给他一个机会；这个机会极有可能是受助者另一片天地的起点。此时，无论如何，都应该给受助者一个机会，一定要帮。用经济学的行话说，此时的帮助，边际效应最大；用社会学的行话来说，此时的帮助提供的是机会性平等。在所有急难之中，救命为最急。佛家有"救人一命胜造七级浮屠"，更指卫生救急之机会性意义。

如果需要的帮助是日常性的，则帮助意味着鼓励受助者不努力，此时则不能帮。这是因为在中国的文化里，鼓励人不努力、不自立是不道德的。用经济学的行话说，此时的帮助，边际效应为零；用社会学的行话说，此时的帮助，是社会不平等，即在资源稀缺的条件下，对这类群体的帮助意味着减少其他急需者的机会。因此，救急不救穷，不仅是中国的一句俗语，更是扎根在中国文化的援助理论，可以称之为"救急理论"。

与救急理论相一致，中国还有一句刻画救急有效性的俗语"雪中送炭"，也是一句成语，源自宋代范成大的诗《大雪送炭与芥隐》，其中有："不是雪中须送炭，聊装风景要诗来。"刻画的正是救急性援助的意义，在大雪中，在人们面临冻死的紧要关头，如果有人送来炭火，就给了受助者一线生机。

1983 年 4 月，当中国第 1 批医疗队进驻金贾医院的时候，对乌干达的卫生服务而言真可谓"雪中送炭"。让我们再次回到当时的场景去看看中国医疗队的出现对当时乌干达卫生服务体系的意义。

从 1978 年的乌干达卫生管理体制与各级政府医院的结构可知，当时，乌干达中央和省级医院的医生总数约为 280 人。从"附录 5　援助乌干达医疗队第 1~16 批队员名单"可知，第 1 批医疗队成员总数 15 人，除去 2 名后勤人员，医生 13 人，占乌干达中央和省级医院医生的 5%，相当于直接给乌干达增加了 5% 的医生人力资源。

如果仅仅计数，就大大低估了中国医疗队对乌干达卫生人力资源的影响。中国医疗队的技术能力和学科构成在乌干达当时的卫生人力资源中具有举足轻重的地位。当时的金贾医院是乌干达仅有的 3 所教学医院之一，在这样的医院里，仅有 3 名主任医生。据此，即使是做一个粗放的推算，乌干达主任医生的数量也不超过 12 人。中国派出的第 1 批医疗队员中就有主任医生 6 名，是乌干达既有主任医生数量的 50%。

此外，中国医疗队的入驻不仅让金贾医院的技术能力有了本质的提升，也拓展了医院的学科领域，填补医院的学科空白，从耳鼻喉到麻醉，每一批医疗队的学科结构对应的都是金贾医院的学科空白。中国针灸更是乌干达医学中一个崭新的学科。

或许正因为如此，中国早期的医疗队每一批都有机会成为乌干达总统的座上宾，在 1986 年之前的内战期间如此，穆塞韦尼掌握了政权之后的早期也是如此。

在经历了 30 多年之后，中国医疗队雪中送炭的效应在明显地减弱，有三个因素的影响最为直接。

第一是乌干达卫生服务体系的发展。1983 年，乌干达中央和省级医院的数量为 8 家，地区级医院的数量为 32 家；到 2015 年，如表 6－4 所示，仅公立医院，即国家和大区医院就已经发展到 16 家，地区总医院更多达 144 家；公立医院医生的人数已经高达近 1300 人。在这样的环境中，中国医疗队明显不那么重要了。

第二是乌干达的卫生服务制度。在乌干达，公立医院的医生可以在公立医院之外开设私人诊所或自由离职。中国医疗队从第一批开始就感受到了这个制度的影响。医疗队精心带出来的医生、护士，只要有了一些能力，就要么离开公立医院系统，要么兼业，自己开诊所，以获取更高收入。在调查中我们了解到，乌干达公立医院的医生有两个基本职业诉求，一是进入卫生行政系统做官，二是自己开业。如此，"送炭"提供的机会并没有有效地用到改善公立医院的服务上来，而是为个人谋取私利提供了机会,其效果不是社会收益最大,而是私人收益最大。在这样的情境中,中国医生却被牢牢地拴在门诊、住院的岗位从事本该由当地医生面对的日常诊疗,当地医生反而可以自由地离岗、离职,追逐自己的私人利益。

第三是 DAH 在乌干达的发展。1983 年中国派驻乌干达第 1 批医疗队时,在乌干达的双边 DAH 仅有利比亚和中国,还没有直接列入乌干达政府卫生预算的 DAH 经费;除了国际组织的救济式项目以外,没有其他的,旨在推动乌干达卫生体系、卫生服务、卫生服务利用和重大疾病的双边或多边项目。如前所述,进入 21 世纪以来,仅从经费来看,尽管 DAHCU 也在发展,可在乌干达受援 DAH 中的份额却越来越小。与美国援乌 DAH 经费比较,中国 30 多年 DAHCU 经费合计恐怕也不及美国在 21 世纪以后一年经费的平均值。

在这样的变化格局中,在卫生服务资源的意义上,尽管中国医疗队的学科和技能结构在乌干达卫生服务体系中依然具有稀缺性,中国药品与设备对乌干达的卫生服务也非常重要,可在总体上,DAHCU 已经从救人于生死的"雪中之炭"变成了乌干达卫生服务体系中极小的补充力量。

倒是中乌友好医院的建立为 DAHCU 有效性的发挥提供了机会。不过,这一次没有雪中送炭的效应,也不仅限于受援方视角的有效性,更多的是援助方视角的有效性。通过将 DAHCU 汇集到中乌友好医院,为展示 DAHCU 整合的有效性提供了机会,为 DAHCU 从资源有效性向卫生智力有效性甚至卫生治理有效性提供了机会。

对受援方而言,与除医疗队以外的零散受援相比,中乌友好医院也为乌干达增加了一家大区级综合医院,对缓解坎帕拉都市区的就诊压力提供了机会——尽管看起来还是资源性的有效性,不过这也为整合 DAHCU 以促进乌干达卫生服务发展提供了机会。

如此,从援助与受援双方的视角出发,在改善乌干达卫生资源的意义上,DAHCU 的有效性,从曾经的"雪中送炭"逐步演化为乌干达接受的急剧扩张的 DAH 的"锦上添花",而中乌友好医院的建设正让 DAHCU 的微小份额有机会产生聚集效应。

第三节　结构有效性：支点效应—邻近
效应—示范效应

30 多年的 DAHCU，除了是乌干达卫生服务体系的资源，还是乌干达接受 DAH 的一个类型，不与其他 DAH 重叠；在乌干达卫生服务体系结构中也具有独特位置。DAHCU 在乌干达卫生服务体系结构和乌干达接受 DAH 结构（两个结构）中的有效性则来自其实践模式：一支医疗队同中国的医药、器械、设施和设备。

只是随着 DAH 格局在时间流逝中的变化，DAHCU 在两个结构中的有效性也在演化，从当初的支点效应逐步转变为邻近效应，并有机会获得示范效应。

古希腊的科学家阿基米德在写给叙拉古国王希伦的信中说："如果给我一个支点，一根足够长的硬棒，我就能撬动整个地球。"20 世纪 80 年代的 DAHCU 在当时的两个结构中所处的正是这样一个支点位置，既是乌干达卫生服务体系的重要组成部分，也是乌干达接受 DAH 中仅有的双边部门，因而发挥了显著的结构有效性。

随着乌干达接受 DAH 规模的不断扩大，尤其是美国对乌干达 DAH 的一家独大，DAHCU 在乌干达卫生服务体系和乌干达接受 DAH 结构中的独特位置依然存在，与其他 DAH 比较，依然没有重叠性，只是不再处在支点位置上。

现在，乌干达卫生服务体系面临的难题是卫生支出捉襟见肘、重大传染性疾病的防治迫在眉睫、基本卫生保障亟须改善。在这样的情境下，大量的经费和应对重大传染性疾病的能力是两个结构中的支点位置。

显然，DAHCU 不具备这两个特征，其在两个结构中的位置便退向局部结构的有效性，即在金贾医院人力资源结构中的有效性。其实，DAHCU 在局部结构中的有效性始终存在，只是在当其处于整体性支点位置的时候被掩盖了而已。

与 DAHCU 其他内容相配合的医疗队作为卫生人力资源具有主动性和能动性，进而具有再生产性。中国医疗队通过自己的行动传播技术，对邻近的卫生人力资源产生积极影响，进而实现技术与能力的再生产。影响的范围与程度或再生产的效率则与岗位或拥有的舞台大小密切相关。

从 DAHCU 的实践中我们知道，中国医疗队没有成为乌干达卫生教育的一部分，也没有成为乌干达卫生行政与管理的一部分，而是长期坚守在一家大区级医院。这样的结构位置决定了中国医疗队不可能通过对卫生人才的培养或卫生政策与管理体系的完善来发挥影响，而只能通过金贾医院的医生岗位产生影响。

来自"三度影响理论"（尼古拉斯·克里斯塔基斯、詹姆斯·富勒，2013）的"邻近效应"是刻画这类影响或有效性的一个适用概念。"邻近效应"说的是人们无论因什么而走到一起，都会发生"近朱者赤、近墨者黑"的社会影响。而三度影响理论强调的是人们对身边人或事的影响力会逐步减弱，即越靠近行动源，受到的影响越大，而在距离行动源有两个间隔及之后，影响力便基本消失。

对具体岗位的医生而言，受到影响最大的是离医生最近的群体，且影响的范围不超过 3 个层次间隔，即①驻在医院、医务和管理人员、患者；②驻在医院所在的社区；③局部性卫生体系。

从实地调查获得的数据显示，中国医疗队员对乌干达同事的影响是直接的，具有邻近效应的行动包括：带教、指导乌干达医生、专题研讨，以身作则。

金贾医院是乌干达的教学医院。在第 1 批医疗队入驻时，是乌干达第二大教学医院；到 2016 年，也依然是 14 家教学医院之一。作为教学医院，带教是医生的职责之一，也因此产生邻近效应。从可用的数据中我们了解到，每一批医疗队员每年带教的实习生数量在 50 人左右，从 1983 年到 2012 年离开金贾医院整整 30 年的时间里，中国医疗队至少带教 1500 人，比公立医院医生岗位的设岗数量还要多。如果这些人都在公立医院担任医生，则乌干达根本就不应该缺医生。

在诊疗之间，除了带教，还指导住院医师，与门诊医师进行交流和探讨。无论是在中国医疗队存档的总结报告中，还是在与金贾医院工作过的医生的访谈中，医疗队员通过具体的诊疗活动对当地医生、护士进行诊疗活动指导是最常见的交流活动。在每一批中都可以找到这样的故事，而且在每一批中都可以找到许多这样的故事，从通常的西医分科如内、外、妇、儿、口腔、耳、鼻、喉、泌尿、麻醉等到中医的针灸治疗，从病情诊断到手术治疗，甚至石膏房的技师①都从医疗队员那里获得指导。从相关数据可以有理由假设，平均每年医疗队员指导 20 名医生护士，则 30 多年的时间，接受中国医生指导的乌干达医生和护士数量也超过了 600 人。对金贾医院而言，这显然不是一个小的数字。

在带教和指导乌干达同行的过程中，除了在诊疗室、住院病房中边干边教以外，举行专题研讨会、会诊、会商是另一种重要的交流方式。从查房中的问题、诊断中的疑问到专题性、典型性的方法，都是专题研讨的内容。在医疗队，有一个传统，即只要是带有一般性的议题，就会进行专题研讨，既集思广益，又传播技术和理念。同样，每年有 80 个专题研讨并非一个过高的估计，如此，在金贾医院的 30 多年，共有约 2400 个专题研讨；假设其中的议题重复率为 30%，那么也研讨了约 1700 个议题；再假设每次只有 3 个人参加，也有约 5100 人次参与其中。对金贾医院培养医生而言，这同样是一个非常可观的数字。

需要指出的是，带教和指导乌干达医生和开展专题研讨是中国医疗队对同事最直接的影响，遗憾的是，语言障碍可能会让影响低效。我们通过对金贾医院的实地调查发现，中国医疗队在乌干达提供医疗服务的第一个挑战大多是语言。

> 在开始的几个月里，他们大多都需要口译员帮他们翻译沟通，但一段时间之后，他们就能说些简单的英语了。我们的护士和他们一起工作，也会帮他们翻译一些（本地的其他语言）②。

语言的障碍无疑会对上述三种形式的互动造成负面影响。在个体层面上会较大地削弱联系的紧密程度，进而在三度影响的意义上影响第一度的

---

① 援乌干达医疗队，1989，《援乌干达第三批医疗队两年工作总结》，昆明：云南省档案馆，卷宗号：131：3：458：7。还可以参见我们在实地调查中对乌干达医生的访谈笔记，附录 12 访谈数据索引中的乌干达医务与管理人员的访谈数据，篇幅原因，这里不赘引用。

② 2015 年 10 月 22 日对金贾医院护士 Anyori Margaret 的访谈。地点：金贾医院。访谈者：Rehema。

效率，然而语言影响是否可以通过行为影响来弥补，还有待探讨。

作为一支带着使命的队伍，以身作则是其基本的表现。30 多年里，无论在金贾医院，还是在中乌友好医院，医疗队员的行为都是示范性的。前已述及，在战乱中，医疗队员们的表现如此；在面对艾滋病威胁时，医疗队员的表现也是如此；在面对困难时，医疗队员的表现依然如此。

可以说，中国医生不怕苦不怕累的精神深深地留在了乌干达人民的心中。每一批医疗队的工作精神及医疗作风，在乌干达政府和平民中获得一致的评价：中国医生吃苦耐劳，乌干达人民欢迎中国医生。在常驻金贾医院时，金贾医院很快成为一所乌干达的医院而不仅仅是金贾大区的医院，乌干达各地的病人，尤其是患有疑难杂症的病人都到金贾医院就医；中乌友好医院正在变成乌干达的医院，曾经熟悉金贾医院的患者、家属也在慢慢熟悉中乌友好医院。

在这个意义上，中国医疗队的近邻效应直接影响了乌干达各阶层的患者及其家庭，上如总统、副总统、部长，下到平民百姓。只要是接触过中国医疗队的，都为医疗队的医风、医德、医技所折服。同样，每一批医疗队员都创造了诸多令人感动、感佩以及感激的故事。

中国医药是中国医疗队的有机组成部分。从第 1 批医疗队员踏入乌干达的国土开始，中国医药就开始逐步进入乌干达的卫生服务体系。前已述及，第 1 批医疗队是带着几个月的药入驻金贾医院的。从那时候开始，医疗队员的诊疗活动就没有离开过中国医药。

如果说中国医疗队在乌干达创造的一个又一个第一次主要来自医疗队员们的风、德、技，那么风、德、技产生的疗效则离不开中国医药、中国器械，以及中国设备与设施。医疗队员们在国内的执业活动中已经熟知了中国生产的医药、器械、器材、设备、设施，因此他们对在乌干达的诊疗活动更有信心。

在卫生服务中，医生与医药、器械之间，常常是相互强化的关系，即有效的诊疗活动不仅会让医生更有声望，也会让医生运用的医药、器材更有声望。在这个意义上，中国的医药与器材其实早已在邻近行动者中留下印象，甚或良好的印象，进而构成了中国医疗队近邻效应的有机组成部分。

此外，尽管中乌友好医院和疟疾防治中心得到了乌干达政府的高度重视，可在乌干达卫生服务体系结构和乌干达接受的 DAH 结构（两个结构）中，中乌友好医院和疟疾防治中心并非如初时的医疗队那样占据着支点位置。中乌友好医院的确是唯一的一家双边建设的大区级医院，可那也只是14 家之一①，不具有独占性；关于疟疾防治中心，不要说将其放在两个结构中看位置，即使与美国对乌干达的疟疾防治的援助相比也微不足道，在两个结构中，仅仅意味着多了一个机构而已。

就中国援助的药品、器械、设备和设施而言，早期的药品和器械是跟随着中国医疗队的，也因医疗队的努力而获得了良好的口碑。随着中乌经贸活动的发展，越来越多的药品、器械、设备和设施离开了医疗队，进入乌干达的医药和器械市场，曾经在中国出现的以次充好、以假充真的现象也出现在乌干达市场，进而直接威胁到中国援助的药品、器械、设备和设施的声望（苑基荣等，2013；袁卿，2013），也影响这类卫生发展援助的结构有效性。

倒是在中乌友好医院的实地考察给我们启发，让我们设想中乌友好医院对 DAHCU 资源的聚集在两个结构中也许存在另一种获取结构有效性的途径，那就是让中乌友好医院在卫生服务的意义上发挥示范效应：示范中国的卫生服务模式，尤其是基本卫生保障模式，进而再现 DAHCU 的结构有效性。

第四节　连接有效性：结构洞效应—节点效应

健康是作为生物人的基本议题，可是医务人员面对的人不仅是生物性的，也是社会性的；医药、医疗卫生器材不仅是物理性的，在国家之间也具有国家属性。如果承认这样的前提，则 DAH 不仅是一个国家对另一个国家的援助，也通过援助在国家之间建立了关系；如果说国家之间的关系

---

① 我们比较了第 14 批医疗队在金贾医院和第 16 批医疗队在中乌友好医院的接诊人次和住院人次，分别为 22593 人次、3400 人次和 20584 人次、3459 人次。两者为同一量级，即中国医疗队没有因为硬件设施的配备而发挥更大的影响。参见《第十四批援乌干达医疗队任期工作总结》（2011 年 7 月 16 日）和《第十六批援乌干达医疗队两年工作总结》（2015 年 8 月 8 日）。

是由国家的领导人传递和展现的，则我们可以把 DAH 连接的关系简化为具有不同国籍和社会经济地位非人之间的关系，DAHCU 就处在关系的连接点上。

在中乌两国关系的发展史上，DAHCU 曾经是两国之间少有的连接点，可以被称为"结构洞"，如今则变成了众多的连接点之一，可以被称为"节点"。

结构洞概念是社会学家 Ronald S. Burt 在研究竞争性社会中关系结构时提出的（罗纳德·伯特，2008），和嵌入性概念一样，也是一个分析工具。

如果我们把中国的援助、乌干达接受的援助以及国际卫生发展援助分别看作三个关系网络，则三个关系网络之间的关系可以表述如图 7 - 1。图中，A 所在的网络示意为乌干达接受的各类援助，B 所在的网络示意为国际 DAH，E 所在的网络示意为中国援助；其中 E 为中国对乌干达的卫生发展援助、A 为乌干达的卫生体系、B 为其他援助方提供给乌干达的 DAH，A、B、E 之间处在非常微妙的关系位置上，Burt 称这些位置为整个关系的"结构洞"，例如 E，它把中国与乌干达的卫生系统甚至乌干达联系在了一起，也把中国与国际 DAH 联系在了一起。拿掉 E，中国援助与其他两个网络之间的关系便中断了。这便是 E 在整个关系中的效应，我们称之为"结构洞效应"。

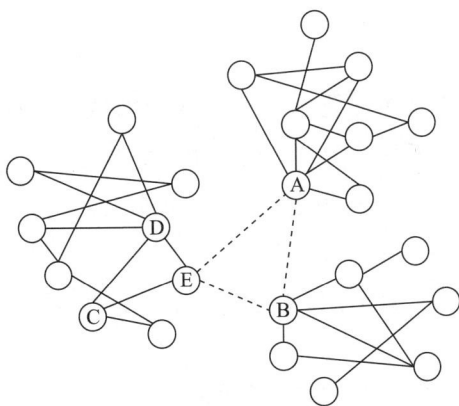

图 7 - 1　中国对乌干达卫生发展援助的网络

注：图中的 A、B、E 都处在结构洞位置上。

DAHCU 早期在中乌两国关系中的确发挥过结构洞效应。在中乌两国、两国人民之间，中国医疗队、中国医药和器材曾经是非常有限的结构洞；基于人的生物性，它也是非政治敏感性结构洞。因健康保障需求和供给的理由，中国医疗队、中国医药和器材在乌干达可以惠及任何有需要的人，无论是总统还是平民。

正是这样的结构洞效应，让 DAHCU 在两国关系中发挥连接有效性。在实地调查中我们了解到，每一批医疗队员中都有人是总统的座上宾，"附录6　中国援助乌干达医疗队工作纪实（1978～2014）"中非常不完整的记载还告诉我们，国家领导人及其家庭，甚至中国医疗队驻地门卫的家乡——乌干达东部边远地区 Masinya 和 Dabani 村子，也在 DAHCU 的关系网络之中。中国医疗队员在金贾市处处受到礼遇和欢迎的事实还说明，DAHCU 还在金贾市的社区网络之中。

不过，随着中国与乌干达之间交往的多样化，由 DAHCU 占据的结构洞位置正逐步被其他"连接"稀释。尽管由人的生物性带来的健康需求具有不可替代性，DAHCU 却再也无法在中乌两国关系中占据结构洞位置，DAHCU 的部分内容甚至正从国家之间的连接有效性下降为个体之间的连接有效性。譬如医疗队的某医生在这个关系网络中曾经是代表 DAHCU 的，现在不再代表 DAHCU，甚至不再代表中国医疗队，而是某医生与乌干达某高官的个人关系。同样，中国医药和器材在这个关系网络中的连接有效性也不再代表中国医药和器材，不再代表 DAHCU，而是代表某医药和器材品牌。

随着中乌之间关系多样化和乌干达接受的援助多样化，DAHCU 连接有效性的变化似乎是不可逆转的，这是由关系连接性的特征决定的，也让我们理解为什么有人认为国际援助从一种"慈善"变成了一个"市场"。

第五节　溢出有效性：后备效应逐步增强

中国对乌干达的进一步了解是在 2000 年以后逐步发展的，在此之前，中乌之间的交往主要发生在两国的政府之间。2000 年以后，随着中非合作论坛各项措施的落实和实施，中乌两国之间多个层次、多种类型的交往逐步展开。据估计，2010 年时，在乌干达从事各类工作的中国人大约为 7000

人[①]；到 2016 年，这个估计数字进入了一个更大的区间，据称有 1 万～5 万人[②]。

随着交往的增加，中国在乌干达的投资、贸易、援助、工程建设、批发和零售商业等多个领域渐趋活跃。到 2012 年，中国甚至已经替代英国成为乌干达的第一大贸易伙伴[③]。

这些活动告诉我们，对乌干达而言，中国已然从一个纯粹的援助方转变成一个具有多重角色的合作伙伴。中国人在乌干达的数量会越来越多、出入频率也会越来越高，这是一个日益明显的大趋势。

只要是人，就会有健康议题。从第 1 批医疗队开始，医疗队一项附加的、没有文本规定的工作，就是力所能及地为在乌干达的中国人提供医疗后备保障。保障的对象中不只是中国公民，只要是炎黄子孙都成了没有言说的保障对象。

在每一批医疗队轮值期内，都有这样的故事，有大陆援建人员的、生意人的、企业家的，有香港生意人的，也有来自台湾地区人的，在此，我们不一一赘述。随着中国人、华裔在乌干达数量的增加，或许医疗队的工作量并没有太大的增加，中国医药、器械的使用率也没有提高多少，可中国的乌干达卫生发展援助对这几类人群的后备效应却在显著增强。

这些工作，并不在 DAHCU 的议程之中，也不在中乌两国的协议之中，由此，我们称之为 DAHCU 的溢出有效性。

---

① Jaramogi, Pattrick, 2013, Uganda: Chinese Investments in Uganda Now At Sh1.5 Trillion, in allafrica, 2013 – 02 – 20. http://allafrica.com/stories/201302190354.html.

② Leong, Trinna, 2016, China's Small Traders Seek their Fortune in Uganda, in Straits Times, Feb 22, 2016. http://www.straitstimes.com/world/africa/chinas-small-traders-seek-their-fortune-in-uganda.

③ Ghosh, Palash, 2012, Chinese In Uganda: Exploiters Or Economic Partners? in *International Business Times*, 08/08/12. http://www.ibtimes.com/chinese-uganda-exploiters-or-economic-partners-742398.

第 *8* 章

"点目"：中国对乌干达卫生
援助的再认识

人们原以为中国对乌干达的卫生发展援助仅仅是中乌两国之间的事情，事实上，却不是；原以为是嵌入一个整体性国际援助体系之中的，事实上，也不是；原以为是嵌入乌干达社会、经济、文化等背景中的，事实上，也不完全是；原以为是嵌入乌干达国家治理体系中的，事实上，却也不那么是。通过对文献和事实的研究，我们做出了如下简要的总结。

第一节　从双边到多边：中国对乌干达卫生
发展援助的再理解

在本书的开篇，我们试图从一般关系逻辑来理解中国对乌干达卫生发展援助的框架，认为中国对乌干达的卫生发展援助是中国和乌干达双边关系的一部分，各自既嵌入自己的体系之中，又部分地嵌入对方的体系之中，这才有了图2-1的分析框架。

现在看来，这个框架并没有错，既有的文献可以被纳入这个框架之中。只是，在梳理文献的过程中，我们读出了言外之意，认为：中国对乌干达的卫生发展援助的确是嵌入双边关系之中的，但在各自一边，也都有四重关系嵌入。

可援助是一个过程，过程中并非每一个环节都同时或始终有四重嵌入。以中国援建乌干达中乌友好医院为例。在双边谈判过程中，中国会考虑总体援助格局、对非洲援助格局以及将中乌友好医院作为一个"成套项目"，它是中国在非洲援建的 100 多家医院中的一个，也是在乌干达唯一的一个。乌干达也会考虑它在乌干达卫生体系中的位置和目标。

一旦双方形成协议，它就脱离了双边的政治、经济、社会环境，进入援助和受援的多边环境之中了。这个多边环境包含了医院与非洲接受援助之间的关系、与乌干达接受援助之间的关系、与非洲接受卫生发展援助之间的关系、与乌干达接受卫生发展援助之间的关系。

医院一旦建成，作为既成事实，它又脱离了之前的多边关系，直接进入与各国在乌干达卫生发展援助之间的关系之中，进入乌干达卫生资源布局与调整的关系之中，进入中国省级援助机构的后续关系之中，进入后续设施、设备、器械、药品等运营维护关系之中。

因此我们发现，中国对乌干达的卫生发展援助并非只有双边的四重嵌入，而是有结构、有过程的双边和多边多重嵌入。在这些过程中，每一个环节都存在有效性议题；对中国卫生援非有效性的评价，也面对"有效性"维度的选择。

基于上述认识，我们可以做一个简化的归纳，即如果考虑援助是一个从谈判开始的漫长过程，那么，已经开始实施的援助在某种程度上已经脱离了之前的过程而进入受援方的体系之中，即使援助方需要反馈或给援助方反馈，这也只是援助方的国内政治过程，对援助的影响不大（Mwenda and Tangri, 2005）。因此，我们可以把决定是否援助的援助方四重嵌入放在一边，将"双边四重嵌入"框架修改为一个综合性框架，特别是在考虑中国的情形下，将其变成一个单边的四重嵌入框架。必须说明的是，如果涉及具体的援助领域，则在单边四重嵌入框架中又嵌入了多边关系："中国的卫生发展援助"嵌在世界各援助方对乌干达的卫生发展援助总体之中，即单边嵌入中的多边嵌入。

第二节 沧海一粟：中国对乌干达卫生发展 援助的位置

文献回顾已经揭示，乌干达接受的援助在 1998～2006 年占 DGP 的比重始终维持在 10% 左右（Madina，Kilimani and Nabiddo，2010），占国民总收入（GNI）的比重最高的 1992 年达到了 26.1%，2000 年为 14%，2006 年为 16.4%，2014 年为 6.19%[①]。换句话说，乌干达接受的援助，在乌干达的经济中扮演着重要角色。依据世界银行和 OECD 的数据，2000 年以后，尽管卫生发展援助占国际总援助的比重维持在 4.5% ~ 7.0%，可在乌干达，1995 年之后，卫生发展援助占其获得总援助的比例平均为 25%。

乌干达的卫生支出又高度依赖外援，其国家预算占卫生支出的比例仅为 10% 左右（Stierman，Ssengooba and Bennett，2013；Juliet，Freddie and Okuonzi 2009）。由此我们看到，在乌干达，尽管卫生发展援助占其总受援的比重只有 1/4，却左右了其卫生支出，相当于卫生政策杠杆。

在中国，2010 ~ 2012 年对外援助的金额为 893.4 亿元人民币，这期间中国的 GDP 总额为 1390409 亿元人民币，占比为 0.06%，是一个非常小的比例。在过去的时间里，假设中国援建乌干达中乌友好医院 800 万美元，其他卫生发展援助支出是一个变量，譬如说总额 1200 万美元[②]，平均到 3 年之中，每年约 2600 万元人民币，占其间中国援助的 0.78%。

2010 ~ 2012 年，乌干达获得卫生发展援助的总额约 16.9 亿美元。其中，中国卫生发展援助的占比仅为 0.7%（见图 8 - 1）。中国在乌干达援建中乌友好医院是中国对乌干达卫生发展援助历史上最大的一笔投入，即便如此，中国卫生发展援助在乌干达卫生受援中占比依然很小，那么，何以中国在对非、对乌干达的卫生发展援助中被认为扮演了重要角色呢？（Grépin，et al.，2014）

需要特别注意的是，尽管各类援助在乌干达社会经济（GDP）中的比例只有 10% 左右，可在卫生支出中，如图 8 - 1 所示，援助占比却极高。由此，形成了另一种格局，即援助对乌干达的卫生体系有举足轻重的影响。其中，以援助经费计算，中国的卫生发展援助份额犹如沧海一粟。

理解了这些，我们可以说，中国与非洲、中国与乌干达展现的合作关系不是一蹴而就的，而是双方几十年逐步积累的结果。沧海一粟的影响，

---

① 世界银行：http://data. worldbank. org. cn/indicator/DT. ODA. ODAT. GN. ZS? locations = UG&view = chart。

② 不大可能有这样的大份额。

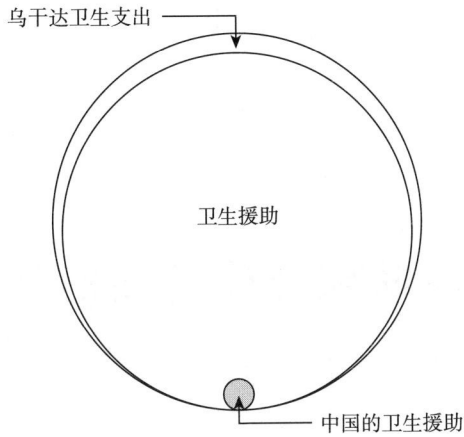

图 8 - 1　乌干达卫生支出中的中国对乌干达卫生发展援助

注：依据可用数据，设置了图中不同部分的比例关系。

正来自中国持之以恒的努力，其中最重要的是中国文化体现的交往原则——以心相交；中国也希望因此成其久远，但显然这不是中国一厢情愿就可以达成的。

结　语

从援助到合作发展的契机

第一节　从提供援助出发

在发展援助领域，援助有效性是国际社会关注的重要议题。从《巴黎宣言》的有效性 5 项原则到《阿克拉行动计划》引入南南合作和民间合作，再到《釜山宣言》倡导以援助为催化剂推动发展合作伙伴关系以提升有效性，国际社会对援助有效性的认识在不断演变和深化之中。

对文献的研究显示，国际社会对援助的理解在发生根本性转变，从给予（giving）、帮助（help）、援助（aid, assistance）到把援助看作一个竞争（competition）的领域。尽管如此，卫生发展援助的有效性问题并未得到很好的解决，譬如：①虽然援助方的数量在快速增长，却依然各自为战，缺少强有力的协调机制；②援助方往往关注自己的兴趣领域，对受援方的卫生体系关注严重不足；③大量援助资金资助了发达国家的机构（例如药厂、咨询公司、审计公司等），而不是直接注入受援国。

基于此，有研究认为，把援助资金投给发展中国家的研究者和组织更为经济，同时具有能力建设作用（Winters，2010），因为这些研究者和组织更了解如何使干预项目与当地卫生体系相结合。

或许中国援助早期的份额微不足道进而让中国的主张始终被忽略。事实是，从"中国对外援助的八项原则"开始，中国就把援助作为"救急"

之选，依需而援，把受援方的需要和发展作为制订援助方案的基础。援助有效性或发展有效性从来都不是中国援助的问题，也不是中国卫生发展援助的问题。

值得特别注意的是，援助格局正经历重大转变。与21世纪之前比较，2000年以后国际援助经费快速增长，过去15年援助经费的增长已经超过20世纪50年代的总和。尽管如此，在经费构成中，DAH所占的份额与21世纪之前相比却变化甚微，即DAH经费也在增长，但只是伴随总经费的增长在增长。不仅如此，人们对援助的观点也在改变。援助曾经是让受援方服从与合作的手段，如今则正在变成援助方争夺势力范围的工具。

在这样的大趋势之下，对中国而言，作为曾经的受援方，如今已经转变为援助方，对外援助经费也在快速增长，其中，对非洲援助的占比始终是中国援助中的最大份额，援助经费的占比从46%增长到52%。中国是否正在成为援助方争夺势力范围的成员则众说纷纭，因其超出了这份报告的范围，姑且不论。可以讨论的是，与国际趋势一致，中国卫生发展援助的经费也在增长，遗憾的是，我们没有获得详细数据。

对乌干达而言，作为受援国，接受援助的经费在快速增长、接受援助的类型在迅速增多，1995年以来的各类援助经费增长了2倍，卫生发展援助经费增长了3.5倍，援助类型几乎覆盖了各个领域。尽管如此，乌干达卫生体系可直接支配的经费依然少得可怜，重要的卫生领域尤其是基本卫生保障经费依然缺乏，因为援助经费都流向了援助方关注的卫生基础数据和重点疾病如艾滋病、疟疾和结核病。通俗地说，援助经费依然掌握在援助方手里。

在这样的转变中，对DAHCU有效性的评价无法脱离其所处的变化的历史与发展环境。如此，在双边四重嵌入的分析框架下，从援助与受援双方的视角出发，可以获得如下结论。

从受援方的视角看，DAHCU份额不大，却是在乌干达最急需的时候进入乌干达的，曾经在乌干达卫生人力资源和乌干达接受的DAH中占据重要位置，对乌干达的战后恢复产生过重要影响。在卫生人力资源的意义上好比"雪中送炭"，在卫生服务体系结构和接受DAH结构的意义上好比"撬动地球的支点"，在中乌两国关系媒介的意义上好比"结构洞"。

　　随着乌干达政局的稳定，也随着卫生服务需求重点的转移和乌干达接受 DAH 规模的急剧扩大，DAHCU 无论是作为资源类型、结构组成部分，还是作为中乌两国关系的媒介，依然具有独特性，可其有效性却在快速衰减。

　　作为资源，其在乌干达卫生服务体系和乌干达接受 DAH 中的份额快速下降。粗略计算可知，DAHCU 如今在乌干达接受 DAH 中的份额仅占 0.7%，变成了"锦上添花"中的一朵小小的花。

　　作为组成部分，其在乌干达卫生服务体系结构和乌干达接受 DAH 结构中的重要性快速下降。在乌干达众多的卫生服务需求结构和乌干达接受的众多 DAH 结构中，尽管 DAHCU 的内容依然不与任何其他 DAH 重叠，却已经不再那么重要，从曾经的唯一变成了可以选择的中国大夫、中国医药、中国设备和设施。

　　作为外交媒介，其在中乌两国关系中的独占性也在快速下降。中乌之间，除了 DAHCU，还有众多的援助类型和合作类型。随着与中国交往的多样化，对于与中国的外交，乌方可以选择的媒介数量与类型在快速增长。DAHCU 曾经具有的结构洞位置已经成为中乌两国关系历史的一部分。

　　从援助方的视角来看，DAHCU 是应需而援的举措，原本没有赋予其特定的目的，在这个意义上，受援方的有效性就是援助方的有效性。当然，在两国关系媒介的意义上，中国也收获了和乌干达一样的有效性。此外，中国收获的另一个有效性来自 DAHCU 的溢出有效性，即对在乌干达的中国人而言，有了一个健康的后备保障。

　　与受援方一样，中国同样需要面对的是 DAHCU 有效性的衰减问题。中乌友好医院的建设倒可能是一个多重意义上的转折。在援助方式上，从派遣医疗队，无偿提供药品、设备设施等离散性援助，转向合作建设疾病防治中心、综合医院等合作性和整合性援助；在援助资源利用上，把原本分散的 DAHCU 汇聚起来，虽然份额依旧不大，却有机会发挥资源的聚集效应，进而在乌干达卫生服务体系和乌干达接受 DAH 的结构中发挥卫生服务与利用的示范效应。

　　纵观 30 多年 DAHCU 的发展历史可以发现，当初，中国从救急出发，在乌干达患难之时，希望用自己微薄的力量加上一颗真诚的心交一个朋友，通过其在乌干达卫生服务体系中的独特性而发挥有效性，我们做到了。在这样的背景下，DAHCU体现了中乌之间的患难之交。可是如今，格局变了，患难之交能否共富贵，影响的因素太多，在援助的意义上，最重要的是，援助已经变成了一个竞争领域、一个市场。中乌是否能继续维护两国之间的朋友关系，考量着中国援助包括DAHCU的智慧与能力。

第二节 迈向合作发展：对发展援助和卫生发展援助趋势的判断

从文献中我们已经知道，国际援助的起源乃是人道主义。二战以后，又在人道主义之外加入了"发展"的理念，把人道主义援助与发展援助并称或混合称谓。不管怎样称谓，人们都发现，"帮助"（assistance，aid）不等于"给予"（giving），在援助的背后，总是携带着援助方的各种意图，从附加政治条件、获取联合国投票的支持，到保障经济资源等，不一而足。如此，受援方作为一个整体或不同的受援方作为部分，变成了援助方达成自己意图的市场（Sumner and Mallett，2013）。在援助领域，援助方之间竞争的不仅有经济利益，更有政治利益，甚至有道德利益——部分援助方总是试图用道德制高点来评判其他的参与者，包括受援方。或许在人类社会能够赢家通吃的只有道德利益！

如此，如果说援助方是卖方，则受援方就变成了买方。卖方手里掌握的是稀缺产品，买方要买的则是自己能够支付得起的产品和适用的产品。可是，在发展中，无论是买方还是卖方，都不知道什么是适用于买方的。卖方都会从自己的经验出发，有的认为着眼长远是重要的，有的认为理想化的并不实用；买方也不知道什么真的适用，因为从来都没有经验。如此，买卖双方只有在实践中才有机会取得共识，那就是"摸着石头过河"（Jones，2015）。

不管是人道主义援助，还是发展援助，援助和受援双方在河中已经摸索了60多年，也慢慢摸索出了一些经验。对受援方而言，尽管着眼长远更好，可关键是满足当务之急。如果一个人的家里粮食只够吃一个星期的，找到一个星期之后的粮食当然比一个月之后的事情更重要，比一年以后、三年以后，甚至更长时间的事情更重要！对援助方而言，往往是站着说话不腰疼，常常会依据自己的经历、经验对受援方提出要求。中国在不久之前经历过受援，对援助与受援都有深切的体会、经验和教训，能够充分理解受援方对援助的感受与体验，也希望把自己的受援经验通过援助传递给受援方。或许正是如此，中国的援助在竞争激烈的发展援助中有自己特有的优势，加上与受援方之间几十年的交往所建立的朋友之谊，虽投入不多，却有强有力的竞争优势，且正通过这样的优势改写着发展援助的传统规则，那就是：援助不仅仅是"帮助"或者"给予"，更重要的还有"合作"（cooporation）。

与帮助和给予不同，在合作中，不仅各方地位平等，而且权利也平等，不仅强调援助方的利益、规则和诉求，也强调受援方的利益、规则、诉求。最重要的是，援助与受援各方始终同时融入援助活动之中，参与、面对、分享着援助中各环节、各阶段的成功与失败、经验与教训，共享利益、共担风险；不仅给受援方以支持，也让受援方在参与中摸索自己的经验与教训，在试错中获得能力与成长。我们认为，这大概是中国援助在非洲等发展中国家更受青睐的主要因素，也是传统援助方感受到挑战的主要维度。

卫生发展援助具有发展援助的共性，也有自己的特殊性。其特殊性在于人的流动性让疾病和健康对人类社会产生全局性影响，譬如艾滋病、非典型性肺炎、埃博拉病毒疾病等传染病。这就使卫生发展援助不仅是在给受援方提供援助，也是在给援助方自己提供援助。在这样的情境下，卫生发展援助就更加具有了"合作"的属性与特征，更需要援助与受援各方之间的真诚、理解和务实。在中国对非洲、对乌干达的卫生发展援助中，中国做到了，也因此赢得了受援方的尊重、信任、感激，进而促进了双边和多边关系的发展。

回到 Moyo 的问题，中国在非洲近期的努力之所以对非洲的影响日渐凸显，让传统的援助方感受到了挑战，这一方面与中国增加在非洲的援助，且让合作成为援助的有效后援和可持续的机制，适应与非洲国家对援助的需求、对发展的需求、对改善民生的需求有关；另一方面，当中国在非洲发展中发力的时候，中国已经是非洲人民、非洲各国政府的老朋友了，即与中国在非洲的长期存在有关。其中，一枚曾经的"闲子"——<u>卫生发展援助</u>，在中国与非洲合作发展的机遇之中，正好发挥了其占位的影响，就像是一枚银针扎在了关键的穴位上，中国用卫生发展援助这枚银针，积累了中国与非洲之间的共识，撬动了今天在非洲、在乌干达蓬勃发展的局面。

第三节　中国的机会

在思考 DAHCU 未来发展的时候，除了国际援助格局的大趋势以外，还需要看到中乌两国关系发展的格局，以及作为背景的中非关系格局。

进入 21 世纪之后，中非之间合作与贸易快速增长。中国政府发布的《中国与非洲的经贸合作》（2010、2013）白皮书显示 1950 年中非双边贸易额仅为 1214 万美元，1960 年达到 1 亿美元，1980 年超过 10 亿美元，2000 年冲破 100 亿美元的大关之后一路增长，2008 年超过 1000 亿美元。2012 年接近 2000 亿美元。双边之间的贸易顺差和逆差交互显现，2012 年非洲对中国的出口大大超过中国对非洲的出口。此外，中非贸易在中国对外贸易中的比重从 2000 年的 2.23% 增长到 2012 年的 5.13%；在非洲对外贸易中的比重从 2000 年的 3.82% 增长到 2012 年的 16.13%。意味着中非贸易对非洲而言有比对中国更加重要的影响。

中国与乌干达之间的合作与贸易更值得关注。自 1993 年中国第一家中资企业在乌干达注册以来，20 年间的变化是，从曾经的小规模、小投资，到如今在贸易领域已经越过乌干达传统的贸易伙伴印度和英国，成为乌干达的第一大贸易伙伴，在投资领域也仅次于英国和印度，位居前三（卢苗苗，2015）。中国甚至被认为是对乌干达计划投资金额最多的国家，计划投资项目数量也排在第二（苑基荣，2014）。

换句话说，在中乌两国之间，中国除了援助，还有投资和贸易，还有合作。特别值得重视的是，中乌友好医院在援助领域开创了 DAHCU 的一个先例，把经济领域的合作模式移植到了援助领域。

正是观察到这样的趋势和事实，我们认为中国对乌干达的援助和 DAHCU 或许依然有提升有效性的空间。

第一，中国对外援助的八项原则是既符合中国国家利益也符合受援方国家利益的基本准则。在谨守准则的前提下，把援助与合作发展结合起来，是中国对外援助在改革开放以后的实践中通过"摸着石头过河"逐步积累起来的有效经验，也是中国把自己有效的受援经验迁移到援助领域的成功实践。中国完全可以、也应该在中国援助实践中拓展，在理论上归纳，为国际援助理念的进一步转变提供理论指导和实践经验。

第二，DAHCU 处在一个历史转折关头，中乌友好医院的建设是这个转折的开始，对于未来发展的方向有待明确。从援助的实力对比来看，在短时期内，中国不可能通过增加援助经费与美国争夺主导地位，但这也绝不意味着包括 DAHCU 在内的中国援助有效性始终处于微小的阴影之下。一个国家的卫生服务体系不是一个机械体系，而是一个生态体系，各个环节与内容构成部分之间是相互依存和相互促进的。DAHCU 在仅有 0.7% 经费份额的情况下对乌干达的卫生体系和乌干达接受的 DAH 依然具有有效性，这意味着 DAHCU 站在正确的生态位上，只是重要性在下降。

而让重要性再次回升的关键与 DAHCU 当初获得重要性一样，依然需要找准乌干达卫生服务体系的痛点。我们认为，这个痛点便是乌干达基本卫生保障的服务提供。DAHCU 不可能通过砸钱的方式来承担乌干达基本卫生保障的服务提供，把现在的人均 15 美元提升到 35 美元，却可以通过示范的方式与乌干达共同探讨有效提供基本卫生服务的模式。

中国用最少的资源保障了世界上第一人口大国的基本卫生服务，形成了一整套有效的制度和管理，对于缺少资源的国家而言，其意义是显而易见的。乌干达有和中国类似的卫生服务提供组织体系，这个体系从大都市一直延伸到偏远社区。它们缺乏的是如何运用有限的资源让既有的组织体系有效地运转，进而获得卫生服务提供的有效性。简单地说，它们缺的正是中国有的，还是不需要砸很多钱就可以做的。

在这个思路下，我们的建议是，把中乌友好医院建设成为乌干达卫生服务提供的培训与示范平台，在这个平台上，把中国基本卫生服务提供与利用的理论与实践移植到乌干达，运用不同层级服务机构建构一个垂直示范"线"，从卫生中心 III 一直延伸到村卫生队。

如果这样做，中国医疗队便不再是"长工"，而是"导师"和"老师"，其有效性的范围便从身边的同事、患者直接扩展到了一条线上的基本卫生服务提供领域，并通过这个领域影响到了更广大的患者，甚至会影响到乌干达基本卫生保障体系。

中国药品、器材、设备和设置（简称"中国医药"）便不再是中国医疗队的专用药品，而是能够为乌干达人提供基本卫生保障的中国医药。如果把中国医药与中国开创的"合作发展"模式相结合，中国投资就有了明确的方向。如此，DAHCU 就不再只是援助，也变成了中乌两国合作发展的"触发器"，进而促进中乌两国在合作发展中互利双赢。

如果这样，不仅能实现当年周恩来总理提出的，为受援方提供一支永远不走的医疗队，也能形成一个能自我成长、自我扩展，有利于乌干达人民基本卫生保障、有利于乌干达卫生服务体系发展、真正促进发展的机制。

如果说以心相交是中国文化的交友之道，那么以巧搏拙则是中国文化的做事之道。在任何情境下，实力是重要的，智慧和"巧劲"则更加重要。把中乌两国人民的利益放在中国援助包括 DAHCU 中，让受援方的有效性与援助方的有效性同构，通过促进乌干达的发展来收获中国的国家利益，是中国援助特别是 DAHCU 应该探寻的"巧劲"。

如果 DAHCU 有志于此，那么中乌友好医院已经为这个追寻提供了一个最好的契机。对这个契机的运用，则需要 DAHCU 谨慎谋划和积极行动。

作为关联的议题，我们认为，还有三点可以强调。

第一，重视市场规则的重要性和市场的强大力量。即使我们不愿意接受"援助"正在市场化的说法，也不能忽视其市场化的趋势正在快速增强的势头。在这样的环境中，中国原则和中国经验是重要的，把中国原则和中国经验变成市场原则和市场经验则更加重要。对此，中国在近些年的援助实践中正在探索和努力，把援助与合作发展结合起来的做法是非常重要的尝试，可如何让这样的尝试成为国际援助领域的共识，依然是有待努力的议题；如何让市场维护中国利益而不是侵蚀中国援助和卫生发展援助几十年积累的声望和口碑，则是更加重要的政策议题。

第二，重视受援国制度缺陷对援助有效性的影响。在这份报告中，我们在多处展现了乌干达卫生管理体制和服务体系的缺陷，譬如乌干达卫生体系中的人力资源制度，不仅影响乌干达卫生受援的有效性，更影响DAHCU 的有效性。虽然不干预他国内政是中国对外援助的基本原则之一，却也不能无视他国内政的缺失对中国利益的影响。因此，调整 DAHCU 的策略需要提上议事日程。

第三，重视数据的证据性和影响力。在互联网技术和数据技术极速发展的时代，数据越来越成为决策的依据，也越来越成为影响力传播的依据。以心相交很重要，理念和道理很重要，更重要的是用数据化的事实来证明以心相交的重要性，证明中国原则和中国经验的重要性。不仅让当事者证明，也让科学来证明。因此，汇集数据、整合数据是中国对外援助中亟待努力的基础工作。

即使我们不做，也阻挡不了其他人做，China. AidData. org 就是一个典型的例子。如果我们认为 China. AidData. org 的数据是不完整的，甚至是有错误的，我们就必须拿出另一套数据来证明。否则人们就会继续用China. AidData. org 的数据，即使我们认为数据是错误的。

数据，不仅是中国对外援助中亟待努力的基础工作，也是中国对外卫生发展援助中亟待努力的基础工作。

附 录

附录 1 乌干达国内大事、中乌及中非关系大事

乌干达大事	年份	中乌、中非关系
	1955	亚非会议（万隆会议）
	1956	中国与埃及建交，埃及也是与中国建交的第一个非洲国家
乌干达独立	1962	中国与乌干达建交
奥博特攻占布干达王宫，宣布自己为总统	1965	
	1966	奥博特访华，会见毛泽东、周恩来等人
	1967	中国召除驻埃及大使的其他驻非大使
	1971	乌干达及其他 25 个非洲国家支持恢复中国在联合国的席位
阿明发动军事政变夺取政权	1972	
反阿明部队试图从坦桑尼亚进入乌干达，失败	1976	中国援建的乌干达奔巴奇农场建成
坦桑尼亚和乌干达 20 多个反阿明组织推翻阿明政权，直至 1986 年，乌干达处于动荡中，更换了 5 任总统	1979	
	1983	中国向乌干达派出第 1 批医疗队
	1985	中国向乌干达派出第 2 批医疗队
全国抵抗运动获得成功，穆塞韦尼成为总统	1986	
	1987	中国向乌干达派出第 3 批医疗队
	1989	穆塞韦尼访华，会见邓小平等；中国向乌干达派出第 4 批医疗队

续表

乌干达大事	年份	中乌、中非关系
	1991	中国向乌干达派出第 5 批医疗队
	1993	中国向乌干达派出第 6 批医疗队
	1995	中国向乌干达派出第 7 批医疗队
穆塞韦尼当选总统	1996	
	1997	中国向乌干达派出第 8 批医疗队
	1999	中国向乌干达派出第 9 批医疗队
	2000	召开中非合作论坛
穆塞韦尼再次当选总统	2001	胡锦涛访乌；中国向乌干达派出第 10 批医疗队
	2003	中国向乌干达派出第 11 批医疗队
乌干达人表决回到多党政治，穆塞韦尼任总统	2005	中国向乌干达派出第 12 批医疗队
全国抵抗运动在多党大选中获胜，穆塞韦尼第 3 次当选总统	2006	温家宝访乌；召开中非合作论坛
	2007	中国向乌干达派出第 13 批医疗队
	2008	中国援建抗疟研究中心
	2009	中国向乌干达派出第 14 批医疗队
穆塞韦尼第 4 次当选总统	2011	中国向乌干达派出第 15 批医疗队
	2012	中国援建乌干达政府办公大楼、中乌友好医院
	2013	中国向乌干达派出第 16 批医疗队
	2015	穆塞韦尼访华，会见习近平；中国向乌干达派出第 17 批医疗队
穆塞韦尼第 5 次当选总统	2016	

附录 2 乌干达分地区的人口、面积与大区属性表（2002、2014）

District	HASC	ISO	FIPS	Pop – 2014	Pop – 2002	Area（km²）	Capital	Reg.
Buikwe	UG. BZ	117	UGE7	422771	329858	1206	Buikwe	C
Bukomansimbi	UG. BM	118	UGE8	151413	139556	599	Bukomansimbi	C
Butambala	UG. BT	119	UGF1	100840	86755	403	Gombe	C
Buvuma	UG. BV	120	UGF2	89890	42483	293	Kitamilo	C
Gomba	UG. GM	121	UGF4	159922	133264	1664	Kanoni	C
Kalangala	UG. KN	101	UC36	54293	34766	451	Kalangala	C
Kalungu	UG. QA	122	UGF5	183232	160684	812	Kalungu	C
Kampala	UG. KM	102	UC37	1507080	1189142	188	Kampala	C
Kayunga	UG. KY	112	UG83	368062	294613	1592	Kayunga	C
Kiboga	UG. QO	103	UG42	148218	108897	1592	Kiboga	C
Kyankwanzi	UG. QZ	123	UGG1	214693	120575	2466	Butemba	C
Luwero	UG. LW	104	UGA9	456958	341317	2216	Luwero	C
Lwengo	UG. LE	124	UGG5	274953	242252	1024	Lwengo	C
Lyantonde	UG. LY	116	UGD5	93753	66039	883	Lyantonde	C
Masaka	UG. MQ	105	UG71	297004	228170	1158	Masaka	C
Mityana	UG. TY	114	UGD8	328964	266108	1524	Mityana	C

续表

District	HASC	ISO	FIPS	Pop – 2014	Pop – 2002	Area（km^2）	Capital	Reg.
Mpigi	UG. MJ	106	UG89	250548	187771	1202	Mpigi	C
Mubende	UG. MD	107	UGB4	684337	423422	4591	Mubende	C
Mukono	UG. MV	108	UG90	596804	423052	1829	Mukono	C
Nakaseke	UG. NK	115	UGD9	197369	137278	3461	Nakaseke	C
Nakasongola	UG. NA	109	UG73	181799	127064	3303	Nakasongola	C
Rakai	UG. RI	110	UG61	516309	404326	3245	Rakai	C
Sembabule	UG. SE	111	UG74	252597	180045	2315	Mawogola Lwemiyaga	C
Wakiso	UG. WA	113	UG96	1997418	907988	1882	Wakiso	C
Amuria	UG. AM	216	UGB8	270928	180022	2578	Amuria	E
Budaka	UG. BD	217	UGC1	207597	136489	408	Budaka	E
Bududa	UG. BA	223	UGC2	210173	123103	316	Bududa	E
Bugiri	UG. BI	201	UG66	382913	266944	1038	Bugiri	E
Bukedea	UG. BE	224	UGC3	203600	122433	1032	Bukedea	E
Bukwo	UG. BW	218	UGC4	89356	48952	524	Bukwo	E
Bulambuli	UG. BB	225	UGE9	174508	97273	693	Muyembe	E
Busia	UG. BU	202	UG67	323662	225008	734	Busia	E
Butaleja	UG. BJ	219	UGC6	244153	157489	653	Butaleja	E
Buyende	UG. BY	226	UGF3	323067	191266	1379	Buyende	E

续表

District	HASC	ISO	FIPS	Pop – 2014	Pop – 2002	Area（km²）	Capital	Reg.
Iganga	UG. IC	203	UGA3	504197	355473	1017	Iganga	E
Jinja	UG. JI	204	UG33	471242	387573	677	Jinja	E
Kaberamaido	UG. KD	213	UG80	215026	131650	1342	Kaberamaido	E
Kaliro	UG. RO	220	UGD2	236199	154667	778	Kaliro	E
Kamuli	UG. QU	205	UGA4	486319	361399	1514	Kamuli	E
Kapchorwa	UG. QP	206	UGA5	105186	74268	352	Kapchorwa	E
Katakwi	UG. KK	207	UGA6	166231	118928	2306	Katakwi	E
Kibuku	UG. QB	227	UGF6	202033	128219	481	Kibuku	E
Kumi	UG. QM	208	UG46	239268	165365	1003	Kumi	E
Kween	UG. QW	228	UGF9	93667	67171	850	Binyini	E
Luuka	UG. LK	229	UGG4	238020	185526	648	Kiyunga	E
Manafwa	UG. MW	221	UGD6	353825	262566	533	Manafwa	E
Mayuge	UG. MG	214	UG86	473239	324674	1073	Mayuge	E
Mbale	UG. ME	209	UGB1	488960	332571	517	Mbale	E
Namayingo	UG. NY	230	UGG7	215442	145451	585	Namayingo	E
Namutumba	UG. BK	222	UGE1	252562	167691	810	Namutumba	E
Ngora	UG. NR	231	UGG9	141919	101867	637	Ngora	E
Pallisa	UG. PS	210	UGB5	386890	255870	1030	Pallisa	E

续表

District	HASC	ISO	FIPS	Pop – 2014	Pop – 2002	Area (km^2)	Capital	Reg.
Serere	UG. SX	232	UGH5	285903	176479	1495	Serere	E
Sironko	UG. SK	215	UG94	242422	185819	401	Sironko	E
Soroti	UG. ST	211	UG95	296833	193310	1366	Soroti	E
Tororo	UG. TR	212	UG76	517082	379399	1192	Tororo	E
Abim	UG. AI	317	UGB6	107966	51903	2346	Abim	N
Adjumani	UG. AD	301	UG98	225251	202290	2962	Adjumani	N
Agago	UG. AG	322	UGE3	227792	184018	3503	Agago	N
Alebtong	UG. AL	323	UGE4	227541	163047	1535	Alebtong	N
Amolatar	UG. AT	314	UGB7	147166	96189	1157	Amolatar	N
Amudat	UG. AZ	324	UGE5	105767	63572	1626	Amudat	N
Amuru	UG. AY	319	UGB9	186696	135723	3588	Kilak	N
Apac	UG. AQ	302	UG99	368626	249656	2947	Apac	N
Arua	UG. AX	303	UGA1	782077	559075	4343	Arua	N
Dokolo	UG. DO	318	UGC7	183093	129385	1004	Dokolo	N
Gulu	UG. GL	304	UGA2	436345	298527	3433	Gulu	N
Kaabong	UG. AB	315	UGD1	167879	202757	7298	Kaabong	N
Kitgum	UG. QT	305	UG84	204048	167030	3998	Kitgum	N
Koboko	UG. OK	316	UGD4	206495	129148	760	Koboko	N

续表

District	HASC	ISO	FIPS	Pop - 2014	Pop - 2002	Area（km²）	Capital	Reg.
Kole	UG. QL	326	UGF8	239327	165922	1071	Kole	N
Kotido	UG. KF	306	UGA7	181050	122442	3620	Kotido	N
Lamwo	UG. LM	327	UGG3	134379	115345	5598	Lamwo	N
Lira	UG. LL	307	UGA8	408043	290601	1327	Lira	N
Moroto	UG. MX	308	UG88	103432	77243	3564	Moroto	N
Moyo	UG. MY	309	UGB3	139012	194778	1902	Moyo	N
Nakapiripirit	UG. NI	311	UG91	156690	90922	4233	Nakapiripirit	N
Napak	UG. NQ	328	UGG8	142224	112697	4901	Napak	N
Nebbi	UG. NB	310	UG58	396794	266312	1915	Nebbi	N
Nwoya	UG. NW	329	UGH2	133506	41010	4601	Nwoya	N
Nyadri	UG. MH	320	UGD7	186134	145705	438	Nyadri	N
Otuke	UG. OT	330	UGH3	104254	62018	1555	Otuke	N
Oyam	UG. OY	321	UGE2	383644	268415	2190	Oyam	N
Pader	UG. PR	312	UG92	178004	142320	3294	Pader	N
Yumbe	UG. YU	313	UG97	484822	251784	2318	Yumbe	N
Zombo	UG. ZO	331	UGH7	240082	169048	940	Zombo	N
Buhweju	UG. BH	325	UGE6	120720	82881	748	Buhweju	W
Buliisa	UG. BL	419	UGC5	113161	63363	1108	Buliisa	W

续表

District	HASC	ISO	FIPS	Pop – 2014	Pop – 2002	Area（km^2）	Capital	Reg.
Bundibugyo	UG. BX	401	UG28	224387	158909	848	Bundibugyo	W
Bushenyi	UG. BC	402	UG29	234440	205671	844	Bushenyi	W
Hoima	UG. HO	403	UG31	572986	343618	3671	Hoima	W
Ibanda	UG. IB	416	UGC8	249625	198635	969	Ibanda	W
Isingiro	UG. NG	417	UGC9	486360	316025	2613	Isingiro	W
Kabale	UG. KA	404	UG34	528231	458318	1680	Kabale	W
Kabarole	UG. BR	405	UG79	469236	356914	1810	Fort Portal	W
Kamwenge	UG. KE	413	UG81	414454	263730	2340	Kamwenge	W
Kanungu	UG. UU	414	UG82	252144	204732	1271	Kanungu	W
Kasese	UG. KS	406	UG40	694992	523033	2943	Kasese	W
Kibaale	UG. KI	407	UG41	785088	405882	4242	Kibaale	W
Kiruhuura	UG. KH	418	UGD3	328077	212219	4555	Kiruhuura	W
Kiryandongo	UG. QD	420	UGF7	266197	187707	3595	Kiryandongo	W
Kisoro	UG. KR	408	UG43	281705	220312	699	Kisoro	W
Kyegegwa	UG. QC	421	UGG2	281637	110925	1747	Kyegegwa	W
Kyenjojo	UG. QJ	415	UG85	422204	266246	2357	Kyenjojo	W
Masindi	UG. MZ	409	UG50	291113	208420	3932	Masindi	W
Mbarara	UG. RR	410	UGB2	472629	361477	1781	Mbarara	W

续表

District	HASC	ISO	FIPS	Pop–2014	Pop–2002	Area（km²）	Capital	Reg.
Mitoma	UG. MM	422	UGG6	183444	160802	542	Mitoma	W
Ntoroko	UG. NO	423	UGH1	67005	51069	1239	Kibuuku	W
Ntungamo	UG. NT	411	UG59	483841	379987	2048	Ntungamo	W
Rubirizi	UG. RZ	424	UGH4	129149	101804	1092	Rubirizi	W
Rukungiri	UG. RK	412	UG93	314694	275162	1435	Rukungiri	W
Sheema	UG. SH	425	UGH6	207343	180234	696	Kibingo	W
112 districts				34634650	24227297	204633		

* Kampala 是一个都市。

HASC：行政区划代码（Hierarchical Administrative Subdivision Codes）。

ISO：ISO 代码（Codes from ISO 3166–2）。

FIPS：地域政治实体及编码（Geopolitical Entities and Codes）。

Pop–2014：2014 年 8 月 27 日人口普查数。

Pop–2002：2002 年 9 月 13 日人口普查数。

Area：基于 2014 年人口普查密度推算。

Reg.：ISO 地区代码，C＝中部；E＝东部；N＝北部；W＝西部。

附录3 中国同乌干达的关系

中国同乌干达的关系

外交部

2016 年 7 月

一 双边政治关系

中乌自 1962 年 10 月 18 日建交以来，双边关系发展顺利。

中方访乌的有：谷牧国务委员（1987 年 4 月）；钱其琛外长（1991 年 1 月）；中共中央政治局常委、书记处书记李瑞环（1991 年 7 月）；中国政府特使、全国人大常委会副委员长陈慕华（1992 年 4 月）；姜春云副总理（1997 年 4 月）；唐家璇外长（1999 年 1 月）；全国人大常委会副委员长许嘉璐（1999 年 1 月）；中共中央政治局委员、北京市委书记贾庆林（2000 年 7 月）；国家副主席胡锦涛（2001 年 1 月）；李肇星外长（2004 年 1 月）；国务院总理温家宝（2006 年 6 月）；杨洁篪外长（2009 年 1 月）；全国人大常委会副委员长严隽琪（2010 年 4 月）、全国政协副主席厉无畏（2011 年 8 月）、国务委员兼国防部长梁光烈（2011 年 11 月）、中共中央政治局委员、中组部部长李源潮（2012 年 1 月）、全国人大副委员长桑国卫（2012 年 3 月赴乌出席各国议会联盟第 126 届大会）、全国人大常委会副委员长韩启德（2012 年 10 月作为胡锦涛主席特使出席乌独立 50 周年庆典）、全国人大常委会委员长张德江（2013 年 9 月）、国务委员杨洁篪（2015 年 2 月）、习近平主席特使、全国人大常委会副委员长严隽琪（2016 年 5 月）等。

乌方访华的有：奥博特总理（1965 年 7 月）；穆万加副总统（1984 年 8 月）；穆基比外长（1987 年 1 月）；穆塞韦尼总统（1989 年 3 月、1996 年 1 月、2004 年 5 月、2006 年 11 月，2015 年 3 月访华并出席博鳌亚洲论坛 2015 年年会）；第二副总理兼外长塞莫格雷雷（1989 年 3 月）；鲁贡达外长（1996 年 1 月）；第一副总理兼外长卡泰加亚（1992 年以第一副总理兼抵运全国政委身份，1998 年 4 月，2000 年 10 月出席中非合作论坛 – 北京 2000 年部长级会议）和第二副总理兼旅游和贸工部长阿里（1999 年 7 月）；第三副总理兼外长瓦帕卡布洛（2002 年 4 月）；国民议会议长塞坎迪（2002 年 10 月）；总理恩西班比（2003 年 9 月）；副总统布凯尼亚（2009 年 12 月）；外长库泰萨（2010 年 10 月、2014 年 3 月、2015 年 7 月）；副总统塞坎迪（2012 年 8 月出席中非地方政府合作论坛）；总理姆巴巴齐（2013 年 6 月）等。

二 双边经贸关系和经济技术合作

自建交以来，中乌两国经贸关系和经济技术合作进展顺利。自 1962 年至今，中国援助乌干达建设的成套项目主要有：奇奔巴农场、多禾农场、坎帕拉制冰厂、沼气池、食品陶瓷研究中心、国家体育场、渔场码头、外交部办公楼等。中国在乌干达工程承包和劳务合作始于 1987 年，主要领域为房屋和路桥建设。中乌贸易始于 1960 年。2015 年，两国贸易额 6.4 亿美元，同比上升 7.06%。其中中方出口 5.55 亿美元，进口 0.86 亿美元。中国对乌出口的主要商品有：机电产品、服装鞋类等，从乌进口的商品主要为皮革、芝麻、咖啡、棉花等。

三 文化、教育、卫生等方面的合作

两国签有文化合作协定。2005 年 4 月，两国签署《关于中国公民自费旅游实施方案的谅解备忘录》。截至 2015 年底，中国共向乌提供 735 个政府奖学金名额。2015 年乌在华留学生总数为 962 名，其中中国政府奖学金生 235 名。在"中非高校 20 + 20 合作计划"下，湘潭大学与乌干达麦克雷雷大学结成合作伙伴。1983 年至今，中国已向乌派出 17 批医疗队共 180 人次，目前在乌医疗队员 8 人。

四 重要双边协议及文件

《关于中华人民共和国和乌干达共和国建立外交关系的联合公报》（1962 年 10 月）

《中华人民共和国和乌干达共和国文化合作协定》（1985 年 6 月）

《中华人民共和国政府和乌干达共和国政府关于相互促进和保护投资协定》（2004 年 5 月，迄未生效）

《中华人民共和国政府和乌干达共和国政府对所得税避免双重征税和防止偷漏税的协定》（2012 年 1 月，迄未生效）

数据来源：整理自中华人民共和国外交部网站：http：//www. fmprc. gov. cn/web/gjhdq_676201/gj_676203/fz_677316/1206_678622/sbgx_67 8626/，访问日期：2016 年 8 月 1 日。

附录 4　美国对乌干达提供的卫生发展援助项目表

序号	项目名称	起止时间	资金数额（美元）	主 要 内 容
1	AIDSTAR-One	2009/10/12 ~ 2012/12/31	560000	AIDSTAR-One 项目为乌干达 HIV/AIDS 相关项目的执行伙伴，提供医疗健康服务废弃物处理方面的技术援助。项目资金主要用于乌干达东部地区，支持和促进医疗废弃物处理方面公私合作伙伴关系的发展，并为该地区提供有关服务利用方面的技术信息
2	跨地域动物/动物源性疾病的一体化管理的能力建设（Capacity Building in Integrated Management of Transboundary Animal Diseases and Zoonosis, CIMTRADZ)	2009/10/1 ~ 2014/9/30	经费不详	CIMTRADZ 项目目的在于提高受教育水平，提升研究和社区参与方面的能力，以期加强对跨地域动物和动物源性疾病的监控和管理，通过强化一体化管理，提升食品安全。该项目不仅提高了地区高等教育水平，促进研究机构、社区的参与，还发展有关一体化管理，可持续食品安全与社会经济发展之间的策略
3	疾病预防控制中心同合作 项目〔Centers for Disease Control and Prevention (CDC) Interagency〕	2006/8/24 ~ 2013/9/29	经费不详	在总统疟疾倡议（President's Malaria Initiative, PMI）项目的背景下，乌干达与美国 CDC 签订了跨部门协议：美国 CDC 将为乌干达项目执行方和乌干达政府提供有关防控疟疾的技术的开展。此项目的开展，可以提高乌干达卫生部对疟疾的诊断能力，提高政府官员对疟疾的监控、评估和决策活动能力，提升抗疟项目质量控制组织的质控能力，优化应对流行病大暴发的计划
4	基于社区的 HIV/AIDS 预防、治疗和支持项目-TASO（Community Based HIV/AIDS Prevention, Care and Support - TASO)	2009/6/29 ~ 2014/7/23	17000000	项目为期五年，是对艾滋病支持组织（TASO）的奖励性项目。项目基于社区开展对 HIV/AIDS 的防控、治疗和支持服务：包括医疗服务、HIV 阳性患者及家人的咨询服务、营养管理、疼痛管理。该援助项目还支持由流行病学家主导开展的，针对不同危险人群的预防和干预活动

续表

序号	项目名称	起止时间	资金数额（美元）	主要内容
5	基于社区的HIV/AIDS预防、治疗和支持项目－RHU（Community Based HIV/AIDS Prevention, Care and Support－RHU）	2009/8/24～2014/8/23	5000000	该项目为期五年，是对"乌干达生殖健康"（Reproductive Health Uganda）组织的奖励项目。项目基于社区开展对HIV/AIDS的防控、治疗和支持服务：包括医疗服务，针对机会致病类疾病（OI）和性传播疾病（STI）的处置，HIV、OI、STI及拒采疾病的实验室诊断支持，HIV阳性患者及家人的咨询服务、疼痛管理、营养评估、针对不同危险人群的预防和干预活动。该援助项目还支持了由流行病学专家开展的预防和干预活动
6	社区联结行动（Community Connector）	2011/12/14～2016/12/14	经费不详	援助行动希望通过全面、跨领域的方法，缓解18个目标社区贫穷、食品不安全和营养不良的困境。项目将在提供必需资源的基础上，改善目标地区的营养和贫穷状况。社区联结行动选择了地理位置相对重要的区域，可以同时促进其他USAID中农业生产、市场培育、健康和营养方面的项目，从而起到一举多得的效果
7	应对突发大流行疾病威胁：识别部分（Emerging Pandemic Threats Program: IDENTIFY Project）	2009/10/1～2014/9/30	经费不详	应对突发大流行疾病威胁：识别部分是USAID与世界卫生组织（WHO）、联合国粮农组织（FAO）与世界动物健康组织（OIE）伙伴关系的重要合作项目。项目的目标是建设工作网络，强化对地区性新发疾病的识别诊断能力
8	应对突发大流行疾病：预测部分（Emerging Pandemic Threats Program: PREDICT Project）	2009/10/1～2014/9/30	经费不详	通过开展预测部分的活动，USAID及其伙伴可以提高对新发疾病热点地区的监控能力，有助于识别高风险野生动物（如蝙蝠、啮齿类动物、非人类哺乳动物）中新出现的、严重威胁人类健康的感染性疾病。活动的开展继承了由USAID支持的其他研究成果，如野生飞禽H5N1流感监测和针对其他动物携带的疾病威胁的研究
9	应对突发大流行疾病威胁：预防部分（Emerging Pandemic Threats Program: PREVENT Project）	2011/2/1～2013/2/1	经费不详	预防部分项目以正在发生的H5N1型禽流感为对象，识别人群行为与实践，以应对可能性不断上升的动物源性疾病的流行风险。预防活动包括开发可以促使人群行为有效改变的策略，建设沟通途径，强调新型大流行疾病威胁带来的挑战

续表

序号	项目名称	起止时间	资金数额（美元）	主要内容
10	应对突发大流行疾病威胁：应对部分（Emerging Pandemic Threats Program: Respond Project）	2009/10/1～2014/10/30	经费不详	乌干达与美国公共卫生与动物医学部门共同完成此项目，目的在于提高和培训乌干达专业人员识别和应对突发新疾病的能力。此项目开发了疾病暴发调查与应对所需的培训，融合了应对动物和人类疾病的方法，可以有效地识别和控制疾病
11	姑息性医疗可及性推广活动（Expanded Access Palliative Care）	2005/9/30～2013/9/30	105000000	该项目由非洲乌干达临终关怀医院（Hospice Africa Uganda, HAU）实施，为期五年。项目旨在提高HIV/AIDS患者及其家庭，在临终时获得姑息性治疗的可及性和质量。项目为处在疾病末期的患者提供姑息疼痛管理，提高HIV/AIDS患者所处文化群的精神关怀和服务，提高HIV/AIDS患者的生活质量。项目分三部分工作作成：①在Mbarara, Hoima和Kampala建立三所临终关怀中心；②辅助HIV/AIDS关怀组织进行能力建设，提升包括一体化的疼痛，症状管理和临终关怀在内的姑息性医疗服务能力；③尝试影响国家政策，鼓励提供更可及的姑息性医疗服务供应管理医疗服务
12	家庭健康国际计划（Family Health International, FHI）	2010/8/2～2012/9/30	350000	甲孕酮类避孕药是乌干达妇女使用率最高的计划生育药物。乌干达现在仍有很多避孕需求不能得到满足。因此，USAID与乌干达共同合作，在乌干达家庭中开展计划生育，训练社区卫生工作人员正确使用甲孕酮类避孕药，使计划生育更加安全和有效
13	瘘管治疗项目（Fistula Care, FC）	2007/9/24～2012/9/23	140000000	FC项目为期五年，与乌干达国内和国际的公私部门，非政府组织，基于信念的机构，共同合作开展。项目合作的内容包括瘘管的预防、修复，社区和整合相关的研究活动。项目活动提高社区对该疾病的短期收益为减轻相关疾病包括预防疾病的发生和提高短期妇产科手术认知水平，长期成果包括提升妇产科疾病对该社区疾病的认知水平，减少疾病的发生；

续表

序号	项目名称	起止时间	资金数额（美元）	主要内容
14	食品与营养技术支援（Food and Nutrition Technical Assistance, FANTA II）	2012/1/1～2013/6/30	77300000	在乌干达，营养不良的发生率很高。5 岁以下儿童中，39% 发育缓慢，5% 的儿童营养严重不良。参照 WHO 的推荐标准，仅有 60% 的儿童实现了母乳喂养，这一数据在 5 个月时下降到 35%。另外，72% 的 5 岁以下儿童患有贫血。北部和西南部中部、北部和西南部区域乌干达 5 岁以下儿童的营养不良高发情况。FANTA II 项目旨在解决这些最基础的营养不良问题，缓解中部、北部和西南部区域乌干达 5 岁以下儿童的营养不良现象得到乌干达政府的关注，以期促进和实施以社区为基础的营养项目，缓解妇女和儿童的营养不良状况
15	和平队伍净水计划 2006（FY 2006 Peace Corps SPA-Water）	2007/9/25～2011/9/30	100000	美国和平护卫队——乌干达（Peace Corp Uganda）的志愿者将在社区开展小规模建设活动。从最底层的社区开展工作，提高饮水安全和改善卫生条件。和平护卫队将使用此项基金，在乌干达农村社区开展供水、卫生和一般性卫生项目
16	医疗服务提升工程（Health Care Improvement Project, HCI）	2009/9/30～2013/9/30	经费不详	医疗服务提升工程（HCI）由 USAID 出资支持。项目将提供有关医疗服务质量提升（Quality Improvement, QI）方面的技术支持，包括合作提升，持续质量提升等乌干达急需的方面。HCI 基于 USAID 开展项目的成功经验，QI 强调对 HIV/AIDS 的医疗服务需要使用基于证据的诊疗指南，目的是在实现可能最低成本的基础上求得最高水平的收益和健康改善。HCI 还尝试建立可持续的、政府管辖的体系，以提升各层次卫生体系提供卫生服务的能力。HCI 项目也支持医疗机构、各地区 QI 团队、区域 QI 团队和中央级别的政府部门
17	健康沟通伙伴项目 II（Health Communications Partnership）	2007/1/7～2012/6/30	18000000	健康沟通伙伴项目 II 是 USAID 与霍普金斯大学 Bloomberg 学院公共卫生中心的合作项目。项目为与乌干达政府、AIDS 总统紧急计划和 USAID 支持的其他 HIV/AIDS，健康相关项目提供沟通支持，以加强各项目之间的战略合作和沟通

续表

序号	项目名称	起止时间	资金数额（美元）	主要内容
18	私营部门健康号召（Health Initiatives in the Private Sector, HIPS）	2007/10/1 ~ 2013/3/30	17200000	HIPS 计划提高乌干达私营部门应对传染病的能力，扩展健康服务攻击，改善医疗体系服务质量。该项目对私营公司的雇员及其抚养者和相应社区提供技术支持，包括高水平的服务。高水平的专家，项目目标包括扩展私营部门对卫生服务的利用；建立全球性的私营部门发展伙伴，优化私营部门负责的卫生服务；强化私营部门雇主组织，支持项目开展；在私营部门领域开展创新性的活动，支持孤儿及其他弱势儿童
19	HIV 咨询和检测项目（HIV Counseling and Testing Project, HCT）	2009/8/20 ~ 2014/8/19	20000000	HCT 项目旨在支持乌干达卫生部在私营部门，II 级和 III 级健康中心负责的领域内，扩展 HIV 咨询与检测的路径，提高水平和服务利用。项目最初将在 Arua, Nebbi, Nyadri, Koboko, Yumbe, Moyo, Adjumani, Amuria, Abim, Nakapiripirit, Moroto, Kotido, Kaabong, Soroti, Mbale, Jinja, Mukono, Kampala, Wakiso, Rakai, Lyantonde, Mbarara 等地开展。2011 年，对项目做出了调整，总花费缩减至 1050000 美元。调整后的项目主要为高风险地区人群提供 HIV 一体化咨询与检测
20	健康市场号召：承担 II（AFFORD II Health Marketing Initiative）	2005/9/20 ~ 2013/9/29	18000000	本项目与花费了 45000000 美元的承担 I 项目一脉相承。项目由约翰霍普金斯大学 Bloomberg 学院公共卫生中心承担实施，使之在经济和组织机构上可持续发展；②提高乌干达健康市场组织建设能力，儿童生存是：①提高乌干达人在 HIV/AIDS，生殖健康，儿童健康和疟疾预防整方面的认知水平，使用创新的私营部门的解决方案；③增加知识，修正 HIV/AIDS，计划生育，儿童生存和抗疟产品的使用，鼓励保持健康的行为和生活方式
21	计划生育长期方法项目（Long Term Methods Family Planning Program）	2010/5/20 ~ 2015/5/20	38800000	项目将主要在农村地区，社区层面开展，为当地居民提供可负担的、高质量的计划生育服务和一系列避孕措施，如长期或永久性方法。此项目可以满足乌干达未得到满足的计划生育需求，这些需求主要是由于地理的、经济的、文化的原因。乌干达总和生育率约为每名妇女 6.7 个儿童，而实际上乌干达妇女平均每人仅希望生育 1.6 个儿童

续表

序号	项目名称	起止时间	资金数额（美元）	主要内容
22	抗疟准备与应对项目 – WHO（Malaria Epidemic Preparedness and Response-WHO）	2008/10/1 ~ 2012/9/30	经费不详	乌干达112个地区中，有15个容易遭到疟疾的侵袭。在总疟疾倡议（PMI）的支持下，世界卫生组织开发了一套针对疟疾防控的措施和流程，可以更好地发现和应对疟疾流行。在该项目的支持下，对4个地区的健康中心训练使用特定器材设立的疟疾暴发阈值并使其掌握对突发疾病情况的快速数据分析能力
23	国际医疗队/疟疾社区项目（Medical Teams International/Malaria Communities Program, MTI/MCP）	2009/10/1 ~ 2012/9/30	经费不详	在乌干达，疟疾引发的疾病和死亡远多于其他疾病。MTI/MCP项目落实了总疟疾倡议（PMI）的战略，在当地组织建设了强大的联结伙伴关系，提高了当地的应对能力和地方自主权。本项目基于卫生部/国家疟疾控制项目，将地区健康团队与卫生工作者、卫生工作者与社区药品分销商联系起来，在每个村庄中培训2个药品分销商，直接服务约160906个生育年龄妇女和124599个五岁以下儿童
24	民间社会基金的监测和评估代理（Monitoring and Evaluation Agent for the for the Civil Society Fund, M&E-CSF）	2008/11/14 ~ 2012/12/13	经费不详	该项目在DFID、DANIDA、Irish AID、SIDA、USAID和乌干达民间社会组织、政府部门的配合下开展，可以为民间社会提供资金准许。项目挂靠在乌干达AIDS委员会，并由一个独立的委员会领导。在国家HIV/AIDS伙伴框架的指导下，独立委员会设计战略优先事项，调动援助国资源支持民间社会对HIV/AIDS、孤儿及弱势儿童做出反应
25	紧急计划行动的监测和评估项目Ⅱ期（Monitoring and Evaluation of Emergency Plan Progress, MEEPP Ⅱ）	2010/9/8 ~ 2015/9/7	12500000	本项目是对MEEPP项目Ⅰ期的扩展，以维持项目管理、监控和报告系统。MEEPP项目的目的是支持乌干达PEPFAR团队及其实施伙伴，使用绩效提升过程，进行目标技术援助，及时、高质量地发布监测数据，根据全球AIDS协调组织（Global AIDS Coordinator）开展行动。本项目需要与受援国负责相关事务的机构建立密切联系
26	北部乌干达疟疾、HIV/AIDS和结核项目（Northern Uganda Malaria HIV/AIDS and Tuberculosis, NUMAT）	2006/8/15 ~ 2012/8/15	经费不详	乌干达北部历史上战乱多、发生、人口死亡数量多。同时，武装冲突也使北部地区对HIV、结核、疟疾控制不力。HIV感染率在北部高达9.1%。NUMAT计划针对这一情况，与乌干达卫生部、乌干达AIDS委员会、国际机构、非政府组织、以社区为基础的组织和HIV/AIDS

续表

序号	项目名称	起止时间	资金数额（美元）	主要内容
26				患者一起构建咨询网络，以实现对 HIV、肺结核和疟疾的防控、处理、治疗和其他支持性活动。NUMAT 将扩展地理和人口的覆盖面，提高当地政府的应对能力、监控能力
27	推进基于信仰网络的 HIV/AIDS 全面防护和治疗行动（Scaling up Comprehensive HIV/AIDS Prevention, Care and Treatment Through the Faith Based Network）	2009/12/25～2014/12/25	30000000	乌干达跨宗教委员会（IRCU）尝试将五种乌干达的主要宗教联合起来应对一些常见问题。IRCU 尝试通过其构建的基于信仰的健康部门和非政府组织，提升 HIV/AIDS 的预防、治疗和处理的可及性。通过建立广泛的卫生部门网络组织、结构，历史上扮演重要角色的组织连接起来，乌干达将获得前所未有的快速接受扩展 HIV/AIDS 服务的机会
28	确保乌干达人获取基本药物的权利（Securing Uganda Rights to Essential Medicines, SURE）	2009/7/14～2014/6/14	39000000	药品筹资的不充分和国家公共卫生的问题，使乌干达的药品供应链出现巨大的问题。SURE 项目旨在通过与乌干达实体合作（卫生部、国家药品商店、联合药品商店和国家药品），共同应对结构性的筹资、采购及配送方面的瓶颈。项目提供技术支持和必要的资源，促进 45 个地区其管理能力和制度建设，确保社区可以更好地获得基本药物
29	去集中化地提供服务，强化服务的可持续性（Strengthening Decentraliaiton for Sustainability, SDS）	2015/4/19～2015/4/17	40000000	SDS 项目将通过去集中化地提供 HIV/AIDS 来提高业绩水平和可持续性。项目在乌干达地方政府层面，强化 HIV/AIDS 相关服务：①促进地区所有 USAID 支持项目的沟通与协调；②提高地区和亚地区内所有项目的沟通与协调，监控和评估在方面去集中化地提供服务的能力；③提供资源、实施与协调，促进战略的创新，提升地区领导力，提高对健康、HIV/AIDS 及其他相关社会领域服务的筹资能力
30	提高当地政府对孤儿及弱势儿童（OVC）问题的应对能力（Strengthening Local Government Responses to OVC, SUNRISE OVC）	2010/6/15～2015/6/14	20000000	SUNRISE OVC 项目的目的是提高当地政府和社区系统的可持续性，提高服务的获取和利用水平，扩大对弱势儿童提供综合服务的覆盖面。80 个地区的当地政府将有权领导、管理和协调执行国家 OVC 的政策、战略计划和准则，包括国家 OVC 质量标准、OVC 管理信息系

续表

序号	项目名称	起止时间	资金数额（美元）	主要内容
30				统、宣传战略、普遍的出生登记，支持监督指导技术资源和工具，以及弱势儿童和家庭的社会保护
31	劳动性别和孤儿及其他弱势儿童部门的应对强化项目（Strengthening Ministry of Gender Labor and Social Development Orphans and Other Vulnerable Children Response, SMMORE）	2010/1/15~2013/1/14	经费不详	联合国儿童基金会（UNICEF）的"加强全国孤儿和其他弱势儿童OVC（OVC）同题应对工程"，主要动员其他组织支持利用国家发展部、加强跨领域的国家层面的OVC协调信息系统。UNICEF还同时支持劳动性别以纳入协调框架可以纳入协调跨领域的国家层面的OVC协调来看，联合国儿童基金会将支持对有关OVC问题的实质性应对。长远来看，联合国儿童基金会也将通过各级政府，进行财政、人力和物力的投入，满足弱势儿童的需要。因此，儿童基金会开展的相关项目将会加强乌干达政府在应对此类同题上的能力建设
32	乌干达东部和中部肺结核和HIV/AIDS应对项目［Strengthening Tuberculosis (TB) and HIV/AIDS Responses in East and Central Uganda, STAR－EC］	2009/3/10~2014/3/9	55000000	乌干达东部和中部肺结核和HIV/AIDS应对项目的主要目的是强化乌东部、中部乌干达6个地区（Bugiri, Iganga, Kaliro, Kamuli, Mayuge 和 Namutumba）对 TB 和 HIV/AIDS 的认识、预防、护理。STAR－EC 项目的开展，旨在实现以下目标：①增强综合性艾滋病毒/艾滋病和结核病的服务获取；②完善去中心化的诊疗服务系统，促进当地的服务的利用；③在所有医疗机构和社区组织提供高质量的网络的治疗服务；④建立卫生设施和社区之间的网络与联系，并强化转诊制度；⑤挖掘对一体化 HIV/AIDS 和结核病预防、护理和治疗服务的需求
33	乌干达东部肺结核和HIV/AIDS应对项目［Strengthening Tuberculosis (TB) and HIV/AIDS Responses in East Uganda, STAR－E］	2009/3/10~2014/3/9	64000000	乌干达东部肺结核和HIV/AIDS应对项目的主要目的是强化乌东部乌干达12个地区（Budaka, Bududa, Bukwa, Busia, Butaleja, Kapchorwa, Mbale, Pallisa, Sironko, Bulambuli, Kween 和 Kibuku）对 TB 和 HIV/AIDS 的认识、预防、护理。STAR－E 项目的开展，旨在实现以下目标：①增强综合性 HIV/AIDS 和结核病的服务获取；②强化去中心化的诊疗服务系统，促进当地对疾病的服务获取；③在所有

序号	项目名称	起止时间	资金数额（美元）	主要内容
33				医疗机构和社区组织提供高质量的HIV/AIDS和结核病服务；④建立卫生设施和社区之间的网络与联系，改善一体化的HIV/AIDS和结核病服务的获取，并强化转诊制度；⑤挖掘对一体化治疗HIV/AIDS和结核病预防、护理和治疗服务的需求
34	乌干达东南部结核和HIV/AIDS应对项目［Strengthening Tuberculosis (TB) and HIV/AIDS Responses in South West Uganda, STAR – SW］	2010/5/21～2015/5/20	38000000	乌干达西部和南部肺结核和HIV/AIDS应对项目的主要目的是强化乌干达西部、南部的13个地区对TB和HIV/AIDS的认识，预防、护理。STAR – EC项目目的的开展，旨在实现以下目标：①增强综合性艾滋病毒/艾滋病和结核病的服务获取；②强化去中心化的诊疗服务系统，促进当地对服务的利用；③在所有医疗机构和社区组织中提供高质量的HIV、AIDS和结核病服务；④建立卫生设施和社区之间的网络与联系，改善获取一体化的HIV/AIDS和结核病的获取，并强化转诊制度；⑤挖掘对一体化治疗HIV/AIDS和结核病预防、护理和治疗服务的需求
35	强化乌干达体系，应对AIDS的国家行动计划（Strengthening Uganda's System for Treating AIDS Nationally Project, SUSTAIN）	2010/6/11～2015/6/10	32000000	项目支持大学研究公司（University Research Company）提供有关HIV/AIDS的治疗、护理、预防母婴传播（PMTCT）和处置结核病/艾滋病的医疗服务。该计划关注服务质量和可持续的伙伴关系，支持乌干达范围内各区域的公共和私人医院，具体包括至少11个地区的转诊医院和从TREAT援助项目中受益的13个区级医院
36	计划生育大步走（Strides for Family Health）	2009/1/27～2014/1/26	43000000	2009年启动的援助项目，目标是在15个乌干达地区，促进优质生殖健康/计划生育和儿童生存（CS）服务的利用。该项目旨在通过与卫生部、当地政府和非政府组织的合作，增加乌干达居民对生殖健康/计划生育、儿童生存等方面的健康服务利用。项目将实现三个目标：①提高医疗机构提供日常性的RH、FP、CS服务的能力；②提高社区提供服务的能力；③强化支持系统，推动生殖健康/计划生育服务的利用和CS的服务利用

续表

序号	项目名称	起止时间	资金数额（美元）	主要内容
37	供应链管理系统（Supply Chain Management System, SCMS）	2009/9/1～2013/6/1	经费不详	供应链管理系统（SCMS）形成的伙伴关系，在乌干达提供抗逆转录病毒（ARV）的医疗服务，其服务对象包括：乌干达跨宗教委员会、北部乌干达相关项目（STAR-N）以及其他三个地区的相关疾病、艾滋病和肺结核项目（STAR-E、STAR-EC、STAR-W），美国国防部和乌干达人民国防军以及Mulago Walter Reed项目。作为采购服务的一部分，SCMS通过为这些伙伴提供技术支持，完善HIV/AIDS相关商品的物流信息系统，并定期完善系统计划
38	支持公共部门扩展行动响应HIV/AIDS威胁（Supporting Public Sector Workplaces to Expand HIV/AIDS Action and Responses Against HIV/AIDS, SPEAR）	2008/6/19～2013/6/18	10000000	本项目主要利用公共部门内既有的机制，提高特定公共部门对艾滋病毒/艾滋病治疗、预防和保健服务的获取和利用水平。这些部门包括内部事务部、地方政府、教育和体育部门。该项目旨在实现三个主要的目标：①支持有政策、计划和活动的部门，确保艾滋病预防、护理和治疗服务的可用性、一体化和可持续性；②增加公共部门人员工对HIV预防、护理和治疗服务的获得和使用，重点查明HIV阳性患者访问的护理网络和接受的治疗服务的治疗服务；③提高HIV/AIDS患者及其家庭获得和使用服务的有效性
39	针对弱势儿童及其家庭的可持续性，全面回应（Sustainable, Comprehensive Responses for Vulnerable Children and Their Family, SCORE）	2011/4/12～2016/4/12	29400000	针对弱势儿童及其家庭的可持续性，全面回应（SCORE）项目是改善弱势儿童和他们家庭生活的援助项目。该项目侧重于改善家庭的经济和粮食安全，为弱势儿童加强保护，提供法律服务，并赋权和加强妇女和儿童在获得卫生、教育和社会心理关键方面的服务
40	定向的HIV/AIDS医疗和实验室服务（Targeted HIV/AIDS and Laboratory Service, THALAS）	2010/6/10～2015/6/9	经费不详	定向的HIV/AIDS医疗和实验室服务项目将为包括坎帕拉生内的7个地点提供专门的实验室服务以及先进的护理和治疗服务。该项目将与卫生部、SUSTAIN项目一道，辅助该区域内的实验室工作人员进行能力建设，以提供更高质量的实验室服务

续表

序号	项目名称	起止时间	资金数额（美元）	主要内容
41	肺结核关怀项目Ⅰ期（TBCARE I）	2010/9/28～2015/9/27	225000000	肺结核关怀项目为"乌干达国家结核和麻风病控制计划"（NTLP）提供技术援助。该项目将仅限于坎帕拉，为NTLP的启动提供针对治疗多重耐药结核病的技术支持，完善坎帕拉的结核病指标，辅助NTLP积累技术和提高管理能力。项目还会与其他由USAID支持的TB活动相互协调
42	公民社会基金技术管理机构项目（Technical Management Agency for the Civil Society Fund, TMA – CSF）	2010/2/3～2013/2/2	经费不详	公民社会基金技术管理机构（CSF）项目开始于2010年。项目为受到英国国际发展部、丹麦国际开发署、爱尔兰援助署、瑞典援助署、USAID、乌干达民间社会组织和乌干达AIDS委员会，并由一个独立的委员会领导。项目挂靠在乌干达HIV/AIDS伙伴框架内的指导下，独立委员会设计战略优先事项，调动援助国资源支持民间社会对HIV/AIDS、孤儿及弱势儿童做出反应
43	乌干达AIDS和疟指标调查（Uganda AIDA & Malaria Indicator Survey, UAMIS）	2008/12/18～2012/6/29	6000000	UAMIS项目为期四年，系美国国际开发署和乌干达的双边约定，2008～2009年，UAMIS的主要目标是跟踪国际HIV/AIDS的重点指标，并测量与疟疾发展趋势，收集需要治疗的乌干达成人的比例信息，该调查是2004～2005年乌干达HIV/AIDS血清反应行为调查和贫血测试，包括开展疟疾有关的指标，和2006年乌干达人口与健康调查的后续调查。这项活动的长期结果是可用于战略规划的数据，影响政策制定，调整监测和评估产生的方案，并提供宣传的平台
44	乌干达人口健康调查（Uganda Demographic Health Survey 2011）	2011/5/9～2013/3/31	1692195	乌干达人口健康调查是一个多方面的援助活动，本次活动支持收集高质量的生育率水平、计划生育、死亡率、疟疾、营养和有关HIV/ADIS认知等方面的数据，这些数据对应于卫生部门战略和投资计划、国家发展计划、千年发展目标中的统计口径。项目目的开展还将提高乌干达政府和非政府组织开展健康调查的能力

续表

序号	项目名称	起止时间	资金数额（美元）	主要内容
45	乌干达卫生合作疟疾社区项目（Uganda Health Cooperative Malaria Communities Program, HP/UHC/MCP）	2008/10/1～2012/9/1	经费不详	在乌干达，疟疾引发的疾病和死亡远多于其他疾病。UHC/MCP 项目落实总统疟疾倡议（PMI）战略，在当地组织建设强大的联结和伙伴关系，提高了当地的应对能力和地方自主权。项目依据卫生部/国家疟疾控制项目的策略，将地区健康团队与卫生工作者、卫生工作者与社区药品分销商联系起来，在每个村庄中训练 2 个药品分销商，直接服务约 160906 个生育年龄女和 124599 个 5 岁以下儿童
46	乌干达室内灭蚊喷洒工程（Uganda Indoor Residual Spraying, IRS）	2009/7/23～2012/7/22	34000000	总统疟疾倡议（PMI）自 2006 年提出以来一直支持乌干达室内灭蚊喷洒（IRS）。此项目将在乌干达北部，10 个疟疾高度流行区进行每年两轮的喷洒，覆盖大约 900000 户，保护大约 280 万人。IRS 工程一直保持超过 95% 的覆盖率
47	乌干达疟疾监控项目（Uganda Malaria Surveillance Project, UMSP）	2010/10/1～2012/9/30	经费不详	总统疟疾倡议（PMI）自 2006 年提出以来，支持在不同疟疾流行区建立疟疾监测哨点。目前，有 6 个门诊和 6 个住院点正在提供及时的、高质量的数据用于 PMI 评估国家疾病需要改进的地方。此外，乌干达疟疾监测计划（UMSP）还向公私部门医疗单位提供了疟疾诊断培训，提高了管理疟疾患者的质量。2010 年，UMSP 进行了两次小规模的调查，评估了接收室内滞留喷洒的地区与未接受喷洒地区长效杀虫网的覆盖范围、贫血及原虫血症的情况及差别
48	乌干达抗击疟疾计划（Uganda Stop Malaria Project）	2008/9/25～2013/9/28	45000000	抗击疟疾项目由约翰霍普金斯大学实施，其目的是扩大关键性疟疾干预及服务的覆盖范围，支持乌干达国家疟疾控制策略。具体的活动包括：①针对妊娠妇女的升级版发热家庭管理（HBMF）和间歇性预防治疗（IPT）；②为卫生工作者的产前保健提供综合的监督和支持；③在社区层面，宣传 HBMF 和 IPT 方法，鼓励对疟疾进行早期治疗，鼓励孕妇在产前门诊参与完成两个 IPT 剂量的预防性治疗

数据来源：美国国际开发署网站，http://map.usaid.gov/?s=GH。访问日期：2016 年 8 月 9 日。

附录 5　援助乌干达医疗队第 1~16 批队员名单

批次	出国日期	回国日期	队 员 名 单	队员人数	累计人次
1	1983/4/25	1985/7/22	姜昭猷（队长）、刘彩英、李咸龙、余从德、郭春元、刘尚、杨尔麟、蔡利珊、周幼民、张湘琼、李彬、杨玉明、姚颖、张鮧、××	15	15
2	1985/6/28	1987/8/10	刘耕耘（队长）、赵颉华、吴鸿翔、樊明祯、程时珏、王文惠、王定安、李怀珍、姚成霖、李德、李文成、解宇	12	27
3	1987/7/24	1989/8/2	黎明（队长）、曾令柏、展鸿谋、冯玉昆、周长福、陈芸、徐延光、段瑞平、李云生、孙绍华、施纪红、杨丽琼	12	39
4	1989/7/15	1991/7/29	吴运超（队长）、胡瑞祥、秦琼莲、陈利馨、王朱、向芳兴、田兴华、刘俊兰、姚滨、杨玉明、陈国祥、徐芸	12	51
5	1991/7/28	1993/8/2	庞卓（队长）、徐青、张庆丰、鲁冰、杨汉华、范群、郭庆畲、王永成、潘兴、林忠献、曾庆云、欧阳应颐	12	63
6	1993/7/17	1995/8/8	刘全英（队长）、包有生、李锦鸣、郭曦、许向明、吴忠全、李和、李杨碧、李伟、杨嘉彬、张乾玉、段平	12	75
7	1995/7/17	1997/7/28	燕群（队长）、永吉、罗采莉、刘兰、邓小明、韩冰、蒋国祯、陈俊杰	8	83
8	1997/7/7	1999/8/14	王永年（队长）、纳玉萍、李兰芬、李建生、赵匡赢、周成刚、钟颖、杨发明、陈红	9	92
9	1999/7/27	2001/7/29	赵建（队长）、于跃平、沈洪、尹勇、刘玉生、霍玉彪、王成发、王劲强	8	100
10	2001/7/23	2003/8/24	孙跃民（队长）、吴平、王艳、蒋华、李和、纳强、谢飞、杨克西	8	108
11	2003/8/16	2005/8/16	任钢（队长）、韩冰、郭光琼、高岚、刘春生、黄春明、袁松柏、杨平	8	116
12	2005/8/8	2007/8/16	石家润（队长）、高明、董天祥、王兵、管丽琼、陈汉白、王建刚、高岚	8	123
13	2007/8/2	2009/8/7	钟一铭（队长）、保华、罗志刚、郭英、贾岷、肖云、张青、朱敏思	8	131

批次	出国日期	回国日期	队 员 名 单	队员人数	累计人次
14	2009/8/3	2011/8/17	董绍兴（队长）、梁作辉、王磊、陈明清、王孝艳、钱海东、陈江晓、谢炳元	8	139
15	2011/8/11	2013/8/16	曹贵华（队长）、杨振东、柳利明、朱嘉卫、蔡瑛、张栩、万岳梦、李和	8	147
16	2013/8/9	2015/8/27	戴峥（队长）、黄云祥、王洪、李灿章、潘雷、侯亚丽、武若雯、宋文学	8	155

数据来源：国家卫生计生委网站和医疗队队内档案。

附录6 中国援助乌干达医疗队工作纪实（1978～2014）

时 间	地点	人员	活动/事件
1978年			卫生部应乌干达共和国卫生部的请求，决定由云南省组派赴援助乌干达的中国医疗队
1978年8月	乌干达	姜昭献、赵和武	云南省第一人民医院姜昭献（第1批队长）、赵和武参加卫生部考察组前往乌干达进行考察、选址
1982年	恩德培		中国卫生部和乌干达卫生部签订议定书，规定在1983～1993年的10年内，由中国派出5批医疗队到乌干达工作
1983年4月～1985年7月	金贾医院		第1批援乌干达医疗队
1983年1月17日	金贾医院		医疗队先遣组3人赴乌干达
1983年4月25日	金贾医院		医疗队其余人员到达乌干达金贾医院。第1批医疗队共派遣12人，分别有内、外、妇、耳鼻喉、口腔、麻醉、放射、针灸等9名专科医生，司机、厨师、翻译各1名
1985年7月	金贾医院		第1批医疗队回国
1985年6月～1987年8月	金贾医院		第2批医疗队赴乌干达
1985年6月28日	昆明		第2批医疗队离昆赴乌干达
1985年7月1日	金贾医院	奥博特	在金贾第1、2批援乌干达医疗队交接仪式上，乌干达共和国总统奥博特接见了第2批医疗队全体成员
1987年4月	金贾医院	合牧	时任国务委员谷牧看望了第2批援乌医疗队队员
1987年7月～1989年8月	金贾医院		第3批援乌干达医疗队
1987年7月24日	金贾医院		云南省派出第3批医疗队。两年接诊病人6万人次，施行手术1766例，抢救病人521例，针灸治疗13807人次。开展新手术，新疗法38种338例

续表

时　间	地点	人员	活动/事件
1989 年 7 月~1991 年 7 月	金贾医院		第 4 批援乌干达医疗队
1991 年 7 月~1993 年 8 月	金贾医院		第 5 批援乌干达医疗队
1991 年 8 月 1 日	金贾医院		第 5 批医疗队正式进入金贾医院，开始独立工作
1991 年 10 月	金贾医院	范群等	收治并治愈来自肯尼亚的巨大下颌瘤的病人，在东非地区首次治愈该种病例，为医疗队顺利打开工作局面，并被当地报纸广泛报道
1991 年 10 月起	金贾医院	郭庆畲	受金贾医院院长委托开展艾滋病治疗工作，尝试在艾滋病病人中推广大蒜治疗方法，受到乌干达国家报 New Vision 报道和美国大蒜协会等各国机构关注
1991 年	金贾医院		北京房产公司驻乌干达办事处近 20 人发生食物中毒，经参处联系医疗队，成功治愈
1991 年 7 月	金贾医院	李瑞环	时任中共中央政治局常委李瑞环出访乌干达，在金贾市接见第 5 批医疗队队员
1992 年 4 月	金贾医院	陈慕华	时任全国人大常委会副委员长陈慕华接见了第 5 批援乌干达医疗队队员
1993 年 7 月~1995 年 8 月	金贾医院		第 6 批援乌干达医疗队
1993 年 7 月~1995 年 7 月	金贾医院		第 6 批医疗队 12 人抵达乌干达，有内、外、妇、耳鼻喉、口腔、麻醉、放射、针灸等 9 名专科医生，厨师，司机，翻译各 1 名
1995 年 7 月~1997 年 7 月	金贾医院		第 7 批援乌干达医疗队
1995 年	金贾医院		第 7 批医疗队开始赴乌，医疗队人数减至 8 人，其中 6 名医生，1 名翻译，1 名厨师
1997 年 4 月	金贾医院	姜春云	时任中共中央政治局委员姜春云接见了第 7 批援乌干达医疗队队员
1997 年 7 月~1999 年 8 月	金贾医院		第 8 批援乌干达医疗队
1999 年 7 月~2001 年 7 月	金贾医院		第 9 批援乌干达医疗队
2000 年	金贾医院		乌干达暴发"埃博拉"（Ebolavirus），中国医疗队未从当地撤离，坚持开展医疗援助工作

续表

时　间	地点	人员	活动/事件
2000年7月	金贾医院	贾庆林	时任中共中央政治局委员贾庆林在乌干达看望了援乌医疗队
2001年1月	金贾医院	胡锦涛	时任中国国家副主席胡锦涛在访问乌干达期间，接见了第9批援乌医疗队全体队员
1999年8月~2001年8月	金贾医院		医疗队帮助金贾医院培训了8批共25名当地实习医生
2001年7月~2003年8月	金贾医院		第10批援乌干达医疗队
2003年8月~2005年8月	金贾医院		第11批援乌干达医疗队
2004年1月	金贾医院	李肇星	时任外交部部长李肇星接见了第11批援乌干达医疗队队员
2004年12月	金贾医院	王家瑞	时任中联部部长王家瑞接见了第11批援乌干达医疗队队员
2003年8月~2005年8月	乌干达，坎帕拉等	布肯尼亚	带教金贾卫校学生及姆拉格医学院实习生；先后为援乌干达副总统布肯尼亚先生及其夫人、外交部部长、财政部部长、卫生部部长、共党主席、金贾市市长等诊治。医疗队为高层人士提供上门问诊，一般会到首都坎帕拉或官邸
2005年8月~2007年8月	金贾医院		第12批援乌干达医疗队
2006年	金贾医院		中国政府2006年开始每年向乌干达捐赠抗疟疾用药
2006年6月	金贾医院	温家宝	时任国务院总理温家宝访问非洲8国，在乌干达接见了第12批援乌医疗队队长
2006年6月	金贾医院	高强	时任卫生部部长高强接见了第12批援乌干达医疗队队员
	金贾医院		针灸医生高岚用针灸疗法为前乌干达卫生部部长进行针灸治疗，受到高度赞扬
2007年8月~2009年8月	金贾医院		第13批援乌干达医疗队
2007年8月3日星期五	金贾医院		抵达乌干达金贾市
2007年8月8日星期三	金贾医院		与第12批援乌干达医疗队队员进行针灸交接工作，5天后走老队员

续表

时　间	地点	人员	活动/事件
2008年5月15日	姆拉格（Mulago）医院	孙和平、恩杜胡拉	举行中国－乌干达抗疟中心揭牌仪式。抗疟中心是中国政府在乌干达姆拉格医院援助建造的，用以开展疟疾的诊断和研究。中国驻乌干达大使孙和平、乌卫生部官员，姆拉格医院医护人员和使馆人员约30人出席
2009年8月~2011年8月	金贾医院		第14批援乌干达医疗队
2009年4月9日			乌国家药品管理局（NDA）正式批准中国昆明制药集团生产的新型抗疟药——复方磷酸萘酚喹片（商品名ARCO，儿童用），是非洲国家第一次根据本国临床结果批准中国生产的抗疟药新剂型（剂量）药物
2009年8月3日	金贾医院	董绍兴等	主要由玉溪市医院组成的第14批医疗队奔赴乌干达
2009年8月20日	金贾医院	董绍兴等	第14批医疗队组成专家小组为乌干达第二副总理会诊，开据药方并让患者现场服用中药
2009年11月5日星期四	金贾医院	董绍兴等	受金贾医院外科医生邀请，中乌医生共同为当地患有右侧肾母细胞瘤的5岁女孩实施手术治疗，这是金贾医院近年来最为成功的小儿巨大肿瘤切除术。参与的人员有：董绍兴、王磊（泌尿外科专家）、钱海东、王孝艳等
2009年年底	金贾医院		中国政府捐赠金贾医院一台彩超，并完成装机和相关人员培训，但至今乌方人员基本不会操作仪器
2010年	金贾医院		协助乌方开展了心电图检查项目，为当地居民提供了极大的便利
2010年3月21日	坎帕拉三宇孤儿院		和中国华为乌干达公司工作人员前往坎帕拉近郊的三宇（Sanyu）孤儿院，为50多个孤儿（1~3岁）进行捐赠和义诊
2010年4月	金贾		前往2所孤儿院义诊
2010年5月5日	坎帕拉	董绍兴、钱海东	应大使馆之约，医疗队前往首都协助治疗，成功抢救一名从马里经阿特迪瓦到乌干达大使馆前住坎帕拉的香港男子。驻乌干达大使馆王参赞在任
2010年9月~10月	金贾		先后4次到达金贾周围方圆50公里的5个乡村，为200多名困苦老百姓免费诊断治疗、发放药品

续表

时　间	地　点	人　员	活动/事件
2010 年 12 月	金贾		医疗队被限期搬迁至新驻地宿舍
2011 年 9 月	金贾医院		国际社会援助的金贾医院 ICU 部门正式成立，由于缺乏专业医护人员及物资，至今未正式投入使用。金贾医院 ICU 是美国 GE 公司捐资 300 万美元成立的，也是乌干达目前最大的 ICU，共有 13 张床位，10 多名医护人员
	金贾医院		为符合标准的 63 名残疾儿童进行手术治疗
	金贾医院		针灸医生王孝艳成功治愈乌干达国家移民局总监的颈椎病
2011 年 8 月～2013 年 8 月	金贾医院		第 15 批援乌干达医疗队
2011 年 8 月 11 日	乌干达		第 15 批援乌干达医疗队抵达乌干达
2011 年 12 月 26 日	坎帕拉曼德拉国家体育场 国家体育场（中国援建）	赵亚力，Christine Ondoa 等	第 15 批医疗队参加乌干达首届华人华侨乒乓球邀请赛。驻乌经商处和乌干达中资企业商会、中美海外、中交一局、烟建集团、华为技术公司和援乌体育场技术合作组、新任驻乌干达大使赵亚力及夫人、大使馆主要领导、驻乌经商处邹小明参赞及秘书，在乌中资企业、驻乌新华社记者、援乌医疗队参加
2012 年 1 月 10 日	坎帕拉		中国政府援建"中乌友好医院——纳谷鲁医院"（Naguru）正式移交给乌方，驻乌干达赵亚力大使代表中国政府，乌干达卫生部长 Christine Ondoa 代表乌干达政府分别在交接证书上签字，并赠送乌政府一批抗疟药品。当地 NTV 等多家电视台及 New Vision 等报社报道了此次交接仪式。"纳谷鲁医院"是中国政府援助乌干达建造的一所区级综合医院，包括急诊楼、医技办公楼、住院部等 8 栋建筑，项目占地面积 17993 平方米，设计床位数 100 个（含急诊科病床），2009 年 12 月正式开工，2011 年 11 月竣工。中国驻乌干达大使赵亚力，使馆商参赞小明，中国援乌医疗队部分代表，坎帕拉市市长 Erias Lukwago、乌干达卫生部常秘 Dr. Luwago Asuman，坎帕拉以及新医院职工以及新医院院长 Dr. Edward Naddumba 等出席

续表

时 间	地 点	人 员	活动/事件
2012 年 2 月	坎帕拉		纳谷鲁医院正式投入使用
2012 年 2 月 26 日	坎帕拉中国驻乌干达大使馆		为使馆工作人员及家属进行 2 个小时的义诊活动
2012 年 3 月 7 日	坎帕拉中国驻乌干达大使馆	曹贵华、张栩等	中医师张栩为各国驻乌干达大使夫人进行针灸讲座并现场演示治疗方式。中国驻乌干达大使夫人于卫星、亚非欧等各国驻乌干达大使夫人、队长曹贵华、针灸医师张栩、翻译万岳梦等 40 人参加
2012 年 3 月 6 日	金贾医院	Dr. Danial	医疗队队员柳利明右眼睑感染，保守治疗无效并发生深部扩散，由金贾医院的副院长 Dr. Danial 进行手术治疗，成功治愈
2012 年 4 月	金贾医院	蔡瑛	具有 ICU 临床治疗经验的蔡瑛副主任医师，分批次对 ICU 全体医护人员进行 ICU 专题讲座，对 ICU 各种监护仪及呼吸机的使用进行分批次培训
2012 年 6 月 1 日	金贾医院	赵亚力、Christine Ondoa 等	第 15 批医疗队举行金贾辞别仪式，正式结束中国医疗队在金贾 29 年的医疗援助，中国驻乌干达赵亚力大使，金贾市长，乌干达卫生部长 Christine Ondoa，地区国会议员，金贾医院管理委员会主席，金贾医院院长和职工，第 15 批全体援乌医疗队队员及社会各届友好人士等 200 人参加此次活动
2012 年 6 月 8 日	纳谷鲁医院		中国援乌医疗队从金贾医院撤至乌干达首都坎帕拉的中乌友好医院——纳谷鲁医院
2012 年 6 月 11 日	纳谷鲁医院		队员开始在新医院开展工作，帮助院方建立针灸室门诊、胃镜室、耳鼻喉科门诊，并开展电子胃镜的诊疗工作
2012 年 7 月 16 日	Mukono	柳利明等	第 15 批援乌医疗队队员来到位于距首都坎帕拉 40 多公里的 Mukono 市的兰迪亚园区为 30 多中国员工义务开展疟疾防治知识讲座

续表

时间	地点	人员	活动/事件
2012年8月	乌干达		第15批队员家属到金贾医院看望医疗队
2012年9月26日	金贾医院		医疗队重返金贾医院义诊，共接诊患者142人，完成麻醉手术4台次
2012年10月8日	坎帕拉	韩启德	胡锦涛主席特使、全国人大常委会副委员长韩启德应邀出席乌干达独立50周年庆典活动，其间视察中乌友好医院并到医疗队驻地慰问全体援乌医疗队队员
2012年11月13日	纳谷鲁医院	塞坎迪	乌干达副总统爱德华·塞坎迪（Edward Ssekaudi）视察中乌友好医院，并看望了全体医疗队人员。乌干达国务部长文森特·尼亚兹（Vincent Nyanzi）、中国驻乌干达大使赵亚力，参赞邹小明等出席
2013年1月18日	纳谷鲁医院		纳谷鲁医院一周年年庆。乌卫生部部常秘Dr. Lukwago，临床司司长Dr. Amandua以及Nakawa地区的RDC，LC同纳谷鲁医院职工、第15批援乌医疗队员等200多人出席
2011年8月~2013年8月	三字孤儿院、金贾监狱		第15批医疗队多次为乌干达最大的三字孤儿院和金贾监狱犯人进行义诊，受到当地电视、报纸的广泛报道
2012年	乌干达		第15批医疗队为使馆经商处、华为等100余人进行了健康体检，共救治当地中国患者595例，包括一名重症症状休克患者
2012年	金贾医院	万岳梦、曹贵华	对非洲罕见的致死性疾病——点头病综合征（Nodding Disease Syndrome, NDS）的相关资料进行收集和病理分析。NDS在2003年乌干达北部出现，自2009年起WHO、美国疾病控制中心（CDC）、穆拉戈国家转诊医院（Mulago National Referral Hospital）、马凯雷雷大学（Makerere University）联合派出专家对该病进行研究，其病因、传播途径及治疗方法至今仍未明确，成为困扰乌干达卫生部、政府乃至WHO的一个难题
2013年8月9日~2015年8月26日	纳谷鲁医院		第16批援乌医疗队
2013年8月14日	纳谷鲁医院	李参赞	举行新老交接仪式，第16批医疗队正式入驻中乌友好医院。第15、16批医疗队、中乌友好医院院长Dr. Naddumba E. K.、乌干达卫生部副部长、坎帕拉市卫生局长、纳谷鲁医院院长、中国驻乌干达大使馆李参赞参赞出席

续表

时间	地点	人员	活动/事件
2013 年 8 月 15 日	北京	习近平	在中国卫生援外工作暨援外医疗队派遣 50 周年会议上，云南省第 12 批援乌干达医疗队荣获先进集体，第 15 批援乌干达医疗队曾贵华荣获先进个人，云南省参加全国会议的代表和全国代表一起，受到了习近平总书记的亲切接见
2013 年 8 月 19 日	纳谷鲁医院		第 16 批医疗队队员开始在医院开展工作
2013 年 8 月 24 日	纳谷鲁医院		第 16 批援乌医疗队党支部和医院讨论决定在驻地宿舍建立阅览室，收藏各科医疗书籍和陈列历届医疗队的宣传板，传承中国医疗队在乌 30 年的奉献精神
2013 年 10 月 16 日	乌干达和肯尼亚边境中国矿业开发地		医疗队分别乌干达东、西部地区对华人进行义诊和药品赠送，并开展医疗知识讲座
2013 年 10 月 25 日	金贾医院		第 16 批医疗队返回金贾医院义诊并赠送药品，承诺同隔 2 个月到金贾医院义诊一次
2013 年 11 月 12 日	坎帕拉及乌干达医疗队驻地		举行"中国援乌干达医疗队捐赠仪式"，医疗队戴峥队长、纳谷鲁医院院长 Dr. Naddumba E. K. 分别代表双方进行药械清单交接签字，2014 年初约 75 万美元的药品器械抵达乌干达。参加支接的有中国驻乌干达大使馆经商处参赞欧阳道冰及经商处秘书徐玉伟，乌干达卫生部临床司司长 Dr. Amandua Jacinto，中乌友好医院行政主管 Ms. Serwanja Winne，院长助理、主管药械的部门主管及医院各行政职能部门的负责人；还有乌干达 NTV 电视台、WBC 电视台、发行量最大的 New Vision 报社记者，要员约 40 人
2013 年 12 月 7 日	伊辛巴的水电站工地（尼罗河上游水电站项目）	中水三峡公司	医疗队到乌干达偏远地区开展"健康宣教"活动，提高中国同胞对疾病的防范能力，加强应对意识

续表

时　间	地点	人员	活动/事件
2013 年 12 月 14 日	卡鲁玛村 Karuma Village（卡鲁玛）水电站工地		第 16 批援乌医疗队到卡鲁玛水电站工地（尼罗河中水八局尼罗河水电站项目处）巡诊并为驻地工作人员开展医疗卫生知识讲座，包括疟疾防治和野外创伤急救等
2014 年 1 月 5 日	坎帕拉		参加"和谐杯"旅乌中资企业、华侨华人乒乓球友谊赛
2014 年 2 月	纳谷鲁医院		第 16 批医疗队、金贾医院院长及同事，中乌友好医院院长及同事共度马年新春
2014 年 2 月 22 日	乌干达东部地区 Busia 的两个"郡"		第 16 批援乌医疗队到乌干达东部边远地区 Masinya 和 Dabani（医疗队驻地门卫 Michael 和 Jambo 的家乡）开展义诊活动

数据来源：依据医疗队档案、新闻等多个来源整理。

附录 7　中国援非医疗队派遣情况一览表（1963～2009）

非洲国家	派遣省份	始派时间	变动情况
阿尔及利亚	湖北	1963 年 4 月	1995 年 2 月因战乱撤离，1997 年返回
桑给巴尔（坦桑尼亚）	江苏	1964 年 8 月	
索马里	吉林	1965 年 6 月	1991 年因内战撤离
刚果（布）	天津	1967 年 2 月	1997 年因内战撤离，2000 年 12 月重返
马里	浙江	1968 年 2 月	
坦噶尼喀（坦桑尼亚）	山东	1968 年 3 月	
毛里塔尼亚	黑龙江	1968 年 4 月	
几内亚	北京	1968 年 6 月	
苏丹	陕西	1971 年 4 月	
赤道几内亚	广东	1971 年 10 月	
塞拉利昂	湖南	1973 年 6 月	1993 年因战乱撤离，2002 年 12 月正式返回
突尼斯	江西	1973 年 3 月	1994 年援建非洲第一个针灸中心
刚果（金）	河北	1973 年 6 月	1997 年因内战撤回，2006 年 6 月复派
埃塞俄比亚	河南	1974 年 11 月	1979 年 9 月中断，1984 年 12 月重返
多哥	上海	1974 年 11 月	
喀麦隆	上海	1975 年 6 月	1979 年 1 月中断，1985 年由山西派遣
塞内加尔	福建	1975 年 7 月	1996 年撤出，2007 年 9 月重返

续表

非洲国家	派遣省份	始派时间	变 动 情 况
马达加斯加	甘肃	1975 年 8 月	
摩洛哥	上海	1975 年 9 月	2000 年江西加入派遣
尼日尔	广西	1976 年 1 月	1992 年 7 月因中止外交关系撤离，1996 年 12 月重返
莫桑比克	四川	1976 年 4 月	
圣多美和普林西比	黑龙江四川	1976 年 6 月	1997 年终止外交关系后撤离
布基纳法索（原上沃尔特）	北京	1976 年 6 月	1997 年终止外交关系后撤离
几内亚比绍	贵州	1976 年 7 月	1990 年因中止外交关系撤离，2002 年由四川派遣
加蓬	天津	1977 年 5 月	
冈比亚	天津	1977 年 5 月	1991 年由广东派遣，1995 年因中止外交关系撤离
贝宁	宁夏	1978 年 1 月	
赞比亚	河南	1978 年 1 月	
中非	浙江	1978 年 7 月	1991 年 7 月因中止外交关系撤离，1998 年 8 月返
乍得	江西	1978 年 12 月	1979 年 7 月因中止外交关系撤离，1989 年 7 月因中止外交关系撤离，2006 年 12 月重返；2008 年 2 月因内战撤离，5 月重返
博茨瓦纳	福建	1981 年 2 月	
吉布提	山西	1981 年 2 月	
卢旺达	内蒙古	1982 年 6 月	
乌干达	云南	1983 年 1 月	

续表

非洲国家	派遣省份	始派时间	变 动 情 况
津巴布韦	湖南	1985 年 5 月	
利比亚	江苏	1983 年 12 月	1994 年合同期满未续签
佛得角	黑龙江	1984 年 7 月	1988 年 2 月由四川派遣，后由湖南派遣
利比里亚	黑龙江	1984 年 7 月	1989 年因中止外交关系撤离，2005 年 9 月重返
塞舌尔	广西	1987 年 5 月	2007 年中国援外青年志愿者塞舌尔项目在广东招募 5 名医疗队队员
布隆迪	广西	1986 年 12 月	后由青海派遣
纳米比亚	浙江	1996 年 4 月	
科摩罗	广西	1994 年	
莱索托	湖北	1997 年 6 月	
厄立特里亚	河南	1997 年 9 月	
马拉维	陕西	2008 年 6 月	
安哥拉	四川	2007 年计划派出，2009 年 6 月	因安哥拉住房问题推迟成行
加纳	广东	2008 年	

数据来源：各省市卫生厅资料及《人民日报》1963~2000 年。

摘录自北京大学全球卫生研究中心主编，2012，《全球卫生时代中非卫生合作与国家形象》，世界知识出版社。

附录 8　中国对非洲的卫生发展援助事件 （2000 ~ 2014）

序号	时间	国家/地区	援助内容	备注
1	2006 年 6 月	乌干达	提供抗疟药品	换文
2	2006 年 6 月	坦桑尼亚	援建疟疾防治示范中心	签订谅解备忘录
3	2006 年 6 月	安哥拉	防治霍乱的现金援助	换文
4	2006 年 6 月	加纳	提供抗疟药品	换文
5	2006 年 6 月	塞内加尔	提供抗疟药品	换文
6	2006 年 9 月	加蓬	提供抗疟药品	换文
7	2006 年 9 月	吉布提	提供抗疟药品	换文
8	2006 年 10 月	中非	中非班吉友谊医院维修项目	换文
9	2006 年 11 月	乌干达	疟疾防治技术培训班	换文
10	2006 年 11 月	塞内加尔	疟疾防治技术培训班	换文
11	2006 年 12 月	尼日尔	提供抗疟药品	换文
12	2007 年 1 月	利比里亚	援建抗疟防治中心	换文
13	2007 年 4 月	布隆迪	提供抗疟药品	换文
14	2007 年 4 月	塞内加尔	提供抗疟药品	换文
15	2007 年 4 月	马里	提供抗疟药品	换文
16	2007 年 4 月	乌干达	提供抗疟药品	换文
17	2007 年 5 月	贝宁	提供抗疟药品	换文
18	2007 年 5 月	乍得	援助医疗设备	换文
19	2007 年 5 月	卢旺达	提供抗疟药品	换文
20	2007 年 6 月	马达加斯加	提供抗疟药品	换文
21	2007 年 6 月	刚果（金）	提供抗疟药品	交接证书
22	2007 年 6 月	坦桑尼亚	提供抗疟药品	交接证书
23	2007 年 6 月	科特迪瓦	提供抗疟药品	换文
24	2007 年 7 月	塞拉利昂	提供抗疟药品	换文
25	2007 年 7 月	几内亚	提供抗疟药品	换文
26	2007 年 7 月	加蓬	提供抗疟药品	交接证书
27	2007 年 7 月	桑给巴尔	提供抗疟药品	交接证书
28	2007 年 7 月	马达加斯加	提供抗疟药品	换文
29	2007 年 8 月	乌干达	在乌举办疟疾防控研修班	交接证书

序号	时间	国家/地区	援助内容	备注
30	2007 年 8 月	肯尼亚	提供抗疟药品	交接证书
31	2007 年 8 月	苏丹达尔富尔地区	医疗器械	交接证书
32	2007 年 8 月	尼日尔	提供抗疟药品	交接证书
33	2007 年 8 月	几内亚	提供抗疟药品	换文
34	2007 年 9 月	乍得	提供抗疟药品和医疗设备	换文
35	2007 年 9 月	乌干达	派队赴乌对医院项目进行考察	换文
36	2007 年 9 月	赤道几内亚	提供抗疟药品	换文
37	2007 年 11 月	塞拉利昂	提供抗疟药品	换文
38	2007 年 11 月	塞内加尔	提供抗疟药品	交接证书
39	2007 年 11 月	喀麦隆	提供医疗物资	换文
40	2007 年 11 月	纳米比亚	援纳医院项目	换文
41	2007 年 12 月	吉布提	提供抗疟药品	换文
42	2008 年 1 月	加蓬	援建抗疟防治中心	换文
43	2008 年 2 月	刚果（金）	援建抗疟防治中心	换文
44	2008 年 2 月	苏丹	派专家组赴苏考察援苏医院	换文
45	2008 年 2 月	吉布提	援吉布提综合性医院	换文
46	2008 年 2 月	赞比亚	援建抗疟防治中心	交接证书
47	2008 年 3 月	吉布提	援吉布提综合性医院	交接证书
48	2008 年 3 月	卢旺达	援卢旺达综合医院	交接证书
49	2008 年 4 月	塞内加尔	援建塞内加尔医院项目	交接证书
50	2008 年 4 月	尼日尔	援建抗疟防治中心	交接证书
51	2008 年 4 月	坦桑尼亚	援坦心脏外科诊疗中心	换文
52	2008 年 4 月	塞舌尔	援塞中医理疗中心	交接证书
53	2008 年 4 月	马里	援建抗疟防治中心	换文
54	2008 年 4 月	埃塞俄比亚	援埃塞医院项目	合作协定书
55	2008 年 4 月	乌干达	提供抗疟药品	交接证书
56	2008 年 5 月	利比里亚	援利比里亚医院项目	交接证书
57	2008 年 5 月	科特迪瓦	援科防治禽流感物资项目	换文
58	2008 年 5 月	乌干达	援乌抗疟中心医疗物资	换文
59	2008 年 6 月	苏丹	提供抗疟药品	交接证书
60	2008 年 6 月	中非	提供抗疟药品	换文
61	2008 年 6 月	苏丹	援苏丹医院项目	换文

序号	时间	国家/地区	援助内容	备注
62	2008 年 6 月	刚果（金）	援刚金沙萨友谊医院	换文
63	2008 年 6 月	中非	提供抗疟药品	换文
64	2008 年 6 月	布隆迪	提供抗疟药品	交接证书
65	2008 年 7 月	安哥拉	提供抗疟药品	交接证书
66	2008 年 7 月	尼日尔	援尼医疗设备和医用耗材	谅解备忘录
67	2008 年 7 月	津巴布韦	援津医院项目	谅解备忘录
68	2008 年 7 月	马里	提供抗疟药品	谅解备忘录
69	2008 年 7 月	尼日利亚	援建抗疟防治中心	换文
70	2008 年 8 月	博茨瓦纳	提供防治艾滋病物资	换文
71	2008 年 8 月	刚果（布）	援建抗疟防治中心	换文
72	2008 年 8 月	刚果（布）	提供抗疟药品	换文
73	2008 年 8 月	马达加斯加	提供抗疟药品	交接证书
74	2008 年 8 月	莫桑比克	援建抗疟中心和提供抗疟药品	换文
75	2008 年 9 月	科特迪瓦	援建抗疟防治中心	换文
76	2008 年 9 月	多哥	援助卡拉医院技术合作	换文
77	2008 年 9 月	乌干达	援乌坎帕拉医院项目	换文
78	2008 年 9 月	刚果（金）	提供抗疟药品	换文
79	2008 年 9 月	刚果（金）	提供抗疟药品	签订协议
80	2008 年 9 月	乍得	提供抗疟药品	签订协议
81	2008 年 9 月	吉布提	援吉第 15 期医疗队	换文
82	2008 年 9 月	埃塞俄比亚	援建埃塞医院项目	签订协议
83	2008 年 10 月	赞比亚	提供抗疟药品	换文
84	2008 年 11 月	马达加斯加	提供抗疟药品	换文
85	2009 年 1 月	塞内加尔	援塞儿童医院项目	换文
86	2009 年 1 月	多哥	提供抗疟药品和医疗设备	换文
87	2009 年 3 月	纳米比亚	援纳医院项目	换文
88	2009 年 3 月	贝宁	提供抗疟药品	换文
89	2009 年 3 月	科摩罗	提供抗疟药品和医疗设备	换文
90	2009 年 4 月	乍得	提供抗疟药品	交接证书
91	2009 年 4 月	乌干达	提供抗疟药品	换文
92	2009 年 4 月	利比里亚	提供一批抗疟药品	换文
93	2009 年 5 月	塞拉利昂	提供抗疟药品	换文

序号	时间	国家/地区	援助内容	备注
94	2009 年 6 月	赤道几内亚	提供抗疟药品	换文
95	2009 年 6 月	加纳	提供抗疟药品	换文
96	2009 年 6 月	中非	援建抗疟防治中心	签订协议
97	2009 年 6 月	刚果（金）	援刚金沙萨友谊医院第 2 期医疗技术合作	交接证书
98	2009 年 7 月	毛里求斯	提供医疗设备	签订协议
99	2009 年 7 月	塞内加尔	提供抗疟药品	换文
100	2009 年 7 月	布隆迪	提供抗疟药品	交接证书
101	2009 年 7 月	利比里亚	提供抗疟药品	换文
102	2009 年 7 月	尼日尔	提供医疗器械与医用耗材	换文
103	2009 年 8 月	安哥拉	提供抗疟药品	换文
104	2009 年 8 月	几内亚	援建抗疟防治中心	换文
105	2009 年 8 月	刚果（金）	提供抗疟药品	换文
106	2009 年 9 月	塞拉利昂	援建抗疟防治中心	换文
107	2009 年 9 月	刚果（布）	援刚布黑角医院技术合作	换文
108	2009 年 9 月	塞内加尔	提供抗疟药品	换文
109	2009 年 9 月	尼日利亚	提供抗疟药品	换文
110	2009 年 9 月	尼日尔	提供抗疟药品	换文
111	2009 年 9 月	塞内加尔	援建抗疟防治中心	交接仪式
112	2009 年 10 月	加纳	援建抗疟防治中心	换文
113	2009 年 10 月	肯尼亚	提供抗疟药品	换文
114	2009 年 12 月	刚果（金）	提供抗疟药品	换文
115	2009 年 12 月	埃塞俄比亚	提供抗疟药品和医疗物资	换文
116	2009 年 12 月	苏丹	提供抗疟药品	交接证书
117	2009 年 12 月	乍得	援乍得自由医院维修	换文
118	2010 年 1 月	乍得	提供抗疟药品	换文
119	2010 年 2 月	毛里塔尼亚	提供抗疟药品	交接证书
120	2010 年 2 月	中非	援中非医院项目	交接证书
121	2010 年 4 月	几内亚	举办医院管理和医护人员培训班	签订协议
122	2010 年 4 月	马里	举办医院管理和医护人员培训班	签订协议
123	2010 年 4 月	中非	提供药品、医疗器械与医用耗材	换文
124	2010 年 4 月	刚果（布）	提供药品、医疗器械与医用耗材	换文

序号	时间	国家/地区	援助内容	备注
125	2010 年 4 月	加蓬	提供药品、医疗器械与医用耗材	协议签订
126	2010 年 4 月	利比里亚	提供药品、医疗器械与医用耗材	换文
127	2010 年 4 月	乍得	提供抗疟药品	换文
128	2010 年 5 月	刚果（布）	提供抗疟药品	签订协议
129	2010 年 6 月	安哥拉	提供抗疟药品	换文
130	2010 年 6 月	布隆迪	提供抗疟药品	交接仪式
131	2010 年 6 月	刚果（金）	提供抗疟药品	交接证书
132	2010 年 6 月	马里	提供药品、医疗器械与医用耗材	换文
133	2010 年 8 月	尼日尔	提供抗疟药品	换文
134	2010 年 8 月	几内亚比绍	援中几比友谊医院	换文
135	2010 年 9 月	马里	援马里医院项目	交接仪式
136	2010 年 9 月	加纳	提供抗疟药品	换文
137	2010 年 9 月	莫桑比克	提供抗疟药品	换文
138	2010 年 10 月	利比里亚	在华培训医护人员培训班	换文
139	2010 年 10 月	贝宁	援贝宁帕拉库医院项目	换文
140	2010 年 10 月	中非	提供抗疟药品	签订协议
141	2010 年 10 月	中非	提供一批抗疟药品	换文
142	2010 年 11 月	毛里塔尼亚	援毛综合医院项目	换文
143	2010 年 12 月	马里	提供抗疟药品	签订协议
144	2010 年 12 月	苏丹	提供药品、医疗器械与医用耗材	交接证书
145	2010 年 12 月	尼日尔	提供抗疟药品	交接证书
146	2010 年 12 月	乍得	提供抗疟药品	换文
147	2010 年 12 月	加纳	提供抗疟药品	交接证书
148	2010 年 12 月	加纳	援加医院项目	换文
149	2010 年 12 月	贝宁	提供抗疟药品	换文
150	2011 年 1 月	多哥	提供抗疟药品	签订协议
151	2011 年 1 月	塞内加尔	提供抗疟药品	交接证书
152	2011 年 1 月	刚果（金）	提供抗疟药品	签订协议
153	2011 年 1 月	几内亚	提供抗疟药品	签订协议
154	2011 年 2 月	塞拉利昂	提供抗拉萨热药品	换文
155	2011 年 3 月	肯尼亚	提供医疗设备	换文
156	2011 年 3 月	安哥拉	援安罗安达省总医院物资	交接证书

序号	时间	国家/地区	援助内容	备注
157	2011 年 4 月	塞拉利昂	在华医护人员培训班	换文
158	2011 年 4 月	几内亚	援几内亚医院项目	交接证书
159	2011 年 4 月	几内亚	提供抗疟药品	签订协议
160	2011 年 4 月	莫桑比克	提供抗疟设备	换文
161	2011 年 5 月	赤道几内亚	抗疟中心技术合作	换文
162	2011 年 5 月	塞拉利昂	援塞医院项目	换文
163	2011 年 5 月	塞拉利昂	提供药品、医疗器械与医用耗材	换文
164	2011 年 5 月	纳米比亚	提供医疗器械与医用耗材	换文
165	2011 年 5 月	安哥拉	提供抗疟药品	交接证书
166	2011 年 6 月	乌干达	提供抗疟药品	交接证书
167	2011 年 6 月	马里	提供抗疟药品	换文
168	2011 年 6 月	中非	提供抗疟药品	换文
169	2011 年 6 月	乍得	提供抗疟药品	签订协议
170	2011 年 6 月	佛得角	提供抗疟药品	换文
171	2011 年 6 月	多哥	援洛美医院技术合作项目	交接证书
172	2011 年 7 月	几内亚	提供抗疟药品	签订协议
173	2011 年 7 月	塞尔维亚	提供医疗设备	签订协议
174	2011 年 7 月	喀麦隆	提供抗疟药品	换文
175	2011 年 7 月	喀麦隆	援建抗疟防治中心、提供医疗设备	交接证书
176	2011 年 8 月	塞拉利昂	提供抗疟药品	交接证书
177	2011 年 9 月	加纳	援加纳沃尔特地区医科大学项目	签订协议
178	2011 年 9 月	肯尼亚	援肯卡通都医院项目	换文
179	2011 年 10 月	吉布提	援吉阿尔塔医院项目	换文
180	2011 年 10 月	刚果（金）	在华培训医院管理、医护人员培训班	换文
181	2011 年 11 月	塞内加尔	提供医疗器械与医用耗材	签订协议
182	2011 年 11 月	坦桑尼亚	提供抗疟药品	换文
183	2011 年 11 月	科特迪瓦	援科加尼瓦医院项目	换文
184	2011 年 11 月	安哥拉	援安罗安达省总医院改造和扩建	交接证书
185	2011 年 12 月	喀麦隆	提供医疗设备	换文
186	2011 年 12 月	贝宁	提供抗疟药品和疟疾诊治设备	换文

序号	时间	国家/地区	援助内容	备注
187	2011 年 12 月	尼日尔	提供抗疟药品	换文
188	2012 年 1 月	乌干达	提供抗疟药品	交接证书
189	2012 年 1 月	乌干达	中乌友好医院交接仪式	换文
190	2012 年 2 月	厄立特里亚	援厄奥罗特医院维修扩建新增工程	换文
191	2012 年 2 月	埃塞俄比亚	提供医疗设备	换文
192	2012 年 3 月	乍得	提供抗疟药品	换文
193	2012 年 3 月	刚果（金）	提供抗疟药品	签订协议
194	2012 年 3 月	吉布提	提供抗疟检测设备	交接证书
195	2012 年 3 月	利比里亚	提供抗疟药品	换文
196	2012 年 3 月	毛里塔尼亚	提供抗疟药品	换文
197	2012 年 3 月	乌干达	提供抗疟药品	换文
198	2012 年 3 月	几内亚比绍	提供抗疟药品	签订协议
199	2012 年 3 月	中非	提供抗疟药品	换文
200	2012 年 4 月	马拉维	提供抗疟药品	换文
201	2012 年 4 月	津巴布韦	提供一批儿童呼吸机	签订协议
202	2012 年 4 月	多哥	援多卡拉医院技术合作项目	签订协议
203	2012 年 4 月	南苏丹	提供抗疟药品	交接证书
204	2012 年 4 月	布隆迪	在华举办医疗技术和医疗设备使用技术培训班	交接证书
205	2012 年 5 月	桑给巴尔	援桑两所医院省级改造	换文
206	2012 年 5 月	塞拉利昂	提供抗疟药品	签订协议
207	2012 年 5 月	乌干达	援乌疟疾防治中心诊疗设备及耗材项目	换文
208	2012 年 5 月	尼日尔	提供抗疟药品	换文
209	2012 年 5 月	多哥	提供抗疟药品	换文
210	2012 年 5 月	苏丹	提供抗疟药品	换文
211	2012 年 6 月	马里	提供抗疟药品	换文
212	2012 年 6 月	加纳	提供抗疟药品	交接证书
213	2012 年 8 月	佛得角	援佛中心医院医疗设备和医用物资	换文
214	2012 年 8 月	塞内加尔	援塞红十字会物资	交接证书
215	2012 年 8 月	吉布提	援吉阿尔塔医院项目增项	签订协议

续表

序号	时间	国家/地区	援助内容	备注
216	2012 年 8 月	塞拉利昂	提供抗霍乱药品	签订协议
217	2012 年 8 月	贝宁	提供抗疟药品	换文
218	2012 年 9 月	利比里亚	援利塔佩塔医院医疗设备和医用物资	换文
219	2012 年 9 月	卢旺达	援卢综合医院卢方医生宿舍和医院完善项目	换文
220	2012 年 9 月	塞舌尔	援塞救护车项目	换文
221	2012 年 10 月	津巴布韦	援津医院项目	换文
222	2012 年 10 月	苏丹	援苏丹疟疾诊治设备	换文
223	2012 年 10 月	多哥	提供医疗设备和抗疟药物	换文
224	2012 年 10 月	几内亚	提供抗疟药品	交接证书
225	2012 年 11 月	马拉维	提供抗疟药品	换文
226	2012 年 11 月	南苏丹	提供抗疟药品	换文
227	2012 年 12 月	塞拉利昂	提供防治霍乱药品	换文
228	2012 年 12 月	尼日尔	援尼抗疟中心设备和物资	换文
229	2012 年 12 月	莫桑比克	提供医疗设备和抗疟药物	换文
230	2013 年 1 月	尼日利亚	援尼医院项目	交接证书
231	2013 年 2 月	苏丹	提供抗疟药品	签订协议
232	2013 年 2 月	刚果（金）	提供抗疟药品	换文
233	2013 年 2 月	莫桑比克	援莫桑比克医疗设备项目	换文
234	2013 年 3 月	塞尔维亚	援塞医疗设备	换文
235	2013 年 3 月	尼日尔	援尼医疗设备	换文
236	2013 年 3 月	桑给巴尔	援桑阿卜杜拉·姆才医院项目	换文
237	2013 年 4 月	厄立特里亚	援厄医疗设备	换文
238	2013 年 4 月	尼日尔	提供抗疟药品	交接证书
239	2013 年 5 月	几内亚比绍	援几比卡松果医院和中几比友谊医院医疗设备	交接证书
240	2013 年 6 月	喀麦隆	提供抗疟药品	签订协议
241	2013 年 6 月	苏丹	提供抗疟药品	交接证书
242	2013 年 6 月	乍得	援乍得自由医院维修和新建医疗队住房项目	签订协议
243	2013 年 7 月	毛里塔尼亚	提供抗疟药品	交接证书

序号	时间	国家/地区	援助内容	备注
244	2013 年 7 月	阿尔及利亚	在华培训卫生官员和医院管理人员	签订协议
245	2013 年 8 月	坦桑尼亚	提供抗疟药品	换文
246	2013 年 8 月	埃塞俄比亚	援埃塞红十字会物资	交接证书
247	2013 年 9 月	塞内加尔	提供抗疟医疗设备和耗材	换文
248	2013 年 9 月	喀麦隆	援喀雅温得妇儿医院第 7 期技术合作项目	交接证书
249	2013 年 9 月	塞内加尔	提供抗疟药品	换文
250	2013 年 9 月	赞比亚	提供医疗设备和医用物资	换文
251	2013 年 9 月	刚果（布）	援刚综合医院（中刚友好医院）	换文
252	2013 年 9 月	塞拉利昂	提供抗疟药品	交接证书
253	2013 年 9 月	南苏丹	提供抗疟药品	换文
254	2013 年 9 月	喀麦隆	提供抗疟中心诊疗设备和耗材	换文
255	2013 年 10 月	乌干达	提供抗疟药品（二批）	交接证书
256	2013 年 10 月	科摩罗	提供抗疟药品	换文
257	2013 年 10 月	厄立特里亚	援厄特奥罗特医院第 6 期技术合作	换文
258	2013 年 10 月	桑给巴尔	提供抗疟药品	换文
259	2013 年 12 月	南苏丹	援南苏丹伦拜克医院项目	交接证书
260	2013 年 12 月	南苏丹	提供抗疟药品	换文
261	2013 年 12 月	塞拉利昂	提供抗疟药品	签订协议
262	2013 年 12 月	几内亚比绍	援几比国立卫生学校项目	签订协议
263	2014 年 2 月	吉布提	光明行	换文
264	2014 年 2 月	埃塞俄比亚	援埃塞提露内斯—北京医院二期工程项目	签订协议
265	2014 年 3 月	多哥	提供抗疟药品	换文
266	2014 年 3 月	喀麦隆	提供抗疟药品	签订协议
267	2014 年 4 月	布隆迪	援布综合医院第 2 期技术合作	签订协议
268	2014 年 4 月	科摩罗	提供抗疟药品	交接证书
269	2014 年 4 月	几内亚比绍	援几比紧急人道主义医疗物资	交接证书
270	2014 年 4 月	利比里亚	援利紧急人道主义医疗物资	换文
271	2014 年 4 月	几内亚	提供抗疟药品	签订协议
272	2014 年 5 月	尼日利亚	援尼疟疾诊疗设备和耗材	签订协议

续表

序号	时间	国家/地区	援助内容	备注
273	2014 年 5 月	尼日利亚	提供抗疟药品	交接证书
274	2014 年 5 月	乍得	提供抗疟药品	交接证书
275	2014 年 5 月	安哥拉	援安罗安达省总医院设备	签订协议
276	2014 年 5 月	几内亚比绍	应对埃博拉疫情医疗物资	交接证书
277	2014 年 6 月	乌干达	援乌干达抗疟中心医疗设备和物资及援乌抗疟药	换文
278	2014 年 6 月	乌干达	中乌友好医院技术合作	换文
279	2014 年 7 月	喀麦隆	援喀雅温得医院医疗设备	交接证书
280	2014 年 8 月	吉布提	提供药品和医疗设备	签订协议
281	2014 年 8 月	刚果（金）	援刚加丹加省综合医院	换文
282	2014 年 8 月	苏丹	援苏丹阿布欧舍医院改扩建项目	换文
283	2014 年 8 月	利比里亚	第 2 批抗击埃博拉紧急人道物资援助	换文
284	2014 年 8 月	南苏丹	援南苏丹医疗器械和医用物资	换文
285	2014 年 8 月	桑给巴尔	光明行	换文
286	2014 年 9 月	科特迪瓦	抗击埃博拉疫情防护救治物资	换文
287	2014 年 10 月	吉布提	光明行项目赠送药械	换文
288	2014 年 10 月	纳米比亚	援纳奥姆西亚医院医疗设备及医用物资	换文
289	2014 年 10 月	刚果（金）	抗击埃博拉疫情防护救治物资	换文
290	2014 年 10 月	几内亚比绍	抗击埃博拉疫情防护救治物资	换文
291	2014 年 11 月	塞内加尔	抗击埃博拉疫情防护救治物资	换文
292	2014 年 11 月	马里	抗击埃博拉疫情防护救治物资	换文
293	2014 年 11 月	吉布提	援吉阿尔塔医院增建放射楼	交接证书
294	2014 年 11 月	利比里亚	抗击埃博拉疫情防护救治物资	交接证书
295	2014 年 11 月	几内亚	抗击埃博拉疫情防护救治物资	签订协议
296	2014 年 11 月	塞拉利昂	抗击埃博拉疫情防护救治现汇	签订协议
297	2014 年 11 月	肯尼亚	援肯医疗物资和设备	换文

数据来源：依据多种来源的公开媒体报道整理。

附录 9　中国对乌干达的援助事件（2000～2014）

序号	时　间	援　助　事　件	其中：卫生援助	备　注
1	2006 年 6 月	援建农村小学		
2	2006 年 6 月	援建农业示范中心		签订谅解备忘录
3	2006 年 6 月	援乌干达政府办公楼		签订谅解备忘录
4	2006 年 6 月		提供抗疟药品	换文
5	2006 年 11 月	援乌体育场第 6 期技术合作项目		换文
6	2006 年 11 月		疟疾防治技术培训班	换文
7	2007 年 4 月		提供抗疟药品	换文
8	2007 年 7 月	在乌举办经济管理研修班		
9	2007 年 8 月		在乌举办疟疾防控研修班	交接证书
10	2007 年 9 月	经济技术合作协定		换文
11	2007 年 9 月	援乌 2 所农村学校项目		换文
12	2007 年 9 月	我国免除乌到期债务的议定书		换文
13	2007 年 9 月		派队赴乌对医院项目进行考察	交接证书
14	2008 年 1 月	援乌外交部办公楼维修和改造项目		换文
15	2008 年 4 月		提供抗疟药品	换文
16	2008 年 4 月		援乌抗疟中心医疗物资	交接证书
17	2008 年 5 月			换文

续表

序号	时间	援助事件	其中：卫生援助	备注
18	2008 年 6 月	援乌农业技术示范中心		换文
19	2008 年 7 月	派遣高级农业技术专家		交接证书
20	2008 年 8 月	提供无偿援助的经济技术合作协定		换文
21	2008 年 9 月	援乌坎帕拉医院项目		换文
22	2009 年 1 月	援助乌外交部办公用品		换文
23	2009 年 1 月	提供无偿援助的经济技术合作协定		换文
24	2009 年 1 月	提供优惠贷款用于实施乌国家通信骨干网和电子政务网（二期）、乌干达坎帕拉市政工程设备采购项目		换文
25	2009 年 1 月	援乌体育场体育设施维修项目考察		换文
26	2009 年 4 月		提供抗疟药品	换文
27	2009 年 5 月	援乌干达卡农农村项目		换文
28	2010 年 7 月	援乌体育场第 8 期技术合作		交接证书
29	2011 年 6 月		提供抗疟药品	签订协议
30	2011 年 8 月	援乌农产品加工技术培训班		签订协议
31	2011 年 11 月	援乌干达办公楼和增项工程		换文
32	2011 年 11 月	援乌农业技术示范中心技术合作		交接证书
33	2012 年 1 月		提供抗疟药品	换文
34	2012 年 1 月		中乌友好医院交接仪式	换文
35	2012 年 3 月		提供抗疟药品	

续表

序号	时间	援助事件	其中：卫生援助	备注
36	2012年3月	援乌干达广电塔地项目		换文
37	2012年5月		援乌疟疾防治中心诊疗设备及耗材项目	换文
38	2013年7月	提供无偿援助的经济技术合作协定		签订协议
39	2013年9月	援乌干达政府办公楼项目增项工程		换文
40	2013年10月		提供抗疟药品（二批）	交接证书
41	2014年5月	援乌政府办公楼、外交部办公楼		换文
42	2014年6月	援乌体育场第10期技术合作项目		交接证书
43	2014年6月		援乌干达抗疟中心医疗设备和物资及援乌抗疟药	换文
44	2014年6月		中乌友好医院技术合作	换文

数据来源：依据多种中文公开媒体报道整理。

* 其中除派遣医疗队以外的卫生援助计18件，类别为：提供抗疟药物、援建抗疟研究中心及设施和设备、援建中乌友好医院设施和设备。

附录 10　中国对乌干达的援助项目（2000～2015，AidData 数据库）

序号	年份	项目名称	类别代码	类别名称	美元现值
1	2000	Biogas project	230	Energy Generation and Supply	
2	2000	China provides HR support to Jinja Hospital in Uganda	120	Health	80887130
3	2000	Donation of road maintenance vehicles	210	Transport and Storage	3200000
4	2000	Donation of television station equipment	220	Communications	
5	2001	10th Chinese medical team	120	Health	34371469
6	2001	China cancels $50 million USD of Uganda's debt	600	Action Relating to Debt	50000000
7	2001	China loans 40 million USD to Uganda for construction of food research facility	310	Agriculture, Forestry and Fishing	40000000
8	2001	China provides aid to Uganda to fight Ebola Virus	120	Health	8383291
9	2001	China signs $10m agreement to promote trade and economic cooperation pact with Uganda	330	Trade and Tourism	10000000
10	2001	Donation of equipment for cultural activities	160	Other Social Infrastructure and Services	37479
11	2001	Experts to guide in UIRI	110	Education	427424
12	2002	Construction of building for Ministry of Foreign Affairs Office	150	Government and Civil Society	4742436
13	2002	Donation of computers to promote education	110	Education	
14	2002	Donation of medical equipment	120	Health	361000
15	2003	11th Chinese medical team	120	Health	

续表

序号	年份	项 目 名 称	类别代码	类 别 名 称	美元现值
16	2003	Aid to Internally Displaced Persons Camps	700	Emergency Response	250000
17	2003	China donates garbage trucks to Uganda	140	Water Supply and Sanitation	1449794
18	2003	Donation to the Uganda Olympic Committee	160	Other Social Infrastructure and Services	10000
19	2003	Unconditional grant	998	Unallocated/Unspecified	3624486
20	2004	China Sends Experts to Mandela Stadium	160	Other Social Infrastructure and Services	4451357
21	2004	Construction of state house	150	Government and Civil Society	5000000
22	2004	Grant for development aid	998	Unallocated/Unspecified	2600000
23	2004	Scholarships for Ugandan students	110	Education	
24	2005	China sends 12th medical team to Uganda	120	Health	
25	2006	China Funds Upgrade of UBC's Broadcasting Facilities in Uganda	220	Communications	1827210
26	2006	China agreed to the construction of a rail line to Juba and made other economic cooperation agreements	210	Transport and Storage	
27	2006	China funds anti-malaria program in Uganda	120	Health	
28	2006	Expansion of parliament chambers	150	Government and Civil Society	13104346
29	2006	Grant for refuse collection	140	Water Supply and Sanitation	10000000
30	2006	Mulago hospital computer donation	120	Health	
31	2006	Mulago hospital donation	130	Population Policies/Programs and Reproductive Health	100000
32	2007	China funds construction of Anti-Malaria Center at the Mulago Hospital in Uganda	120	Health	406152

续表

序号	年份	项目名称	类别代码	类别名称	美元现值
33	2007	China funds construction of Government Offices in Uganda	150	Government and Civil Society	27000000
34	2007	China grants Uganda 2 billion UGX for the Construction of Model Agricultural Primary Schools	110	Education	1160435
35	2007	China sends 13th Medical Team to Uganda	120	Health	
36	2007	Construction of automobile factory	320	Industry, Mining, Construction	10000000
37	2007	Construction of industrial school	110	Education	1160435
38	2007	Debt forgiveness	600	Action Relating to Debt	17000000
39	2007	Development grant	998	Unallocated/Unspecified	6800000
40	2007	Donation of agricultural implements	310	Agriculture, Forestry and Fishing	65890
41	2007	Grant for flood relief	700	Emergency Response	100000
42	2007	HIV/AIDS health experts and medical equipment	130	Population Policies/Programs and Reproductive Health	
43	2008	Construction of Export Promotions Hub	330	Trade and Tourism	
44	2008	Construction of hospital	120	Health	6000000
45	2008	Donation of farm supplies and seeds	310	Agriculture, Forestry and Fishing	1511238
46	2008	Loan for sanitation and road equipment	430	Other Multisector	10151613
47	2008	Loan for security communications system	150	Government and Civil Society	5000000
48	2009	14th Chinese medical team	120	Health	
49	2009	CDB funds construction of Hebei Farm in Uganda	310	Agriculture, Forestry and Fishing	1449187

续表

序号	年份	项　目　名　称	类别代码	类　别　名　称	美元现值
50	2009	China funds 750000 USD for Construction of Secondary School in Sembabule District in Uganda	110	Education	750000
51	2009	China funds construction of China-Uganda Friendship School	110	Education	700000
52	2009	China grants Uganda 5 million USD to construct Agri-cultural Aquaculture Demonstration Center	310	Agriculture, Forestry and Fishing	5000000
53	2009	China donates USD83.08K in office supplies to Uganda political party	920	Support to Non-governmental Organizations (NGOs) and Government Organizations	83080
54	2009	China provides senior agricultural experts to Uganda	310	Agriculture, Forestry and Fishing	4414680
55	2009	Chinese donation of reproductive health medical equip-ment	120	Health	300000
56	2009	Donation of anti-malaria drugs	120	Health	400000
57	2009	Loan for e-governance and national backbone (Linked to #11543)	220	Communications	101000000
58	2010	14th Chinese medical team in Uganda donates 100000 RMB worth of medicine and equipment	120	Health	14770
59	2010	Chinese government donated medical equipment to U-ganda	120	Health	
60	2010	Chinese investment company funds medical team to U-ganda	120	Health	
61	2010	Donation of anti-malaria drugs	120	Health	400000
62	2010	Donation of anti-malaria drugs	120	Health	459230

续表

序号	年份	项目名称	类别代码	类别名称	美元现值
63	2010	Grant for Mandela Stadium upgrade	160	Other Social infrastructure and services	3000000
64	2010	Technical training for Ugandan workers	430	Other Multisector	
65	2011	15th Chinese medical team	120	Health	
66	2011	CNOOC trains Ugandan oil workers	320	Industry, Mining, Construction	
67	2011	China EXIM Bank Loans 350 million for Construction of Entebbe-Kampala Toll Road in Uganda	210	Transport and Storage	350000000
68	2011	China offers interest-free loan for projects (linked to-ID #30224)	998	Unallocated/Unspecified	15476375
69	2011	China provided 100 million USD Loans to improve road networks	210	Transport and Storage	100000000
70	2012	China provides 26 billion UGX interest free loan to Uganda	998	Unallocated/Unspecified	10400000
71	2012	Chinese school construction	110	Education	90000
72	2012	Grant for development projects	998	Unallocated/Unspecified	8000000
73	2012	Road Equipment District Units	210	Transport and Storage	130520
74	2012	Training in target industrial skills	110	Education	
75	2013	16th Chinese Medical team donates medicine and equipment to Uganda	120	Health	
76	2013	50 million USD Technical and economic cooperation grant	998	Unallocated/Unspecified	
77	2013	China donates computers to Uganda political party	220	Communications	

续表

序号	年份	项 目 名 称	类别代码	类 别 名 称	美元现值
78	2013	China grants Uganda $8.2 million for infrastructure development	430	Other Multisector	
79	2013	China sends 16th medical team to Uganda	120	Health	
80	2013	China to offers 40 scholarship to Ugandan Students	110	Education	
81	2013	Donation of Anti-Malaria Medicine, Equipment, and Supplies	120	Health	
82	2014	China International Water and Electric Corp. implement Isimba hydropower plant	230	Energy Generation and Supply	
83	2014	China donates 98 solar energy lamps in Kampala, Uganda	160	Other Social infrastructure and services	
84	2014	China donates medical equipment and anti-malaria medicine to Uganda	120	Health	
85	2014	China pledges to cooperate with UNESCO for Africa Teacher Training program in Uganda	110	Education	
86	2014	China funds $620m Tororo mining project	230	Energy Generation and Supply	
87	2014	Chinese Embassy in Uganda donates agricultural machines and goods to Uganda	310	Agriculture, Forestry and Fishing	
88	2014	Chinese Embassy in Uganda donates goods to Nyakinoni China-Uganda Friendship School	110	Education	
89	2014	Chinese Embassy in Uganda donates office appliances to Uganda International Police Organization	150	Government and Civil Society	

续表

序号	年份	项 目 名 称	类别代码	类 别 名 称	美元现值
90	2014	Chinese Embassy in Uganda donates tractors to the hometown of the deputy prime minister of Uganda	310	Agriculture, Forestry and Fishing	
91	2014	Chinese Embassy in Uganda funds the construction of Uganda Police Department kindergarten	110	Education	
92	2014	Chinese Embassy in Uganda gifts office appliances to the office Ugandan Foreign Minister	150	Government and Civil Society	
93	2014	Chinese medical aid team in Uganda holds free clinic in Hoima	120	Health	
94	2014	Donation of medicine and equipment	120	Health	
95	2015	China EXIM Bank commits $645.82 million USD loan for Karuma Dam Construction Project in Uganda (Tranche 2/2)	230	Energy Generation and Supply	
96	2015	China EXIM Bank commits $789.3 million USD loan for Karuma Dam Construction Project in Uganda (Tranche 1/2)	230	Energy Generation and Supply	
97	2015	Chinese Embassy in Uganda builds classrooms and dining hall for Koblin Children Shelter	160	Other Social infrastructure and services	
98	2015	Chinese Embassy in Uganda donate goods to Ibanda Church Hospital	120	Health	
总计					963251028

数据来源：依据 http://China. AidData. org 网站获得的数据整理。查询日期：2016 年 9 月 8 日。

* 请注意，网站数据下载显示选的是 102 个项目，进入数据表的只有 98 个，有 4 个项目没有被列入。

* 此外，总计中也非所有项目都有经费数据。在进入数据表的 98 个项目中，有 44 个项目没有数据。因此，总计中的数据只能作为参考。

附录 11　中国对乌干达的卫生援助项目（2000～2015，AidData 数据库）

序号	年份	项目名称	类别代码	类别名称	美元现值
1	2000	China provides HR support to Jinja Hospital in Uganda	120	Health	80887130
2	2001	10th Chinese medical team	120	Health	34371469
3	2001	China provides aid to Uganda to fight Ebola Virus	120	Health	8383291
4	2002	Donation of medical equipment	120	Health	361000
5	2003	11th Chinese medical team	120	Health	
6	2003	China donates garbage trucks to Uganda	140	Water Supply and Sanitation	1449794
7	2005	China sends 12th medical team to Uganda	120	Health	
8	2006	China funds anti-malaria program in Uganda	120	Health	
9	2006	Grant for refuse collection	140	Water Supply and Sanitation	10000000
10	2006	Mulago hospital computer donation	120	Health	
11	2006	Mulago hospital donation	130	Population Policies/Programmes and Reproductive Health	100000
12	2007	China funds construction of Anti-Malaria Center at the Mulago Hospital in Uganda	120	Health	406152
13	2007	China sends 13th Medical Team to Uganda	120	Health	
14	2007	HIV/AIDS health experts and medical equipment	130	Population Policies/Programmes and Reproductive Health	
15	2008	Construction of hospital	120	Health	6000000
16	2009	14th Chinese medical team	120	Health	

续表

序号	年份	项 目 名 称	类别代码	类 别 名 称	美元现值
17	2009	Chinese donation of reproductive health medical equipment	120	Health	300000
18	2009	Donation of anti-malaria drugs	120	Health	400000
19	2010	14th Chinese medical team in Uganda donates 100000 RMB worth of medicine and equipment	120	Health	14770
20	2010	Chinese government donated medical equipment to Uganda	120	Health	
21	2010	Chinese investment company funds medical team to Uganda	120	Health	
22	2010	Donation of anti-malaria drugs	120	Health	400000
23	2010	Donation of anti-malaria drugs	120	Health	459230
24	2011	15th Chinese medical team	120	Health	
25	2013	16th Chinese Medical team donates medicine and equipment to Uganda	120	Health	
26	2013	China sends 16th medical team to Uganda	120	Health	
27	2013	Donation of anti-malaria medicine, equipment, and supplies	120	Health	
28	2014	China donates medical equipment and anti-malaria medicine to Uganda	120	Health	
29	2014	Chinese medical aid team in Uganda holds free clinic in Hoima	120	Health	
30	2014	Donation of medicine and equipment	120	Health	
31	2015	Chinese Embassy in Uganda donate goods to Ibanda Church Hospital	120	Health	
总计					14353837

数据来源：依据 http://Ctina. AidData. org 网站获得的数据整理。查询日期：2016 年 9 月 8 日。

* 请注意，网站数据下载筛选显示的是 32 个项目，进入数据表的只有 31 个项目，有 1 个项目没有被列入。

* 此外，总计中也非所有项目都有经费数据。在进入数据表的 31 个项目中，有 17 个项目没有数据。因此，总计中的数据只能作为参考。

附录 12　访谈数据索引

序号	访谈对象	对象职位	访谈地点	访谈时间	时长（分）	访谈人	关键词
1	刘培龙	卫生部国际合作司前司长	北京大学医学部公共卫生学院	2014/5/5	60	马宇民、张华芯	援非医疗队、政治考虑
2	冯勇	卫生与计划生育委员会国际合作司非洲处/对外援助处处长	国家卫生与计划生育委员会	2014/6/11	40	马宇民、张华芯	效果评价、医疗队派遣、管理
3	第16批中国驻乌干达医疗队		乌干达坎帕拉纳古鲁医院	2014/7/19	110	邱泽奇、张祐红、谢铮、马宇民、张华芯	基本情况、故事
4	Dr. Osinde Michael Odongo	时任金贾医院院长	乌干达金贾医院	2014/7/21	50	邱泽奇、张祐红、谢铮、马宇民、张华芯	人力资源短缺、物资短缺、中乌合作
5	欧阳道冰	中国驻乌干达大使馆商务处参赞	中国驻乌干达大使馆经济商务处	2014/7/22	60	邱泽奇、张祐红、谢铮、马宇民、张华芯	物资捐助、医疗队情况
6	徐玉清	中国驻乌干达大使馆商务处三等秘书	中国驻乌干达大使馆经济商务处	2014/7/22	40	邱泽奇、张祐红、谢铮、马宇民、张华芯	物资捐赠
7	Dr. Naddumba E. K.	中乌友好医院（纳古鲁医院）院长	乌干达坎帕拉纳古鲁医院	2014/7/21	50	邱泽奇、张祐红、谢铮、马宇民、张华芯	纳古鲁医院、中国医疗队、基本情况
8	Dr. Balina Nseko	金贾医院副院长，乌卫生部秘书	乌干达金贾医院	2015/7/27	80	邱泽奇、马宇民、庄呈、Rehema	物资、人力资源、学习机会
9	Atala A. Ruth Frances	乌国家卫生服务委员会委员	乌干达金贾医院	2015/7/29	31	邱泽奇、马宇民、庄呈、Rehema	人事安排

续表

序号	访谈对象	对象职位	访谈地点	访谈时间	时长（分）	访谈人	关键词
10	Agwarg Joyce	金贾医院 ICU 护士	乌干达金贾医院	2015/7/30	37	邱泽奇、马宇民、庄昱、Rehema	器材、设备、专科化程度
11	Dr. Sempa J. Hellen	金贾医院高级骨科医师	乌干达金贾医院	2015/7/30	43	邱泽奇、马宇民、庄昱、Rehema	骨科、合作
12	Dr. Namasopo Sophie	金贾医院院长	乌干达金贾医院	2015/7/31	40	邱泽奇、马宇民、庄昱、Rehema	儿科、人力资源、设备短缺
13	欧阳道冰	中国驻乌干达大使馆经济商务处参赞	中国驻乌干达大使馆经济商务处	2015/8/4	40	邱泽奇、马宇民、庄昱	聚集效应、挖掘影响
14	Jaliya Nanangwe Bazirondera	金贾医院高级医疗官	乌干达金贾医院	2015/7/17	25	Rehema	撤离金贾、针灸科、三联疗法
15	Prof. Anthony Mbonye	乌卫生部卫生服务部主任	乌干达卫生部	2015/8/3	未录音	邱泽奇、马宇民、庄昱、Rehema	乌干达接受的 DAH
16	Jesca Namugoya	金贾医院针灸科护士	乌干达金贾医院	2015/8/17	34	Rehema	针灸、语言障碍
17	Yudaya Namuwaya	金贾医院泌尿科护士	乌干达金贾医院	2015/8/18	20	Rehema	泌尿科（医疗队离开后）
18	Bangi Lydia	金贾医院 ICU 护士	乌干达金贾医院	2015/8/20	30	Rehema	医师合作
19	Mpata Harriet	金贾医院门诊区护士	乌干达金贾医院	2015/8/20	20	Rehema	贫穷、药品供应、中国医疗队离开
20	Christine Ondoa	乌干达 AIDS 委员会主任（金贾医院前院长）	乌干达卫生部	2015/8/26	15	Rehema	针灸、中国医疗队、评价、友谊
21	Janete Kanene	金贾医院针灸科患者	乌干达金贾医院	2015/10/1	34	Rehema	腰椎间盘滑脱、就诊
22	Joy Kitimbo	金贾医院护士	乌干达金贾医院	2015/10/1	20	Rehema	中国医疗队、诊疗行为

续表

序号	访谈对象	对象职位	访谈地点	访谈时间	时长（分）	访谈人	关键词
23	Apio Dorcus	金贾医院泌尿科高级护士	乌干达金贾医院	2015/10/2	21	Rehema	泌尿科（医疗队离开后）
26	John Kunya	金贾医院泌尿科护士	乌干达金贾医院	2015/10/2	32	Rehema	泌尿科、技术转移
26	Marcellina Nyaketcho	金贾医院针灸科患者	乌干达金贾医院	2015/10/2	16	Rehema	针灸治疗
26	Deborah Balyegisagha	金贾医院针灸科护士	乌干达金贾医院	2015/10/2	32	Rehema	中国医疗队、诊疗行为
27	Julius Egou	金贾医院针灸科患者	乌干达金贾医院	2015/10/7	40	Rehema	针灸、车祸患者、诊治
28	Kisabagire Olina	金贾医院患者、前院长妻子	乌干达金贾医院	2015/10/7	44	Rehema	针灸治疗、私人友谊
29	Ageu Jack Mike	金贾医院骨科医生	乌干达金贾医院	2015/10/8	63	Rehema	骨科、合作、竞争、私人友谊
30	Anguparu Maburuka	金贾医院护士	乌干达金贾医院	2015/10/8	63	Rehema	技术转移、其他国家援助
31	Robinah Nakayima	金贾医院助产护士	乌干达金贾医院	2015/10/8	28	Rehema	药品、诊疗行为、离开后情况
32	Anyori Margaret	金贾医院高级护士	乌干达金贾医院	2015/10/22	28	Rehema	诊疗行为
33	Dr. Anyama Philip	金贾医院外科医师	乌干达金贾医院	2015/10/22	11	Rehema	药品、竞争
34	Odongo Okello	金贾医院骨科医师	乌干达金贾医院	2015/10/22	16	Rehema	怀念、贡献、中国医疗队
35	Isiko Susan	金贾医院助产护士	乌干达金贾医院	2015/10/23	31	Rehema	中国大夫、敬业精神、语言障碍
36	Atim Joyce Clara	金贾医院护士	乌干达金贾医院	2015/10/27	34	Rehema	诊治

续表

序号	访谈对象	对象职位	访谈地点	访谈时间	时长（分）	访谈人	关键词
37	Ebitu Alice	金贾医院助产护士	乌干达金贾医院	2015/10/28	32	Rehema	中国大夫诊疗故事
38	Otim Tappy	金贾医院计划生育大夫	乌干达金贾医院	2015/10/29	25	Rehema	中医药、贡献
39	Dr. Gashishiri	前金贾医院院长	乌干达金贾医师家中	2015/11/19	30	Rehema	守时、中国医疗大夫资质、质疑中国援助
40	蔡利珊	中国医疗队医生－第1批	云安会都工作人员办公室		60	张华芯	妇产、第一台手术、医患关系、收表
41	展鸿谋	中国医疗队医生－第3批	云南大学医院专家门诊		50	张华芯	历史、地理环境、语言困难
42	冯玉昆	中国医疗队医生－第3批	云南大学医院专家门诊		30	张华芯	派遣、队长责任
43	吴平	中国医疗队医生－第10批	昆明医学院二附院办公室		30	张华芯	基本情况、在乌生活
44	肖云	中国医疗队医生－第13批	中医院皮肤科办公室		30	张华芯	基本情况、在乌生活
45	钟一鸣	中国医疗队医生－第13批	延安医院主任办公室		30	张华芯	援乌动机、在乌生活
46	曹贵华	中国医疗队医生－第15批	昆明医学院二附院办公室		30	张华芯	基本情况、在乌生活
47	张栩	中国医疗队医生－第15批	昆明医学院二附院治疗室		30	张华芯	援乌动机、在乌生活

附录 13　金贾医院民族志

主人与客人：金贾医院与中国医疗队

一　背景与研究方法

（一）研究对象

基于课题组文献研究的发现，在评价"中国对乌干达卫生发展援助有效性"时，几乎没有可以直接引用、具有共识的有效性评价标准，只能依据中国卫生发展援助的实践来建构，课题组希冀在相关行动者之间获得最低限度的共识。

社会学人类学的视角与方法为我们提供了不同于常见的有效性评价的可能性。社会学人类学约定，每一个发出行为的主体，都是行动者；行动者在社会中发生的行动，被称为社会行动。在中国向乌干达派遣医疗队的援助实践中，金贾医院的医生护士和患者与中国医疗队的队员都是重要的行动者。理解他们在长达 30 余年时间里的社会行动及其影响（援助有效性的一部分），十分具有挑战性。

首先，医疗队在金贾医院的援助活动涉及了援助与受援双方个体、组织以及国家等多个行动者层次的社会行动；其次，这些社会行动既发生在特定的社会文化环境中，也发生在金贾医院的诊疗环境中；最后，行动者不仅发出社会行动，还受到了其他行动者行为的影响。

要理解具体情境中的社会行动及其意义，有效的方式是将其放回到具体的情境中。为此，我们选择了民族志方法，希望通过把中国医疗队的社会行动放在金贾医院的情境中，梳理 30 余年间金贾医院与中国医疗队在援助实践中的社会行动，尝试发现和理解中国医疗队给金贾医院乃至乌干达卫生体系和社会带来的影响。

（二）资料来源

1. 对国内关键知情者的访谈

为了更好地理解课题内容，课题组对两位国内的关键知情人进行了访谈。通过他们，课题组对乌干达的情况有了基本的了解，并据此设计了第一次赴乌干达进行实地调研的方案。

2. 对金贾医院的实地调查及访谈

课题组于2014年7月和2015年7～8月，两次赴乌干达进行实地调研。第一次观察并访问了中国驻乌干达经商参赞处、金贾医院、中乌友好医院等地，对中国医疗队进行了专题访谈，共产出5份访谈记录。这次调研为课题组修正研究模型提供了重要的依据。2015年，课题组二访乌干达，主要对金贾医院相关人员进行了访谈，获得了他们对项目开展的理解与支持。这次访问共产出6份访谈记录。

3. 研究助手在金贾医院进行的访谈

乌干达居民使用的语言种类较多，即使是使用英语，相互之间也存在较严重的理解障碍。为了保证获取信息的真实性，课题组在乌干达麦克雷雷大学招募了一名研究助理，请她使用课题组设计的半结构化访谈提纲寻找研究方案设定的访谈对象进行访谈。课题组在第一次访乌期间与研究助手签订了相关协议，对其进行了访谈规范化培训。在课题组离开乌干达后，研究助手继续在金贾医院和相关机构展开访谈。双方通过互联网沟通交流，不断根据访谈的收获和暴露出的问题，调整访谈提纲，挖掘更深、更广、更真实的信息，使信息满足饱和性原则。

由研究助手进行的访谈记录共25份。

4. 对援乌医疗队队员的访谈

课题组对中国派驻乌干达的医疗队员进行访谈。除对第16批医疗队员进行专题访谈之外，还访谈了8位已经回国的医疗队员，其中包括对第1批医疗队员的访谈。

5. 文献与档案材料

我们从中国国家商务部、国家卫生计生委、云南省档案馆和中国第16批援乌医疗队处，获取了与中国援助金贾医院有关的文献和照片。这些数据帮助我们进一步厘清和校验获得的信息，为刻画中国医疗队驻院30余年的金贾医院发展与变化提供了参考。

（三）资料处理

调查中的访谈，主要采用英语和中文两种语言。在获得受访者知情同意的前提下，对访谈进行了录音。在访谈结束后，对录音进行了转录。对访谈内容的分析，我们采用了扎根理论的方法（凯西·卡麦兹，2009），在 Nvivo 软件中完成了对资料内容的编码和分析。

二　金贾医院来了中国医生

（一）乌干达与金贾医院

1. 乌干达及金贾

乌干达位于非洲东部，东邻肯尼亚，南与坦桑尼亚和卢旺达交界，西与刚果民主共和国接壤，北与南苏丹毗连，是地跨赤道的内陆国。乌境内多为海拔 1200 米左右的高原，丘陵连绵、山地平缓、大地红赤。东非大裂谷的西支纵贯西部，谷底湖泊众多。拥有非洲最大的淡水湖——维多利亚湖（面积约 6.7 万平方公里）近一半的水域。维多利亚湖也是尼罗河源头之一。

乌干达约有 65 个族裔。按语言划分，有班图人、尼罗人、尼罗 - 闪米特人和苏丹人四大族群。每个族群由若干族裔组成。班图族群占总人口的 2/3 以上，包括巴干达（占总人口的 18%）、巴尼安科莱（占总人口的 16%）、巴基加和巴索加等 20 个族裔。尼罗族群包括兰吉、阿乔利等 5 个族裔。尼罗 - 闪米特族群包括伊泰索、卡拉莫琼等 7 个族裔。苏丹族群包括卢格巴拉、马迪等 4 个族裔。[①]

金贾（Jinja）是乌干达继首都坎帕拉（Kampala）之外的第二大城市的名称，也是一个地区（district）的名称。城市所在地距离首都 80 公里，与坎帕拉市纬度相似。若从乌干达西部出发去位于东部的首都，那么金贾则是最便捷的通道。金贾属于东部大区的布索加副区（Busoga），主要居住着巴干达（Bagada）人，讲着卢索卡语（Lusoga）和斯瓦希里语（Swahili）。

乌干达曾经是英国的殖民地。直至今日，在其社会文化中，仍有不少英国文化的痕迹。其中，殖民痕迹中影响最深远的，当属根植于乌干达社会中的精英文化。精英文化发轫于英国对其殖民时采用的"间接管理"制

---

① 参见《乌干达概况》，载于中国外交部网站，http://www.fmprc.gov.cn/web/gjhdq_676201/gj_676203/fz_677316/1206_678622/1206x0_678624/，最近更新于 2016 年 7 月。

度，即由当地的精英代为行使管理权。这些精英将个人地位看得很重，会千方百计地为自己在政府机关中谋得职位。同时，为了更好地培育这些精英对英国文化的认同，英国每年会提供很多留学机会给这些精英的子女。而精英的后代，在接受了高质量的教育后，能够成为新一代的精英，也更有可能将自己的下一代培育为非洲大地的精英（马丁·梅雷迪思，2001）。精英文化对乌干达社会的影响首先是形成了居住地域的分割：百年间，精英们逐渐聚集在交通便利、风景宜人的地方。而其余的地方，则为穷人所占领，形成界限分明的生活区域。精英文化的另一个表现是当地居民的语言能力。在乌干达，只有少数受过良好教育的人才能使用英语交流。大多数人讲着自己口口相传的地方语言，多为混杂着英文单词的本地语言。

虽然距离被殖民的历史已将近一个世纪，虽然乌干达是世界上接受发展援助最多的国家之一，但乌干达共和国仍是世界最不发达的国家之一。乌干达人说，在他们国家，穷人占总人口的 70% 以上（Dr. Naddumba EK）。而根据世界银行，生活在划定的贫困线（按购买力平价计算，每天收入少于 1.99 美元）之下的人口比例高达 34.6%。①

2. 乌干达的卫生体系

在乌干达，医疗机构分为私营和公营两类。私营机构通常设备先进，可以提供相对优质的服务。可以想象的是，私营机构的服务价格高昂，对绝大多数乌干达人来说是无力承担的。在公营医疗机构中，基本医疗服务是免费的。基层医疗机构（health center）分为村、镇、县、地区四级。只是，这些机构常常缺乏诊治疾病必要的设备，也缺乏高水平的医师。因此，大部分乌干达人若想看病，只能到这些基层医疗机构之上的 13 家大区级转诊医院和 2 家国家级转诊医院。这两家国家医院分别是 Mulago 和 Butabika 国家转诊医院，而后者仅提供精神疾病方面的诊治服务。

公立医疗机构没有诊疗费作为收入，因此医院只能向政府申请建设、发展和维持运转的一切经费。可乌干达的国家财力不足以支持医院的需

---

① 近年来，乌干达生活在世界银行划定的贫困下的人口快速减少，从 2006 年的 53.2% 下降到 2013 年的 34.6%。数据参见 "Uganda Poverty Assessment 2016: Fact Sheet"，该文章载于世界银行网站，http://www.worldbank.org/en/country/uganda/brief/uganda-poverty-assessment-2016-fact-sheet，最近更新于 2016 年 9 月。

求。由于国家财政收入不稳定和来自世界各国卫生发展援助的变化，医院的经费无法得到有效的、稳定的保障。即使获得经费，相较于医院的开销，也只是杯水车薪。在大多数情况下，政府批准的预算可能连一台超声机都买不起。在这样的环境下，医院的硬件基本依靠外来援助。许多医院不仅发展无望，有时连正常的运行都难以为继。如果说，乌干达医院的院长会因医院发展而时常头疼的话，那么病灶应该就是捉襟见肘的经费了。

在乌干达，公立医疗机构需要向国家药品局（Uganda National Drug Store）申请药品和医用耗材。虽然国家药品局是政府的机构，却时常连治疗简单的疾病如感冒的药品都没有库存。这就可以理解为什么各医院无法从国家药品局申请到足额的药品，通常情况下，能够拿到申请量的一半就不错了。

3. 金贾医院

金贾医院（Jinja Regional Referral Hospital）历史悠久，始建于 1926 年，最初是作为战地医院建设起来的。1993 年，金贾医院升格为布索加地区转诊医院，为 Jinda、Buyende、Kamuli、Kaliro、Iganga、Namutumba、Mayuge、Namayingo、Luuka 和 Bugiri 等地的 4 级医疗机构提供转诊接诊服务。虽然金贾医院是乌干达东部大区的三家转诊医院之一，也是最大的医院，但也得不到国家特别的优待，多年来发展缓慢。医院里的一些建筑甚至可以追溯到 1926 年。

1995 年，金贾医院制作了自己的组织架构图，一直沿用到 2009 年新建 ICU 的时候。这十多年内，医院的发展几乎是停滞的。

ICU 的建立，终结了这种停滞。ICU 病房是金贾医院中最先进的病房，有两台呼吸机。然而，整个 ICU 部门，从病房到设备，全部来自国际卫生发展援助。当地政府无力在硬件建设上支持金贾医院，所以，在可预测的将来，如果没有来自国外的援助，2009 年版的医院组织结构图，又可以继续使用很长时间了。

在金贾医院的院务展板上，张贴着这家医疗机构的目标："为本地区人民获得更高质量的通科和专科健康服务，并通过不断的发展成为优秀的专科和通科健康服务的地区级中心。"然而，金贾医院很显然距实现这个目标还有相当的距离。

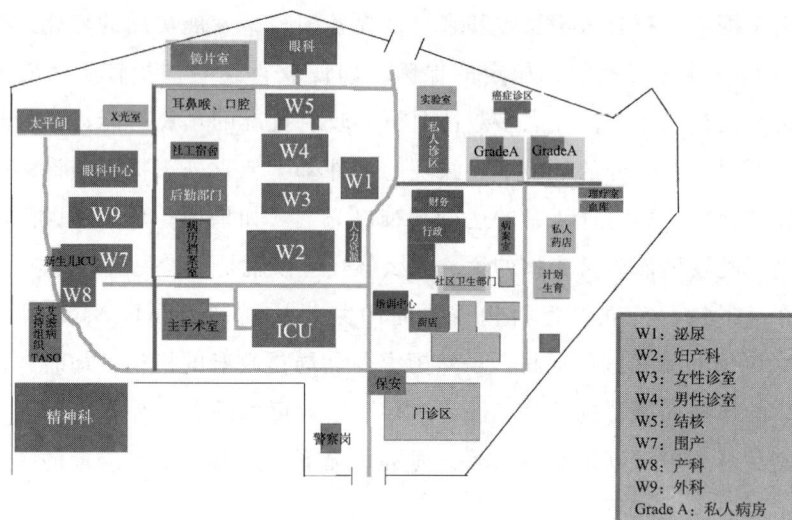

图 13-1　金贾医院地图（2015）

缺少药物是金贾医院的常态。患者到金贾医院排许久的队，常常只能得到医师的诊断和写在小纸条上的药名。药名都是用英文写的，对于大多数不识字、只会讲卢索卡语和斯瓦希里语的布索卡人来说，这些字只意味着更多的麻烦。

拿着小纸条的人要出门租一台"bodaboda"（当地的出租摩托车）去金贾城里找到能够买到这些药的药店，然后再花一大笔钱买药。

不少人想想这些麻烦，再想想这些钱，就会放弃治疗。因为买药需要的可能是一笔大到他们一辈子都没见过的钱。

少数幸运者，也就是有些经济实力的患者，买到了药，开开心心地回到金贾医院，请求大夫告诉他应该怎么吃这些药。然后却可能发现，药店卖给他的药并不是大夫希望他吃的。大夫手写的药名固然像天书般难以辨认，但有时却是药店故意卖给患者用不到的药。患者找回去，既要不回钱，也换不了药，只能买更多的药。那些已经花光自己凑来的钱的患者，只能拿着那些自己用不到的药，默默落泪。

这时，来看病的患者才会突然明白，虽然在政府办的医院看病是免费的，但想治好病就得花钱。

金贾医院的医用器材和耗材也奇缺，大部分手术无法落实。没有检查用的器材，大夫便只能选择给患者开转诊单，将他们转到位于首都的国家级医院。对于少数能够开展的手术，大夫也会让患者先到金贾城中买需要用的耗材。比如做一台泌尿手术，患者要去城里买一条导尿管。

即使是简单的耗材，巴干达人也是买不起的，更不必提手术后康复要用的药物等了。手术无法做，患者只能带着和来时一样的病痛和新增的绝望，回到自己来的地方，坚强地活着。

除物质资源短缺之外，金贾医院的人力资源也捉襟见肘。金贾医院现有医师人数仅为计划人数的 60%。这家计划病床数为 500 张的地区转诊医院，仅有不到 20 人的正式医师团队：除儿科和骨科医师稍多外，不少的科室只有 1~2 名医生，一些科室则仅存在于组织架构图的纸面上。与金贾医院之外的 12 家同级转诊医院相比，金贾医院的状况并不是最糟的，有的医院只有不足 40% 的在编人员。

医师的工资亦由政府拨付，虽然有职级工资，工资却不高，有时也不能足额。许多大夫为了挣更多的钱，除了在公立医院工作，还会到私营医疗机构开诊，有的甚至自己开办诊所。医生们说，乌干达是一个最适者生存的地方，他们肩负的责任太多，不得不多做些别的，让自己生存得更好。因此，来金贾医院看病的人会发现，这里的医生通常只在上午上班，下午就不见人影了。只能工作一半时间的医生，无疑使金贾医院的人力资源状况雪上加霜。

护士的人数同样不足。设备条件最好的 ICU 科也只有 6 名护士。在金贾医院和乌干达的其他医院，人力资源最充裕的通常是产科护士。多年来，乌干达的总和生育率一直在 6 以上①，对助产士的需求持续旺盛。而培养一个助产士，则不需要很多的技术、器材。口口相传的经验，外加许许多多的接产机会，就足够为乌干达培训出合格的助产士了。

金贾乃至乌干达全国都缺医少药，无法治愈很多普通疾病。疟疾、性病、小儿麻疹、外伤、疝、早产、肺结核是最常见的疾病。② 医疗环境的艰苦，使这些患者的疾病无法治愈，大多只能等待疾病转归的自然发生，

---

① 乌干达的总和生育率到 2012 年才下降至 5.964。数据来源自世界银行网站，http://data.worldbank.org.cn/indicator/SP.DYN.TFRT.IN?locations=UG，最后访问于 2016 年 10 月。

② 参见援乌干达医疗队考察组，1978，《乌干达医药卫生情况考察报传》，昆明：云南省档案馆，卷宗号：131：3：288：6。

这极大地缩短了乌干达人的人均期望寿命。在妇产科，由于缺少催产药物，很多产妇虽然开始了产程，生产持续的时间却很长，或许24小时甚至48小时都不能完成生产。由于缺少床位，一些孕妇疼得在地上打滚，这导致围产期的感染概率极高，甚至危及生命。即使这样，乌干达人一代又一代地延续着，他们期待着健康保障的不断改善。

（二）黄皮肤在金贾医院亮相

1983年4月，金贾医院出现了一群黄皮肤的中国人。这是中国云南省向乌干达派出的第1批医疗队。

医疗队虽然只有12人，却覆盖了内科、外科、妇产科、耳鼻喉科、口腔科、麻醉科、放射科、针灸科等。医疗队刚刚到达，金贾医院的院长、副院长，还有医院的护士长三个人就到医疗队的住处表示欢迎。

在简单的欢迎仪式过后，金贾医院迅速恢复了一如往常的宁静。患者等待着大夫的诊治，大夫依旧走笔如龙地写下药名，让患者外出购买。唯一不同的是，他们都在黄皮肤中国人出现的时候，偷偷地看几秒钟。

这群漂洋过海、跨越半个地球的中国大夫到了金贾医院，只是在各个科室间转转、看看，并不工作。也许，这些中国人也像那些白人大夫一样，过来转转，看几个病人，待上几天，然后就走了。

几天之后，金贾医院的医护人员和滞留在金贾医院的患者，习惯了这群中国人的存在。遇到了，便像面熟的朋友一样，"good morning""good afternoon"地问候一声。

在他们眼中，这群中国大夫与其他曾经到医院来工作过的英国大夫、埃及大夫可能没有什么不一样，只是皮肤是黄的。然而，他们不知道的是，中国大夫的"不作为"，是因为管理他们的上级不允许他们直接开始诊治：出于安全考虑，乌干达卫生部和中国卫生部要求，第1批中国医疗队必须实习一个月，才能在金贾医院正式开展工作。

同样是在开始的几日，中国大夫则越来越清晰地意识到他们面前的难题。金贾医院里没有灭过菌的布巾和器械，大多数的情况是把器械往一只开了水的壶里一扔，煮一煮，捞出来，就算消毒完毕。在产房，接生的护士往手上仪式性地擦一点氯已定，或者不擦，就谈笑风生地去接生了。护士们大多不戴手套，仅有很少的医护人员能从容地从自己的衣服口袋里掏出上一次用过的橡胶手套。这些人已经是当地医护队伍中的高层级人员了。骨科需要的螺钉在这里只有一个型号，若想用短一些的钉子，恐怕只能先出钱买只钳子，然后自己剪螺钉。在门诊，几乎没有可以辅助诊断的器械，就连血压计也是坏的，没法使用。虽然中国政府配发的医用器材与耗材已经在路上，却不知道什么时候才能用得上。医疗条件之差，设备耗材药品之短缺，时时刻刻提醒着中国医生：这里是一个陌生的地方。

在患者的眼里，中国医疗队的到来并没有给他们带来什么改变，医院还是那家医院，大夫还是那些大夫，原来怎么忍受，现在还得怎么忍受。

从组织的视角看，金贾医院是乌干达的一个医疗组织，在乌干达人眼里，中国医疗队则是一个外部团队。医疗队以一个团队的形式，从无到有，嵌入金贾医院这个庞大的组织内，没有任何一方知道未来将会发生什么。

金贾医院像一个主人，友善地欢迎新朋友；中国医疗队则是掌握着先进技术和丰富资源的客人，期待着能够帮助曾经和他们一样落后的兄弟。

然而，他们也许并没有意识到，"主人"和"客人"的身份，会阻碍他们相互理解、相互学习。从"主人"的视角出发，"客人"是短期内出现在自己生活里的"他者"，主人只需尽"地主之谊"，招待好、安顿好客人即可。从"客人"的视角出发，最高的道德莫过于不扰乱主人的生活和行为。

如果各自沿着自己的视角行动，则与医疗队相互交流的初衷，与援助即希望受援方发生改变的初衷，产生了矛盾。30多年里，主客之间的关系微妙而脆弱，这里真实地上演着金贾医院舞台上的中国医疗队故事。

三　金贾医院科室里的中国大夫

（一）妇产科

中国医疗队也曾想象过工作环境的艰难，也曾一腔热血、摩拳擦掌希望大干一场，可眼前的状态还是超出了他们的想象。如何在这完全陌生而艰苦的环境中，打开局面，履行国家赋予的责任，成为中国医疗队关切的头等大事。

在中国医生到达一个月的时候，机会来了。

金贾医院接到了一位子宫破裂的患者。

子宫破裂，是妇产科最凶险、最严重的疾病之一。因患者的产道问题，婴儿难产，卡在产道，子宫又在激素的作用下不断地强力收缩。这种情况常常会导致子宫破裂，引发大出血，危及两条生命。

金贾医院的大夫对此束手无策。以往遇到类似的患者，他们往往只能放弃。而现在，他们突然想起了已经在金贾医院"闲置"了一个月的中国大夫。

金贾医院的大夫找到了蔡利珊，一位来自中国的妇产科大夫。蔡利珊大夫 20 世纪 60 年代从昆明医学院毕业后就留在昆医附一院。1965 年 6 月 26 日，毛泽东提出要把医疗卫生工作的重点放到农村去。蔡大夫响应毛泽东的号召，下到基层工作。在基层工作的时间里，她练就了在极艰苦的条件下抢救危重病人、开展复杂手术的功力。可在金贾的这位子宫破裂患者面前，她却犹豫了。

固然，对一个妇产科大夫而言，不论发生任何情况，都应该尽快抢救，保住母亲。然而，开展手术所需的助手却来自不同的医院、不同的科室，拥有不很熟悉的专业背景。蔡大夫担心的是，不熟悉的助手能一起配合、做出完美的手术吗？手术环境那么差，如果手术时感染了，病人没救过来，在这棘手的病例上出师不利，人们会怎么评价中国大夫？

队长姜昭猷看出了蔡大夫的顾虑，想想已经准备了一个月的队员们，他做出了中国援乌医疗队的第一个医疗决策——全队辅助蔡大夫，立刻手术。

进了手术室，队员们才感受到器械不顺手的影响。金贾医院的器械大多是多年前英国人留下的，非常老旧。蔡大夫看了看那些又长又大的剪子、手术刀、止血钳，十分怀念国内已经用惯了的小巧器械。手术台的位置很高，还不能自由升降。蔡大夫个子不高，为了获得合适的操作角度，她站到了一把椅子上。

医疗队麻醉师给患者上了麻醉，蔡大夫弓着腰，找到了自己熟悉的视角，开始了手术。手术一开始，陌生、担心、不安全感，全部消散。切开、观察、清理、缝合的一步步的操作，让蔡大夫越来越专注，越来越有信心。

几个帮忙的乌干达大夫则在一旁仔细地看着这个小个子中国大夫精细地进行着手术，不时发出赞叹的声音。

经过抢救和产道修复，手术达到预期，产妇的生命保住了。下了手术台的蔡大夫，腰酸背痛。

第二天一早，消息就传了出去，大家都说：中国医生开始做手术了，救了人！

就这样，中国医疗队，以一场棘手、急迫的急诊手术，开始了在金贾医院30多年的诊疗援助。

（二）口腔科

想要在金贾医院诊治患者，在新环境中融入自己所归属的科室，必先得到乌干达医师对其医疗水平的认可。而获得认可的机会，却充满挑战。因为这些机会，往往是乌干达医师不能处理的问题。

1989年7月，第4批援乌干达中国医疗队到达乌干达。中国医疗队的口腔科主治医师王朱，能够深切地感受到乌方医务人员对她的偏见。也许因为口腔科是金贾医院中技术实力较强的科室，又也许仅仅因为她是个女大夫。

虽然如此，王大夫却以不变应万变，专心做好自己的专业诊疗。短短的两年间，她曾经先后3次抢救枪伤病人。

最严重的一个患者头颈部被击穿：子弹从他的左面颊进去，穿过口腔、咽腔，从右面颊飞出，致颌面粉碎性开放性骨折，面容被毁，呼吸困难，不能进食。王医生在国内，从未处理过这么严重的火器伤。但她以负责的态度和过人的胆识，为伤员做了手术。待危险期一过，又马上为之整容，进行功能恢复手术。王大夫又亲自护理伤员直至痊愈。出院时，这位大汉含泪跪倒在王大夫面前。折服的不仅是这位感恩的患者，还有那些自知无力救人的乌干达医生。

王医生接诊的患者中，还有一位患牙龈肿瘤的女患者。乌干达大夫曾经为她做了多次手术，却始终未能切除病灶。患者的病情不断发展，来时口腔内脓血恶臭，嘴都无法闭合。王医生则细心地为其清创、做手术。也一如往常地关心护理术后的患者。不到一个月的时间，患者就痊愈。

经过一年多的实践，经过几次凶险的复杂手术后，王朱用自己过硬的本领和认真负责的态度纠正了偏见；偏见终于变为信任和钦佩。[①]

---

① 参见云南省人民医院党委办公室，1992，《勤奋工作为国争光》，昆明：云南省档案馆，卷宗号：131：3：601：6。

由于当地医疗水平的限制，乌干达大夫常常会把疑难凶险的病例转给中国大夫。若是中国大夫接起来了，就能得到信任，未来就能够和乌干达医师平行地接诊患者，合作开展手术。但若接不起来，恐怕之后在科室中，便难以立足了。

好在云南省为乌干达派出的大夫都是技术过硬的卫生人才。在个人层面，这些大夫通过每日的付出与积累，一般都能逐渐赢得乌干达医护人员的认可。

难的是，中国医生要在自己的专业阵地里维护中国医疗队这个团队的"金字招牌"。毕竟，在人数不多的团队里，出现一个两个技术不过硬的医生，发生一两起医疗事故，就足以毁掉一个团队的声誉了。

维护医疗队和中国的形象，需要每一支队伍、每一名队员都有过硬的专业技能。因为，在乌干达的每一次接诊都没有给医师留下准备的时间，也没有如在国内可以向上级医师、上级医院转诊的机会，更不必说，这些难题会随机地落到各个科室医师的肩上。

第5批医疗队刚到乌干达时，口腔科大夫就为这支新队伍打响了第一枪，护住了中国大夫的技术大旗。

1991年，口腔科收治了一名女性患者，患病已十年。当疾病发展到进食困难的时候，她才来金贾医院。检查发现，病灶包块与喉头器官及颈部重要血管神经紧密相邻，位置危险。乌干达的医生，还有当时也在金贾医院援助的埃及医生都望而生畏。而中国大夫则自信地接诊了患者，并为其设计了手术方案。埃及医生和多名当地医生还在现场观看手术。虽然压力重重，但中国大夫却凭借其熟练的技术，顺利地完成了手术，获得了满堂彩。患者的伤口在术后也愈合良好，很快便出院了。正如中国医疗队在总结中写的："在技术上，他们能处理的问题，我们都能很容易地解决，他们不会处理的问题，我们也能处理。"①

（三）泌尿科

金贾医院虽然定位为一家专科医院，但由于人力资源匮乏，专科医院服务也仅仅停留在组织架构图上，泌尿科就是这样一个典型。

---

① 参见第五批援乌干达中国医疗队，1993，《第五批援乌干达中国医疗队工作汇报》，昆明：云南省档案馆，卷宗号：131：3：625：16。

多年来，在乌干达执业的泌尿科大夫人数极少。泌尿科患者的疾病往往只能由普外大夫诊疗，或只能无奈地任由疾病自然发展或康复。中国医疗队则为当地泌尿科患者带来了新的希望。

2009 年的一天，金贾医院接到了一名腹腔巨大肾母细胞瘤患儿。当时，算上中国医疗队的王磊医生，乌干达也只有 9 名泌尿科大夫。幸运的是，配发给中国医疗队的生命支持设备刚刚到达，有了对这名患儿开展手术的条件。

每每遇到复杂的病例，金贾医院手术室内的场景总是惊人地相似。这一天，王磊大夫主刀。由于人手实在不够，不得不请在国内离手术台最远的消化内科和中医科大夫上台辅助。毕竟，在成为专科大夫前，这些大夫都曾经从基层做起，在手术台上接受过相似的训练。在主刀、一助、二助之外，还围着几个"啧啧称奇"的当地医生。主刀医生全神贯注，手术过程的复杂与惊险可以从乌干达医师中不自觉流出的语言中窥得些许：从开腹暴露肿瘤时的"My god!"（我的天呀），到剥离各种组织时的"Oh, it is difficult"（哦，这太难了）。手术进行到关键处，乌干达医师不禁问道："Do you believe in god?"（你们相信上帝吗?）到手术结束的时候，金贾医院的大夫如释重负地叹道："Fortunately! Fortunately!"（太幸运! 太幸运了!)①

中国医疗队对金贾医院中高级医疗人员的充实，使金贾医院成为真正具有提供专科服务能力的医院。在金贾周边的地区，常常可以听到这样的表述：金贾以西，再也没有泌尿科的大夫了。

虽然中国大夫是以团队形式进入金贾医院的，医学的学科划分自然而然地将中国大夫分散到金贾医院的科室。这一分散实现了中国医疗队在专业领域嵌入金贾医院。正是在深入科室的意义上，中国医疗队实现了外部环境期待，让中国医疗队队员服务于乌干达的患者。也正是在各个科室间，促成了医疗队队员作为大夫和援助者双重角色的融合。金贾医院则自然地容纳了化整为零的医生个体进入各个科室。在这个过程中，金贾医院真正地充实了人力资源，发展成一家学科设置齐全的地区级专科医院。从

---

① 参见《援外医疗队通讯》2010 年第 4 期，第 22 页。

专业的层面上看，中国医疗队与金贾医院打破了主客身份的隔阂，成为一体。

四　银针魔力

（一）银针进入乌干达文化

中国医疗队不仅嵌入金贾医院的各个科室，还为金贾医院开设了全新的科室——针灸科。在中国医疗队到金贾医院以前，乌干达人从来没有见过用细小银针扎在身上的治病方法，也没有见过用点燃的、像雪茄似的药棒治病的方法。对于针灸科，乌干达人花了很长时间在好奇地观察。

针刺在身上的生活经验，让他们对这些细小的银针自然地产生恐惧。在金贾医院针灸科工作的护士们，记得很多害怕这些银针和扎针的故事。这种恐惧有时还会引发更严重的情况。

> 之前有一个姓王的大夫，在给一位妇女行针的时候，这个妇女晕过去了。于是大家也都吓跑了，经过处理，妇女又醒过来了。后来才知道，她早上没吃东西。在这之后，我们都会建议患者先吃东西再就诊。（Jesca Namugoya）

选择进入针灸科室的患者，其心态往往非常相似：身体疾病不重的人，好奇、紧张而又有一丝丝害怕；或者，疾病在乌干达无法治愈，甚至已被西方医学判了死刑的患者，怀着"死马当作活马医"的心态，最后试一试。

而到针灸科一试，往往有奇效。就像乌干达护士评价的那样：

> 有些患者已经不能走路了，或者他们很虚弱。我们就会告诉他去针灸科看一看。针灸科就像金贾医院的 ICU 病房一样。　（Agwarg Joyce）

Janete Kanene 在商业机构做秘书，多年来一直患有腰椎间盘滑脱，生活质量很差。Janete 为了治好她的腰痛，去了很多家医院。Mulago、Namirembe、Nsambya、Rubaga 医院，甚至刚刚开业的 Kisekka 医院，都留有她的就诊记录。此外，她还去过很多私营诊所。然而，除了止疼片能带来缓解，疾病并没有得到任何改善。恶化的时候，连转头都受到限制。1996 年，她来到金贾医院，向针灸科大夫求助。

　　他们给我扎了针，还用了些火、一些玻璃罐子。我觉得我的身体在一点点舒缓。我觉得这个治疗的方法是适合我的，于是决定以后都在这里治疗。我瘫痪的全身可以逐渐活动了。虽然现在我的关节还有一点点活动受限……后来，他们为了帮我缓解疼痛，在肿起来的地方，用点着的像雪茄似的东西给我治疗，非常有效。（Janete Kanene）

Janete 坚持到金贾医院接受针灸治疗，身体状况不断好转。在她接受治疗的十几年间，也见证了八批医疗队的辛勤付出。

　　我在金贾医院（治疗）的许多年里，见了很多因为中国医药而康复的人。有个人送来时情况很差，需要手术。（经过）中国大夫给他治疗，不到两个月的时间，他就不需要坐轮椅，开始自己行走了。而中国大夫并没有给他做手术，只给他扎了些针，用了一些像雪茄似的药棒。在这里的十几年，我真是见到了许许多多这样的人。还有一个人需要截肢，在乌干达，这个手术大约需要 700000000 乌干达先令，他没有这么多钱。他说，我拿这么多钱砍我自己的腿，我不干。然后他到了这里，通过治疗，他康复得很快。之后他就不用来医院了。（Janete Kanene）

日复一日，年复一年，一批一批的中国医疗队在金贾医院为患者行针治疗，治好了大量患有颈椎病、神经性头痛、顽固性呃逆等疾病的患者。这些疾病大多是西方医学所不擅长的疾病。这些疾病的治愈，给了乌干达人新的医学选项，也给了那些疑难杂症患者新的希望。而在中国医疗队到达之前，乌干达的医师只能给患者开一些止疼药。

在金贾，只有很少人接受过规范教育，懂得一些英文。对于这些人来说，"acupuncture" 也不是一个常用的词，因为在乌干达人的生活世界中，不存在用针治疗疾病的生活事实。许多乌干达人虽然拼写不出"acupuncture"这个单词，但它的发音却已经融入了他们的生活，成为他们语言中的一部分。这个声音等同于"orthopedics"（骨科）、"pediatrics"（儿科）等声音承载的意义：他们到达金贾医院后，可能需要进入的科室。

对针灸治疗者的访谈显示，在乌干达，"acupuncture"指涉的意义也超越了规范英语中的含义。在规范英语中，这个词仅等同于中国传统医学中用针治疗疾病的方法；而在部分乌干达人的头脑中，这个词不仅包括针疗法，还涵盖了灸治疗法和拔火罐。可以说，"acupuncture"变成了中国传统医学各种疗法的集合名词。提到这个词，背后映射的就是中国传统医学。

（二）银针魔力之源

金贾医院的中医大夫从来不畏惧复杂或紧急的病情。多年在国内的行医经验让这些中医大夫对经络学说的理解可谓深刻，行针的手法可谓纯熟。可他们最怕的是被问道："为什么针能治病？"

在大多数情况下，经络走行和穴位分布在头脑中清晰可见，可要面对英文、斯瓦希里语甚至卢索卡语，就是开不了口。毕竟，中医发轫于中华文化，长久以来与西方文化的沟通极其有限，用英文是很难讲清楚这些内容的。

有几位中国大夫曾经尝试给好奇的患者讲一讲，结果常常是：自己满头汗，患者仍云里雾里。为此，中国大夫想了一个开玩笑似的答案，他们告诉患者：银针之所以能治好病，是因为它们有魔力。

为了满足乌干达患者的好奇心，可以用"有魔力"作为治愈疾病的解释。可真正让魔针获得魔力的则是中国医药的疗效以及中国大夫对待疾病和患者的态度与行为。

Julius Egou 是金贾地区法庭的一名法官。在到金贾法院工作之前，她是 TASO（The AIDS Support Organization）的一名工作人员。2008 年的一天，她乘坐 bodaboda 去银行办事时，发生了严重的车祸。剧烈的撞击后，她从摩托车上摔了出去，头盔的系带勒住了脖子，头部受到重击，昏迷过去。双腿也受到严重创伤。

她先后到金贾的 Buwenge 综合医院、坎帕拉的 Kololo 医院看过，大夫们的建议是一致的——截肢。由于医疗费用太过昂贵，TASO 拒绝为她报销治疗的费用，使状况雪上加霜。

在万般无奈之下，她决定听从一位给她看病的乌干达医师的建议——找中国大夫试一试。她打听到中国援建的医院——中乌友好医院。到了首都坎帕拉，她发现纳古鲁医院还在建设。那里的工人告诉她，"中国大夫还在金贾医院"。

于是她回到金贾医院求助。第 14 批医疗队针灸科的王孝艳大夫接诊，给她静脉注射药物，保住了她的双腿。接着，行针为主、灸治为辅。王大夫对她的治疗和安慰，让她乐观起来。

经过针灸疗程将近一年的时间，Julius 不仅双腿恢复了运动能力，头部损伤也得到了最大程度的康复，没有留下后遗症。

虽然车祸让她失去了在 TASO 的工作，但她在治疗的进程中也得到了机会。她重回大学深造，修读法律。现在她变成了金贾地区有影响力的法官。

每每念及这段历史，她总会感叹：中医疗法治愈了我的身体，中国医生燃起了我活下去的希望。在针灸科的治疗，是她人生的重要转折点。

她说，中国大夫给了她一种"让希望长存"的精神。"作为一个患者，即便是第二天就将离世，今日也应乐观地过。"这种希望让她的态度变得积极，也是她努力参加康复锻炼的动力。

类似的案例还有许许多多，实实在在的疗效让患者重拾希望；大夫不轻易放弃病人，让患者更加坚强地面对病痛。随着一例一例患者的治愈，中国医疗队大夫的"魔力"，在乌干达人心中扎根。

（三）银针魔力传承

针法治疗的手法简单，对硬件要求极低，非常适合在缺医少药的乌干达等发展中国家推广使用。支持针法治疗的中医理论博大精深，中国大夫想出了一些有效的办法给金贾医院的护士传授针法。

中国大夫带去了中医授课时候用的人体小模型，上面画出了经络的走行，标注了各个穴位。乌干达的护士可以根据小人上的经络和穴位标注，大体上对针法治疗背后的理论有些感知。对于精深的中医理论，中国大夫则像讲故事似的，一带而过，让金贾医院的护士，对此留有一点点印象。

针灸科的护士虽然不理解理论及背后的辩证，但经年积久的见识和学习，让她们坚信自己的针法是有效的。将理论省略，金贾医院护士对针灸的学习就变得简单了。她们只需依据疾病的表现做出是否适合行针和找到需要行针的穴位，再加上一些简单的手法，就有很大的可能治愈某些疾病。

中国医疗队的大夫不仅在出诊时手把手地教金贾医院的护士，有时还会推荐这些护士到中国参加更高水平的针灸培训班。学成回来的护士，无疑成为金贾医院针灸科的中坚力量。

在中国医疗队离开金贾医院的时候，针灸科的护士已经能够独立行针了。似曾相识的场景出现了，她们也遇到了乌干达人提给中国大夫的问题：为什么这个方法能治病？面对这个中国大夫都讲不清楚的问题，金贾医院的护士给出了这样的解释："针上上了药，针和药一起作用于神经，病就好了。"（Jesca Namugoya）这个解释，对于没有多少医学知识的乌干达人来说，"显得"很有科学道理，足以令人信服。

就这样，中医针灸真正地在乌干达落地，逐步完成了在乌干达的本土化过程。

在针法治疗出现在非洲大地之前，对患者出现不明原因的背痛和躯干痛，乌干达医师往往只能开出一些止疼片。中国医疗队带去的针灸治疗给乌干达人带去了一份可以治愈疾病的惊喜。

中国医疗队 30 多年的耕耘，让针法治疗融入了乌干达的卫生体系，成为疾病治疗的重要选项。正如金贾医院前院长、乌干达卫生部前部长 Chrisine Ondoa 大夫评价的："我认为我们受益最多的是中医的针灸科成为金贾医院的一部分。金贾医院也因中国医疗队和针灸科而闻名。医疗队还曾经教会了一些本地人做针灸治疗。可以说针灸是中国医疗队的一张名片。"

针灸科是中国医疗队在金贾医院的亮丽一笔。其中，30 多年时间的积累是一个重要的影响因素。在银针引发本能的害怕与恐惧时，成功病例不断积累，口碑不断传播，只有这样才能建立从高官到平民的信任，在乌干达人的心里扎下根来。针灸科的建设与维护成为金贾医院在组织结构层面受到中国医疗队影响的一个重要例证。在针灸科，中国大夫不仅接诊和治疗，还成功地把诊疗方法教给当地的护士，实现了在金贾医院的专业嵌入和诊疗嵌入。

针灸也是中国大夫为乌干达患者提供诊治服务的一个缩影。乌干达人从不相信中国人会无偿地一直援助，但将中国大夫当作他们健康的守护神、科室中最权威的主管大夫。来金贾医院看病的人，几乎分别不出中国大夫与金贾医院的差异，这二者几乎是自然而然的、融合的存在。在其中，专业和诊疗这两个层次的嵌入是他们成功发展的秘诀。

五 与中国医生共事

（一）信任建构

虽然中国大夫在专业技术上出手不凡，可若想使主人接受客人的精神主张乃至文化，并发生行为上的改变则是非常困难的。毕竟，行为习惯大多是根深蒂固的，发生改变需要给出一个令人信服的理由。而这理由的背后是，金贾医院医护人员和患者对中国医疗队的信任。中国医生与乌干达人之间的信任，是在点滴之中积累的。

> 中国大夫可以做很多很多台手术，他们不计较工作量。他们会为我们提供免费的医药。有的时候药品不够，他们甚至会拿出他们自己的药给我们用。我认为，第一，他们真正地改变了医院员工的工作态度。中国的大夫说来，就一定会来，即便是深夜很晚很晚。在他们的感召下，这里的员工对工作的态度也非常积极。第二，由于他们来的时候，带来了药品和器材，这些物资可以治好患者的疾病。（Ageu Mike）

> 这些治好病的患者，会不断地向其他人说："在金贾医院，如果你碰到了中国大夫，你就会拥有一切。"（Ageu Mike）

> 他们在这里做了许许多多的事情。他们也许是信上帝的，一个光着脚走到金贾的穷人，也可以得到中国大夫的关心与医治。中国大夫很关照病人，也从不会向患者索要贿赂。（Ebitu Alice）

无疑，中国大夫用自己的行动，获得了金贾医院医护人员和患者的认同。在他们眼中，中国医疗队确实是来帮助乌干达患者的。专业技术水平高超、对患者亲切体贴、对自己严格要求，让"主人"体会到"客人"的一片真诚。来自客人的真诚，破解了主客之间的隔阂，让主客之间产生了沟通的期待与意愿。

（二）合作与默契培育

为了在制度上保证医疗援助的进行，每一批医疗队的人员配置，都是中乌两国共同协商确定的。通常，在每支医疗队任期结束的前几个月，乌方会基于金贾医院各科室医生自愿的状况提出需求，中国驻乌干达使馆经商处会把需求反馈给国内协调部门——卫计委（卫生部）的国际合作司，并与云南省卫生厅进行协商。在各方达成共识之后，便以两国外交换文的形式进行确认。

在两国外交换文中，明确约定了中国派遣医疗队的目的：通过医疗实践交流经验，互相学习。[①]

1. 中乌医师之间的合作

尽管文档中约定的是"交流经验，相互学习"，可由于医学知识的系统性和复杂性，以及中国大夫专业英语能力的约束，医生之间经验交流的机会并不多。在门诊，大夫通常可以独立完成对患者的诊断和开处方，很少需要会诊。因此，交流的机会也不多。在手术室，医生之间的合作通常是手术观摩和共同完成手术。

在金贾医院很多科室只有 1 名医生，尽管中国医疗队充实了各个科室，可 1995 年以后，医疗队的规模下降到约 8 人，每个专业也只有 1 个大夫。因此，遇到稍复杂一些的手术，往往需要中国大夫和乌干达大夫配合完成，有时还需要非本专业的大夫补位。如此，手术便成为金贾医院真正的交流经验和相互学习的场合。

在其他场合，中国大夫通常会本着"尊重"的原则，不愿主动过问乌干达医师的诊断与治疗。这种行为符合中国文化尊重邻家隐私的准则，也注解了中国"不干涉他国内政"的宏观氛围。然而，客人无条件地尊重主人既有结构及文化的态度也很可能阻碍主人与客人之间的沟通与交流。缺

---

① 例子可以参见 1985 年《中华人民共和国政府和乌干达共和国政府关于中国派遣医疗队赴乌干达工作的协议》。

乏交流，便很难创造共同知识；而没有共同知识，也就失去了文化交流的重要维度。

2. 中国大夫与乌干达护士的合作

在金贾医院，护士无疑是向中国医疗队学习最多的群体。许多护理和执行医嘱的技术都是中国大夫培训出来的。

John Kunya 是金贾医院的一位资深护士。他从 1975 年开始，一直在金贾医院工作。中国医疗队在金贾医院的 30 多年间，他从没什么实际经验的新手成长为一位经验丰富的泌尿科护士。

他回忆道，以前，这里的护士，在给患者打针的时候，无论什么药品，都只会采用肌肉注射。因为肌肉注射难度低，操作方便。而这里的护士并不知道，一些药品如果采用肌肉注射的途径，就会发生药效减弱的情况。中国大夫手把手地教会了金贾护士静脉注射。

静脉注射技术在非洲的应用无疑具有很大的难度。非洲人皮肤的颜色较深，很难观察到血管的走行，更不必说准确地进针到血管内了，然而中国的医生和金贾护士做到了。

中国医生在金贾医院建立新科室如泌尿科的同时，也指导护士学会了针对泌尿疾病患者的护理操作，比如插尿管导尿和避免感染等技术。

中国医生不仅教会了护士们之前不曾掌握的技能，也提高了她们对常见病的判断力。

Joy Kitimbo 是金贾医院的一位护士。有一年，她的孩子出现了急腹症症状。她准备带孩子去照 X 光时，一个乌干达大夫拦住她，告诉她说，孩子只是泌尿道感染。

> 我很清楚，这是阑尾的问题。这时候，一个中国大夫来了，他一看，就赶快让我把孩子推去手术室。这个中国大夫也立刻跑去手术室，马上开始了手术。即便是这样，孩子也已经进入昏迷状态。（由于手术及时），不到一周的时间，孩子就康复了。（Joy Kitimbo）

她之所以对自己孩子的症状有不同于乌干达医师的判断且坚信自己的判断，源自她在普外科和中国大夫一起工作多年的习得。她见过很多类似的病例。

> 儿童的阑尾穿孔引发急腹症的表现比较多样，开始很疼，之后也许会缓解；大人则不同，大人很可能持续疼痛。孩子的不同还在于，可能伴有腹泻。我就是基于这些，判断我的孩子是阑尾穿孔的。这些经验和知识，是中国大夫教给我们的。（Joy Kitimbo）

除对护理的专业技术和对疾病的感知能力，对于金贾的护士来说，她们还收获了重要的默契。

可以看出，在金贾医院的中国大夫最让护士们感到默契的是做手术的时候。做一台手术几乎不需要说话，视野中的一切却又是那么熟悉。对英语并不流利的中国大夫而言，一些需要交给乌干达助手的事情，大多可以自己操作完成。实在需要换器械、自己又分不开身的时候，才"蹦"出几个单词请护士们帮助。配合的次数多了，金贾医院的医生和护士很快就能知道他们想要的是什么了。

非常遗憾的是，中国医疗队离开金贾后，由于没有泌尿科大夫提供泌尿科的治疗和手术，护士们习得的许多技能至少暂时无用武之地了。

（三）竞争与误解

1. 敬业的中国医疗队

中国医疗队在金贾医院的 30 多年是患者不断感受中国医生过硬医术的 30 多年。患者们不知道的是这些中国医师在中国早有名气。在中国，出众的医师都是勤奋而刻苦的，他们早已将敬业作为一种人生习惯。

在金贾医院，中国大夫每日接诊的患者数量远比在中国接诊的数量少。工作量虽然减少了，但他们对工作的自律却没有变。

在乌干达，大夫对患者享有至高无上的权威。金贾医院的门诊，一个科室一般一周仅接诊一天。乌干达大夫从来不会一天之内为所有排队的患者把病看好。因为他们知道，这些没有看上病的患者，下周的这个时候，还会乖乖地过来排队等待。医学知识赋予他们的权力，被他们应用得炉火纯青。

中国大夫从来不会如此。他们会坚持工作，即使工作到深夜，也会接诊当天所有来看病的患者。在鲜明的对比之下，来金贾医院的患者，往往会称赞中国医生的敬业精神。

金贾医院的护士群体也往往被中国医疗队的敬业精神感动，她们说：

> 如果我们去求其他乌干达大夫，他们可能会拒绝我们；如果我们去叫中国大夫，他们很快就会出现。实际上乌干达大夫只是出去钓鱼消遣了。中国大夫则会做很多的手术，而且不收患者的钱。（Joy Kitimbo）

乌干达的患者也说：

> 中国大夫不仅工作时间长，全天到科室都能找到他们。出现紧急情况的时候，中国大夫也一定是第一个赶到的。中国大夫"以患者为先"的工作自律，让我们感受到安全。

虽然中国大夫做的只是继续保持他们自己的工作文化，却毫无疑问地引发了金贾医院当地大夫的紧张情绪，就像是客人在主人的地盘表现得比主人还要勤奋所产生的效应一样。

> 中国医疗队的队员非常专注。他们有很多时间。他们虽然在金贾医院，但他们的政府给他们支付工资。我们却不行。在乌干达，适者生存。我们必须出去做很多（其他）事情，不然我们就生活不下去了。（Jaliya Bazirondera）

> 我记得有一天，一个中国医生来找我（金贾医院原院长）。她说："我们每天早上8点准时到医院准备出诊，但你们的医生护士从来没按时到过。患者就在那里等着我们开诊。我们需要有人帮我们准备器材，但是没有人在那里。"我也觉得这确实令我感到窘迫。第二天，我早早地8点就到了医院，这实在是太挑战了。（Dr. Gashishiri）

2. 免费药品引发的科室内竞争

除中国医生的工作自律让一贯散漫的当地医生感到不适和紧张之外，

更让他们感觉到不愉快的莫过于中国医生掌握着中国政府配给的药品。

有了药品，就可以治愈疾病，就可以实现患者对医师的角色期待：给出诊断、治好疾病。

在金贾医院，常年的缺少药品让当地医生只能在给出诊断以后把处方写到小条子上，然后说出那句熟悉得不能再熟悉的三个单词"go to buy"（去买吧）。

中国医生在接诊门诊患者后，往往会直接提供免费药品。对于乌干达的穷人来说，免费的药物更是一剂强心针。这使很多来金贾医院看病的患者会努力排进中国医生的队伍中。

> 我们让病人排成两行，一行中国大夫看，一行乌干达大夫看。一些被分到乌干达大夫队伍中的患者会说："我要见中国大夫。"然后自己站到中国大夫的队伍中。（Harriet Mpata）

因而，在金贾医院，常常出现的一种情况是，中国大夫这边排队的患者人满为患，乌干达大夫那边排队的患者寥寥。不长时间，乌干达大夫已经离开，中国的大夫可能要继续忙一整天。

这样的对比，在30多年的时间里，几乎每天都在上演。这也无怪乎中国医生会抱怨乌干达大夫不敬业。

乌干达大夫却不以为然。他们指出，正是中国的药品才引发了乌干达医师的患者流失。患者一旦分流，自己的工作任务自然就少了很多。既然无事，也就不用坐班等患者了。一个乌干达的医师抱怨道：

> 中国药运过来的时候，都是中文的。叫我们如何使用？我们不喜欢他们的药。（Dr. Gashishiri）

中国配发的免费药品成为中乌医师间形成直接执业竞争的导火索。

乌干达医师虽然表面上看起来很享受中国大夫分担了他们的接诊任务，实际上却切实地感受到自己的权威性受到了挑战，他们进而调动他们在当地政治中的影响力，以维护自己的权威。

金贾医院的知情人士指出：

> 每当我们有一个专科医生的时候，中国医疗队就不再派出这个科的医生了。他们（管理层）说，我们既然有本地的专家了，那么再有中国大夫就（对我们的专家）不公平了。（Ageu Mike）

金贾医院大夫采取的集体行动，很好地保护了自己的权威性，即不会与中国大夫之间形成竞争。他们利用学科分化和学科之间的固有界限几乎彻底地阻断了中乌两国大夫交流医疗经验的渠道。

金贾医院管理层对乌干达大夫的保护尽管体现出一个组织拒绝外来团体的限制。可对援助来说，如此约束的直接后果是，中国大夫只能发挥补充人力资源的作用，援助的影响范围和有效性也受到了极大的限制。

在金贾医院，由中国捐赠药品引发的竞争甚至政治博弈发生在不同的医师团体之间，其间还引发了攻击性的言论（乃至行为）。

一些当地医师认为，之所以出现患者一窝蜂地涌向中国医疗队，并不是因为中国医生的专业水平高，而只是因为患者想拿到免费的药物；或者是，患者仅仅是好奇黄皮肤的中国人。

然而，这样的声音忽略了一个基本的事实：来金贾医院排队的人都是身患疾病的。作为患者，第一目标莫过于治好自己的病，而不是看黄皮肤的中国人。

在金贾医院，患者如果以好奇之心排队，需要付出的代价是很大的。因为如果不能及时看上病，就得搭上一顿午饭，而在餐馆吃饭是一项很重的负担。此外，这种声音可能还有意忽略了多次交易的事实。如果医师水平有限，即使开出的是好药，也很可能对疾病毫无益处。如此，患者不会再一次找中国大夫看病的。

因此，中国捐赠药品且只能由中国大夫给出处方和配发的设计，引发了一些并不符合事实的声音。这些意见，恰恰体现了援助制度中理所当然的部分也可能会引发受援方部分行动者的不满、敌意，甚至攻击。

这些事实正好说明卫生发展援助行动者的多样性、行动者偏好的复杂性以及影响的不可控性。

3. 社会文化差异引发误解

虽然乌干达医疗服务的利用者和金贾医院的护士都给中国大夫极高的评价，医疗服务的提供者及管理层的声音却比较复杂。金贾医院的另一位前院长曾经给出相当负面的评价。

> 我有一次要他们提交他们的学术论文。有一个中国大夫给了我一篇中文的文章。我让他翻译给我，但是他没有给我。我怀疑他们很多人都没有发表过文章，这意味着他们很多人都不是大夫，或者是跟着队伍里几个大夫来学习的实习生。很多人一有任务，就躲起来了。（Dr. Gashishiri）

这位院长给出了这样的评价，不仅仅是对中国大夫的诋毁，更体现出文化不同、沟通不畅而引发的误解。

在中国，医师获得执业资格并不依靠发表学术论文，何况发表英文文章仍是大多数中国大夫无法做到的。直到今日，也只有极少数顶尖医学院校附属医院的医师才具备这种能力。

十几年前，到非洲援助的云南大夫，在日常英语沟通存在困难的情况下，几乎不可能完成医学文章的翻译。因而，以没有发表文章为名，否定中国医生的能力是不严谨的。更何况中国派驻金贾医院的医疗队每个专业仅有一名大夫，即便是实习生，也不太可能出现向队伍里的其他专业大夫学习的情况。因此，可以认为，这位前院长对中国医疗队的评价实际是因社会文化的不同而引发的误解。

不仅针对中国医生的资质有误解，在其他方面也同样有误解。例如，中国为乌干达提供卫生发展援助的动机。还是这位前院长，他认为，中国为金贾医院派驻医疗队是为了保护金贾地区自己人（中国人）的健康。中国人会到金贾医院看病，还能拿到免费的药品。他观察到，中国医生的住所实质上成为专门为中国人开设的诊所。然而，中国医疗队却不这样认为。中国医疗队认为自己理所应当为在乌的中国同胞提供医疗服务。为了避免因为给中国同胞的诊疗带来误解，引发"中国医疗队是为了保护本地中国人"的议论，医疗队通常用业余时间来为同胞看病施药。即使如此谨慎，还是有人提出"没有国家会给你最好的医疗队"之类饱含敌意的解释。

六 与中国医生交朋友

（一）语言障碍

中国医疗队进入金贾医院时，医疗队队员不仅具备各自的专业能力，携带着中国的药品和医疗物质，还携带着中国卫生发展援助的诚意。可一旦入驻金贾医院，他们就变成了乌干达文化下的客人。作为主人，金贾医院的医生护士和患者发现，中国大夫的医技高明，待人随和，医护人员甚至患者都希望和客人做朋友。不过他们发现，尽管他们试图走进中国大夫的世界、了解东方的生活、和他们聊聊天，实际却非常困难。对于乌干达人来说，中国人的语言实在是太难了。

> 我们与中国大夫沟通的最大障碍还是语言。中国医疗队只有一名翻译。我只记得中国大夫姓 Sui、Wang、Chang……还有一个教授，让我们叫他 Prof. Monkey（猴子教授）。

由于沟通受挫，中国人和乌干达人如果想打个招呼，微笑也许是最安全、稳妥的方式。遗憾的是，这种稳妥的方式，使用多了，也让中国人失去了融入金贾社区的机会。初到时的新鲜感，希望彼此了解的意愿，因为语言不通而随时间淡化。到后来，新鲜感消失，习惯了彼此的存在，也就不需要进一步的交流了。彼此融入太难，工作又都很忙，不如相视一笑。生活还是可以一如往常。

对于中国大夫而言，金贾人使用的语言也让他们头疼。乌干达人使用的语言非常多，来金贾医院看病的，有讲卢索卡语的，有讲斯瓦希里语的，有讲英语的，有混着讲各种语言的。在出国前，医疗队员都接受过专门的英语培训。中国大夫勤奋好学的精神，往往能在面临挑战的时候激发出来，无论已经获得了多高职级，底子不好的都愿意从零学起。中国大夫也很要强，不愿落后，都希望能在新的地方流畅沟通。因此，对于学习英文，他们都曾经认真对待过。但是，当他们真正遇到讲英语的医护或患者的时候，他们却犯难了。

> 他们讲的英语根本不像我们国内的英语。国内都是新概念、美国之音，很纯正，但这边的人说起来，完全听不懂，都不知道他说的是英文。虽然他们和我们交流时会放慢语速（可还是听不懂）。我们和其他医生（交流就）不一样，像美国医生，根本没问题。

每一批医疗队员初到金贾医院用英语接诊非洲患者时都充满挑战。为了尽快适应角色，中国大夫想了很多办法。起初，从国内搬来又沉又厚的常用词典、医学词典。几年后，随着科技的进步，金贾医院的人们发现，中国大夫的口袋里多了一种小机器：上面有一个特别小的键盘，中国大夫想说什么，往上按一按，屏幕上就出来他们想说的单词。时间稍长，中国大夫还发现，提高沟通能力更有效的方法是张开嘴说话。为乌干达人治病救人的真诚，让中国大夫想出各种办法融入金贾社区。金贾的护士们也发现了中国人渴望融入的期待："他们很想学会我们乌干达人的行为和生活的方式。"（Bangi Lydia）

希望融入当地社区，体现了中国大夫不再把自己当客人的心态转变。作为客人，应该以不改变、不干扰主人的生活为限。可若希望有效地帮助主人，可行的方法便是平等地对待主人。

这种希望融入异文化、渴望转变角色的意愿促使中国大夫在几个月的时间里张开了口。他们逐渐在没有翻译的条件下尝试用简单的英语和患者交流病情，和乌干达医生、护士交流想法。

一旦中国人开放了自己，乌干达人也就变得更容易交流了。一个陌生的地方，有了新的朋友，也就不再陌生了。

（二）为金贾护士看病

中国医疗队不仅在专业技术上赢得了金贾医院护士的信任。在生活中，他们对金贾医院的护士也非常照顾，也会给金贾医院的护士治疗疾病。

> 有一次，不知道为什么，我突然不想吃任何东西。一个中国大夫

给我看了，他没给我开药。他拿了某种植物的小种子，让我把这些小种子用胶布贴到耳朵后面，饭后 30 分钟，使劲按一按。按的时候真是很疼。不过，第二天我就恢复了食欲，像魔法一样。（Jesca Namugoya）

无论是正式角色的互动，还是非正式角色的互动，中国大夫都获得了金贾医院护士的认可。这份认可，在工作中萌发，一直延伸到日常生活之中，又随着时间的沉淀，形成了默契与信任。

直到中国医疗队撤离金贾医院驻扎到纳古鲁医院，金贾医院的大夫依然和从未到过金贾医院的中国医疗队员成为很好的朋友。

与中国医生曾经共事的经历让他们确信他们了解中国、了解中国医疗队。这些中国通，不时会跑到纳古鲁医院，带回中国医疗队对金贾医院的一份牵挂：提供一些必需的药品和耗材。

按照新的传统，2012 年以后的医疗队，每两个月还会到金贾医院去巡诊，既作为对中国医疗队驻扎金贾医院的一份惦念，也作为中国医疗队对金贾医院的一份真诚。

（三）金贾护士、患者对中国的了解

一些护士在和中国大夫聊天的过程中了解了许多的中国社会文化掠影。有的还让她们羡慕不已。

我想他们（中国大夫）说的是，他们的妻子在家里做主，男人只需要出去挣钱，然后还要把每个月的工资交给他的妻子。这样他的妻子就可以计划如何花这笔钱了……中国的女人真是太幸运了。可以做主的女人，如果想要什么东西（只需要拿出钱），对男人说"给你这些"；而当男人需要出门的时候，她也知道他去哪里、需要多少钱……在乌干达，是女人出去挣钱，交出工资。

金贾人了解中国，不仅是在聊天中，还从他们对中国医疗队的观察中。他们发现，医疗队在驻地周围开辟荒地种植蔬菜。每周一次的集体劳动强度不大，却能丰收，引发了周围邻居的羡慕之情。他们称赞中国医生

"well done"，同时也纷纷模仿。原来路边一片片的杂草，后来变成了一片片庄稼地，种上了甘薯、玉米、木薯等。中国人劳动致富的文化，就这样通过诊疗活动的信任纽带，注入金贾人的生活中。

中国医疗队在金贾医院扎根30多年，治愈了许多疾病，也让金贾人了解了世界东方的中国。"中国"在周边的社区也获得了高度认同。

有的孩子甚至愿意跑到金贾医院找中国大夫学中文，还想长大后到中国学习医学。

许多金贾人都认识中国医疗队的车牌号，中国医疗队走到哪里，几乎都不需安检。

中国医疗队的存在，成功地让金贾医院、金贾社区留下了中国文化的印记，也让乌干达人感知到帮助他们的中国。

七　金贾医院的中国痕迹

（一）离别

中乌友好医院轰轰烈烈的建成交接仪式，在首都坎帕拉举行，乌干达卫生部部长、中国驻乌干达大使馆工作人员和中国医疗队全体队员，沉浸在仪式的喜庆氛围中。

随着中乌友好医院开业，中国医疗队也按计划从金贾医院撤离，搬入新的工作场所，一如既往地为乌干达的患者提供医疗服务，保护他们的健康。

经过两年不到的时间，这所新建成的医院已经迅速成长为一座日均门诊量1000人左右的医院。

事实上，从2009年开始就有人说中国人要在首都坎帕拉援建一家医院，中国医疗队也要离开金贾医院，搬到那里去。有关中国医疗队离开的原因，当地流传着很多小道消息。

> 中国医疗队在金贾租住的房子情况复杂，他们想要新的驻地。但金贾市市长却说金贾没有地方给中国人，还要求中国医疗队迁到更远的、从金贾通向 Kamuli 的路上。（Jaliya Bazirondera）

我们知道这些决策是本地权力机构做出的，他们可能更想乌干达

的医生在这里诊治。（Ageu Mike）

2011 年，在金贾医护人员和患者的离别声中，金贾医院无可奈何地送走了中国医疗队。

（二）中国痕迹

在金贾医院有一个传说：中国医疗队到达金贾医院的时候，在行政楼边种了一棵树，这棵树上充满了中国大夫治愈疾病的"魔力"。直到现在，一些到金贾医院看病却得知医疗队已经迁到首都坎帕拉的患者，常常会绕着树转一转，摸摸树叶，希望树上的"魔力"能保佑自己远离疾病。

因为中国医疗队撤离，金贾医院的一些科室失去了处理复杂疾病的能力。以前，金贾医院每天大约有 75 个患者来看病；中国医疗队撤离后，每天只有不到 40 个患者来看病。金贾医院失去了往日的繁荣。

金贾医院的医师由于没有了助手，很多时候只能开出转诊单交给患者。对于金贾医院的护士来说，中国医疗队的撤离让他们轻松了下来，对于许多原本可以提供护理服务的患者，由于没有医师治疗，也无须护理了。

不过，大约每两个月，金贾医院的通知栏上都会贴出一张通知："某年某月某日，中国医疗队将到金贾医院巡诊，请各科室准备好病人。"

这天一到，驻扎在坎帕拉的中国医疗队会回到金贾医院，回到这个驻扎了 30 多年的地方，为金贾医院滞留和无力转诊的患者诊治施药。这一天的金贾医院像是一个盛会的现场，知道这个讯息的乌干达患者，会从四面八方涌向金贾医院。早早地排好队，等待中国大夫的诊治和施药。

中国医疗队在金贾治好的患者，会把自己的故事像传奇一样带出去，介绍很多患者来金贾看病。就这样，中国医疗队在金贾的故事一波波地扩散，几乎成为乌干达人的口述神话。直至今日，还会有患者到了金贾医院便向医护人员打探：在哪儿能够找到中国大夫？然后，在得到答案后失望地摇摇头。毕竟，从金贾到坎帕拉的 80 公里路费，对他们来说太过昂贵。

虽然中国医疗队迁到了坎帕拉，他们在金贾医院留下的痕迹依旧清晰。不必说那伫立在金贾医院大门口、见证了风雨沧桑的中乌友谊石碑，不必说那栽在行政楼后有"中国魔力"的小树，单是金贾医院的通知栏上，每隔两个月就出现的有关中国医疗队归来的通知，就足以使人信服：中国大夫曾经在这里，也一直在这里。

正如金贾医院骨科医师 Odengo Okello 评价的：

> 中国医疗队带来了药品和器材，他们也几乎融入了金贾医院。骨科、眼科、手术室、耳鼻喉科，都有他们的身影。他们给金贾人做理疗，做针灸治疗。可以说，金贾医院的任何一个医疗部门都有过中国人。他们是真心地来帮助乌干达人的。

如果一个在乌干达的中国人闲逛进入了金贾医院，他一定会感觉到仿佛回到了中国。在这里随处都可以发现中国符号：检查器材的标牌大多是中文刻印。他也会吃惊地发现针灸科的存在，在恍惚间，他会看到使他信服的银针、火罐、灸条，还有泛黄的人体图谱，被无数双手拿捏过的人体经络模型。

如果他想问问，为什么这里有那么多中国的印迹，他会听到许许多多仍在流传的中国大夫救死扶伤的故事。虽然，这些大夫的名字在记忆中非常模糊，"中国大夫"的标签却异常鲜明。

如果恰巧他是一位医生，他更会吃惊地发现：在这里，不需要与护士交流很多，一切都会进行得很顺畅；不必解释很多，一两个单词，一两个动作，就能让护士明白。这种默契只有在国内的顶尖手术团队中才能见到。

这些，都是 30 多年里 1 万多个日日夜夜中国医疗队的坚守带给金贾医院的改变。

在金贾医院的中国大夫，来了一批，又走了一批。来金贾医院的患者记不住中国大夫的名字，其实，他们也无须记得，因为送走了一批，还会再来一批。

八　小结

这是一个金贾医院作为主人，接受作为客人的中国医疗队为乌干达患者提供医疗服务的故事。这个故事说明：在援助中，尽管中国大夫非常努力、尽管中国医药为乌干达患者治愈了各种疾病，但如果客人不能与主人平等相处，客人最多只是主人人力资源的一部分，客人更大的作用和影响力将没有机会、也没有空间发挥，援助的效果将仅限于接触到的中国大夫这些人——医务人员和患者，很难充分实现当年周恩来总理的期待：留下一支不走的医疗队。尽管中国医疗队在金贾医院留下了针灸科；事实上，应该留下更多。

对中国而言，提供卫生发展援助的资金和专业技术都不是最大的挑战。最大的挑战在于如何使派出的医疗队，融入一个异文化的组织体系。这其中，需要机会，需要时间，也需要队员有融入异文化的意愿。

如果外来者总是把自己当客人，那么进入的深度就会停滞，无法实现从组织嵌入、科室嵌入再到诊疗嵌入和最后文化嵌入的目的。

对金贾医院，如果他们将援助者始终当作客人，那么他们就不会开放自己，会使援助的效果大打折扣。

对于两个行动者的融合，还需要制度的妥善安排。中国医疗队取得很好医疗效果的一个重要因素在于派出的医疗队员技术专长填补了金贾医院的空白，进而保证了中国医疗队可以顺畅地进入目标医疗机构，实现科室层次的嵌入。为中国医疗队配发药品，虽然保障了医疗队的治疗效果，但也意外地引发了与乌干达医师的竞争，阻碍了双方医疗合作的深度。

参考文献

阿帕拉吉塔·比斯瓦斯，2012，《金砖国家与低收入国家间的贸易关系——以中国和印度在非洲发展模式为例》，《国际政治研究》第 3 期，第 37~48 页、第 184~185 页。

安东尼·吉登斯，1998，《社会的构成》，李康、李猛译，生活·读书·新知三联书店。

白剑峰，2013，《中非部长级卫生合作发展会议发布〈北京宣言〉》，《人民日报》8 月 17 日第 3 版。

曹晋丽、宋微，2012，《美国对非洲援助政策的效应评价》，《国际经济合作》第 12 期，第 68~72 页。

曹黎，2013，《从千年发展目标到釜山合作宣言——国际援助理论的变迁》，《经济研究导刊》第 9 期，第 202~204 页。

柴维，2013，《中海油在乌干达的社区关系管理》，《WTO 经济导刊》第 8 期，第 56~57 页。

陈海波，2014，《51 年中国医疗队在非洲》，《光明日报》8 月 14 日第 5 版。

陈路齐，2009，《21 世纪以来中国对非洲援助的新发展》，外交学院硕士学位论文。

陈猛、翟石磊，2013，《近年来德国智库对中非经贸关系的评论及其启示》，《德国研究》第 4 期，第 62~74 页、第 127 页。

陈水胜、席桂桂，2013，《民生先导还是民主先导？——从对非援助看中国的援助外交》，《复旦国际关系评论》第 1 期，第 174 ~ 191 页。

陈毅，1962，《外交部部长陈毅关于中华人民共和国政府决定承认乌干达给乌干达总理阿波洛·密尔顿·奥博特的电文》，《中华人民共和国国务院公报》第 11 期，第 219 页。

丁旭虹、张大庆，2010，《早期中国医疗队在非洲（1963 年 ~ 1978 年）——在医学、政治和文化之间》，《医学与哲学》（人文社会医学版）第 15 期，第 76 ~ 78 页。

杜英，2011，《印度与东非国家关系研究（1964 ~ 2000）》，华东师范大学博士学位论文。

冯喆颖，2010，《二十一世纪初中美对非洲援助的比较研究》，外交学院硕士学位论文。

符清烨，2013，《湖南援非医疗研究（1973 ~ 2013）》，湖南师范大学硕士学位论文。

傅瑞伟、吕筱青，2011，《中国在非洲的全球卫生与对外援助政策》，国际战略研究中心报告集。

高贵现，2014，《中非农业合作的模式、绩效和对策研究》，华中农业大学博士学位论文。

龚伟，2014，《日本对非提供政府发展援助的"政治功能"评析》，《太平洋学报》第 2 期，第 63 ~ 75 页。

古尔默·阿布杜罗，2012，《非洲与中国：新殖民主义还是新型战略伙伴关系？》，《国外理论动态》第 9 期，第 77 ~ 82 页。

贵现、朱月季、周德翼，2014，《中非农业合作的困境、地位和出路》，《中国软科学》第 1 期，第 36 ~ 42 页.

国际商报，2010，《对非援助：新老八项举措演绎精彩》，《国际商报》8 月 14 日 B04 版。

国务院，1962，《中华人民共和国和乌干达关于建立外交关系的联合公报》，《中华人民共和国国务院公报》第 11 期，第 218 页。

国务院，1965，《中国和乌干达联合公报》，《中华人民共和国国务院公报》第 9 期，第 144 ~ 146 页。

国务院，2006，《中国和乌干达发表联合公报》，《人民日报》6月25日第3版。

何先锋，2011，《中国对非援助的历史演进及其特点》，《改革与开放》第14期，第23~24页。

贺大卓，2013，《"扶不起的"友谊纺织厂》，《中国纺织》第5期，第35页。

贺文萍，2011a，《从"援助有效性"到"发展有效性"：援助理念的演变及中国经验的作用》，《西亚非洲》第9期，第120~135页。

贺文萍，2011b，《中国援非："授人以渔"》，《人民日报海外版》2011年9月3日第1版。

贺文萍，2013，《日本对非援助：目的与影响》，《当代世界》第8期，第25~28页。

胡美，2010，《中美援非战略比较研究》，《武陵学刊》第5期，第30~34页。

胡美，2011，《中国援非五十年与国际援助理论创新》，《社会主义研究》第1期，第141~146页。

胡美、刘鸿武，2009，《意识形态先行还是民生改善优先？——冷战后西方"民主援非"与中国"民生援非"政策之比较》，《世界经济与政治》第10期，第17~24页。

黄建银，2012，《中医药在非洲的机遇与挑战》，《中国医药报》2012年5月7日第8版。

黄凌，2016，《打造中非农业国际合作典范——四川—乌干达农业合作的实践与探索》，《四川农业与农机》第2期，第6~7页。

黄梅波、郎建燕，2010，《中国的对非援助及其面临的挑战》，《国际经济合作》第6期，第34~40页。

黄梅波、谢琪，2012，《印度对外援助的特点和趋势》，《国际经济合作》第1期，第63~68页。

黄艳，2016，《中国资助乌干达农业交易组织》，《世界热带农业信息》第2期，第19页。

黄占华，2013，《宁夏医疗队在贝宁》，宁夏人民出版社。

姜磊、王海军，2011，《现行对外援助中附加政治条件差异分析——基于中国与西方国家外援实践的比较研究》，《太平洋学报》第 7 期，第 53~62 页。

蒋华杰，2015，《中国援非医疗队历史的再考察（1963—1983）——兼议国际援助的效果与可持续性问题》，《外交评论（外交学院学报）》第 4 期，第 61~81 页。

蒋晓晓、张辰，2013，《中国援刚果（金）医疗队调研报告》，《中国非洲研究评论（2012）》，第 18 页。

巨正波，2010，《中国企业对非洲的直接投资研究》，云南大学硕士学位论文。

卡尔·波兰尼，2007，《大转型》，刘阳、冯钢译，浙江人民出版社。

凯西·麦卡兹，2009，《建构扎根理论：质性研究实践指导》，边国英译，重庆大学出版社。

亢升，2012，《印度扩展与非洲经贸关系的策略及对中国的启示》，《宏观经济研究》第 12 期，第 98~105 页。

李安山，2008a，《中国的非洲战略：国家形象与对策研究》，《中国国际战略评论（2008）》，第 14 页。

李安山，2008b，《为中国正名：中国的非洲战略与国家形象》，《世界经济与政治》第 4 期，第 6~15 页。

李安山，2009，《中国援外医疗队的历史、规模及其影响》，《外交评论》第 1 期，第 25~45 页。

李安山，2010，《中国的援非故事：一位美国学者的叙述》，《外交评论》第 5 期，第 12~19 页。

李继红、李加顺，2016，《中铁五局实施的乌干达 AN 公路项目顺利对外移交》，《国际工程与劳务》第 7 期，第 93 页。

李佳，2012，《中国对非援助"新殖民主义论"的缘起、实质与影响》，华东师范大学硕士学位论文。

李嘉莉，2012，《中国与非洲农业合作的形态与成效》，《世界农业》第 12 期，第 8~12 页。

李伟涛，2011，《中国与欧盟对非洲援助比较研究》，华中师范大学硕士学位论文。

李文刚，2013，《中非关系中的"软实力"问题》，《西亚非洲》第 5 期，第 130～146 页。

李喜英、黄军英，2012，《英国对非援助政策的调整》，《国际经济合作》第 4 期，第 82～86 页。

李小云、武晋，2009，《中国对非援助的实践经验与面临的挑战》，《中国农业大学学报》（社会科学版）第 4 期，第 45～54 页。

李雪冬，2016，《中非产业合作的潜力与困境——以乌干达为例》，《现代管理科学》第 4 期，第 69～71 页。

梁文杰，2015，《广西援非医疗队现状及发展策略研究》，广西医科大学硕士学位论文。

廖兰、刘靖，2012，《西方视野中的中国对外援助研究》，《中国农业大学学报》（社会科学版）第 4 期，第 93～101 页。

刘贵今，2013，《美国非洲战略及其对中国的启示》，《党建》第 5 期，第 62～64 页。

刘建豪、全小祥，2013，《桑给巴尔医疗卫生现状及中国援桑医疗队服务成效》，《江苏卫生事业管理》第 5 期，第 283～285 页。

刘中伟，2012，《试析德国对卢旺达的发展援助》，《西亚非洲》第 5 期，第 144～160 页。

卢苗苗，2015，《中国企业在乌干达投资经营环境分析》，外交学院硕士学位论文。

罗建波，2007，《优化中国在非洲的软实力》，《亚非纵横》第 6 期，第 18～24 页。

罗纳德·伯特，2008，《结构洞：竞争的社会结构》，任敏、李璐、林虹译，上海人民出版社。

马丁·梅雷迪思，2001，《非洲国》，亚明译，世界知识出版社，第 6～7 页。

马建华，1992，《乌干达奇奔巴农场重现生机》，《国际经济合作》第 12 期，第 38 页。

马尧，2016，《从未附加政治条件——中国援助非洲建设 60 年》，《世界博览》第 12 期，第 22～25 页。

尼古拉斯·克里斯塔基斯、詹姆斯·富勒，2013，《大连接：社会网络是如何形成的以及对人类现实行为的影响》，中国人民大学出版社。

倪国华、张璟、丁冬、郑风田，2014，《援非专家的个人特征对其援非业绩的影响研究——基于百名专家横截面数据的实证分析》，《世界农业》第 9 期，第 163 ~ 169 页。

邱昌情、刘二伟，2012，《政治大国视域下的印度对非洲经济外交探析》，《南亚研究》第 1 期，第 30 ~ 44 页。

师昀煜，2010，《对外医疗援助中的医药援助》，《海峡药学》第 8 期，第 275 ~ 277 页。

舒运国，2010，《中国对非援助：历史、理论和特点》，《上海师范大学学报》（哲学社会科学版）第 5 期，第 83 ~ 89 页。

宋微，2014，《中国在非洲：创新机制应对挑战》，《国际商报》2014年 4 月 7 日 A07 版。

宋艳梅，2013，《俄罗斯国际发展援助的特点——兼与苏联时期比较》，《俄罗斯研究》第 4 期，第 150 ~ 171 页。

孙娴，2013，《山东省对非洲医疗援助问题研究》，山东大学硕士学位论文。

唐丽霞、武晋、李小云，2011，《国际社会对非洲的农业发展援助》，《世界农业》第 7 期，第 51 ~ 56 页。

唐晓阳，2013，《中国对非洲农业援助形式的演变及其效果》，《世界经济与政治》第 5 期，第 55 ~ 69 页。

陶短房，2011，《印度重走中国当年"非洲路线"》，《世界博览》，第12 期，第 22 ~ 23 页。

汪青青，2012，《21 世纪以来中日对非洲援助的比较研究》，华中师范大学硕士学位论文。

王朝、梁尚刚，2010，《中国援非：做实事重民生》，《瞭望》第 48期，第 28 ~ 30 页。

王丽娟、姜新茹，2014，《美国对非援助的影响及实质评价》，《太平洋学报》第 2 期，第 52 ~ 62 页。

王亮，2012，《洛克菲勒基金会对黑非洲农业援助研究（1952 ~ 1972

年)》，华东师范大学硕士学位论文。

王平，2012，《日本对非政府开发援助述评：外交战略的视角》，《外交评论》第6期，第113~126页。

王新影，2009，《欧盟对援非政策的调整》，《亚非纵横》第4期，第45~49页。

王新影，2011，《欧盟与中国对非援助政策比较研究》，《亚非纵横》第1期，第50~54页。

王新影，2013，《中国对非援助成果及面临的挑战》，《国际研究参考》第7期，第23~28页。

王妍蕾、雷雯，2013，《〈巴黎宣言〉的框架分析》，《北京联合大学学报》（人文社会科学版）第2期，第125~128页。

王玉红，2012，《和合发展：中国对非洲援助研究》，吉林大学博士学位论文。

卫生部国际合作司，2003，《加强实施新战略改革援助非洲医疗工作——记中国援外医疗队派出40周年》，《西亚非洲》第5期，第15~18页。

魏雪梅，2011，《中国援助非洲与提升中国软实力》，《国际关系学院学报》第1期，第31~36页。

温翠苹，2014，《21世纪中国与印度援助非洲对比研究》，外交学院硕士学位论文。

夏庆杰、陈禹江，2016，《世界各国对非医疗卫生援助模式及中国对非洲卫生援助投资》，《国际援助》第2期，第18~32页。

肖洋，2013，《声誉与权益：论北非地区中国国家形象优化策略》，《当代世界》第3期，第65~67页。

谢锂，2012，《中欧对非援助——在分歧中寻求合作》，复旦大学硕士学位论文。

谢琪、田丰、黄梅波，2012，《澄清对中国对外援助的几种误解》，《国际经济评论》第4期，第147~157页。

新华社，1962，《非洲的新国家乌干达》，《世界知识》第21期，第2页。

徐国庆，2015，《试析印度莫迪政府与非洲关系的新态势》，《南亚研究》第 2 期，第 62～80 页。

许前磊、许向前、谢世平、郭会军、徐立然，2016，《中医药防治艾滋病科研的实践与思考》，《中华中医药杂志》第 4 期，第 1368～1370 页。

许文颖，2011，《上海援摩洛哥医疗队研究（1975～1985）》，华东师范大学硕士学位论文。

杨新建，2013，《栉风沐雨四十年：河北援外医疗 40 周年纪念文集》，学苑出版社。

尹鸿伟，2006，《中国援非医疗队的魅力》，《南风窗》第 22 期，第 38～41 页。

余伟斌，2014，《中国以非外交政策的文化软实力研究》，武汉大学博士学位论文。

袁卿，2013，《中国抗疟药都是放心药》，《新华每日电讯》1 月 5 日第 3 版。

苑基荣，2014，《中国投资助力乌干达制造业》，《人民日报》11 月 23 日第 21 版。

苑基荣、史鹏飞、富子梅、王珂、成慧，2013，《中国输非洲抗疟药不是假药》，《人民日报》1 月 8 日第 4 版。

张斌、张芸，2016，《美国的对外援助及对中国的启示》，《世界农业》第 7 版，第 102～105 页。

张春，2010，《医疗外交与软实力培育——以中国援非医疗队为例》，《现代国际关系》第 3 期，第 49～53 页。

张广荣，2011，《英国对非援助：概况、特点及影响因素》，《国际经济合作》第 5 期，第 38～42 页。

张海冰，2012，《发展引导型援助：中国对非洲援助模式探讨》，《世界经济研究》第 12 期，第 78～83 页。

张湘东，2007，《西方对中国非洲政策与实践的误读》，《和平与发展》第 1 期，第 52～54 页。

张晓华、杨毅、郭海鹏，2015，《走出国门的社会责任》，《中外企业文化》第 12 期，第 30 页。

张效民、孙同全，2014，《英国对外援助规制体系研究》，《国际经济合作》第 5 期，第 50～55 页。

张严冰、黄莺，2012，《中国和西方在对外援助理念上的差异性辨析》，《现代国际关系》第 2 期，第 41～47 页。

张玉婷，2014，《〈巴黎宣言〉框架下的援助有效性研究——以埃塞俄比亚教育援助为例》，《比较教育研究》第 12 期，第 86～91 页。

张郁慧，2006，《中国对外援助研究》，中共中央党校博士学位论文。

张珍，2016，《有效援助议程下的乌干达教师教育》，《亚太教育》第 4 期，第 270 页。

郑崧、孙小晨，2012，《国际社会对乌干达的教育援助：结构与效果》，《比较教育研究》第 12 期，第 10～14 页。

中国驻乌干达使馆经商参处，2012，《中乌经贸合作进入新阶段》，《国际商报》10 月 22 日 C03 版。

钟玲、李小云，2013，《〈釜山宣言〉及其最新进展评述》，《广西大学学报》（哲学社会科学）第 2 期，第 95～98 页。

周道，1956，《乌干达》，《世界知识》第 10 期，第 23 页。

周海川，2012，《援非农业技术示范中心可持续发展面临的问题与对策》，《中国软科学》第 9 期，第 45～54 页。

周泉发，2014，《援非农业技术示范中心可持续发展途径思考》，《热带农业科学》第 10 期，第 101～104 页。

朱明忠，2005，《印度与非洲（1947～2004）》，《南亚研究》第 1 期，第 20～26 页。

竺杉，1959，《乌干达》，《世界知识》第 14 期，第 18～19 页。

Abbot, George C. 1973. "Two Concepts of Foreign Aid." *World Development* 1 (9): 1 - 10. doi: 10.1016/0305 - 750X (73) 90153 - 8.

Acht, Martin, Toman Omar Mahmoud and Rainer Thiele. 2014. "Corrupt Governments Receive Less State-to-state Aid: Governance and the Delivery of Foreign Aid through Non-State Actors." *Journal of Development Economics* (0). doi: 10.1016/j.jdeveco.2014.11.005.

Adelman, Carol C. and Jeremiah Norris. 2001. "Usefulness of Foreign Aid for Health Care in Less-developed Countries. ” *The Lancet* 358 （9299）: 2174. doi: 10. 1016/S0140 – 6736 （01） 07212 – 9.

Afridi, Muhammad Asim and Bruno Ventelou. 2013. “Impact of Health Aid in Developing Countries: The Public Vs. The Private Channels. ” *Economic Modelling* 31 （0）: 759 – 65. doi: 10. 1016/j. econmod. 2013. 01. 009.

Agénor, Pierre-Richard, Nihal Bayraktar and Karim El Aynaoui. 2008. “Roads out of Poverty? Assessing the Links between Aid, Public Investment, Growth, and Poverty Reduction. ” *Journal of Development Economics* 86 （2）: 277 – 95. doi: 10. 1016/j. jdeveco. 2007. 07. 001.

Alden, Chris. 2005. “China in Africa. ” *Survival* 47 （3）: 147 – 64. doi: 10. 1080/00396330500248086.

Ali, Abdiweli M. and Hodan Said Isse. 2007. “Foreign Aid and Free Trade and Their Effect on Income: A Panel Analysis. ” *The Journal of Developing Areas* 41 （1）: 127 – 42. doi: 10. 2307/40376162.

Allen, Kenneth and Eva Baguma. 2013. “China-Uganda Relations: Closer is not Necessarily Better. ” *China Brief*. Vol. 13. The Jamestown Foundation.

Anderson, G. William. 2014. “Bridging the Divide: How can Usaid and Dod Integrate Security and Development More Effectively in Africa?” *The Fletcher Forum of World Affairs* 38 （1）: 101 – 26.

Angeles, Luis and Kyriakos C. Neanidis. 2009. “Aid Effectiveness: The Role of the Local Elite. ” *Journal of Development Economics* 90 （1）: 120 – 34. doi: 10. 1016/j. jdeveco. 2008. 05. 002.

Anonymous. 2011. “Rethinking Aid Policy: Working with Recipient Communities. ” *Harvard International Review* 32 （4）: 78 – 79.

Arndt, Channing, Sam Jones and Finn Tarp. 2015. “Assessing Foreign Aid’s Long Run Contribution to Growth and Development. ” *World Development* 69 （May）: 6 – 18. doi: 10. 1016/j. worlddev. 2013. 12. 016.

Atwood, J. Brian, M. Peter McPherson and Andrew Natsios. 2008. “Arrested Development: Making Foreign Aid a More Effective Tool. ” *Foreign Affairs* 87 （6）: 123 – 32. doi: 10. 2307/20699376.

Ayittey, George B. N. 2003. "Aid and Reform in Africa: Lessons from Ten Case Studies. " *Journal of Economic Literature* 41 （1）: 248 – 50.

Baccini, Leonardo and Johannes Urpelainen. 2012. "Strategic Side Payments: Preferential Trading Agreements, Economic Reform, and Foreign Aid. " *The Journal of Politics* 74 （4）: 932 – 49. doi: 10. 1017/S0022381612000485.

Baehr, Peter R. 1980. "The Dutch Foreign Policy Elite: A Descriptive Study of Perceptions and Attitudes. " *International Studies Quarterly* 24 （2）: 223 – 61. doi: 10. 2307/2600201.

Balla, Eliana and Gina Yannitell Reinhardt. 2008. "Giving and Receiving Foreign Aid: Does Conflict Count?" *World Development* 36 （12）: 2566 – 85. doi: 10. 1016/j. worlddev. 2008. 03. 008.

Bauhr, Monika, Nicholas Charron and Naghmeh Nasiritousi. 2013. "Does Corruption Cause Aid Fatigue? Public Opinion and the Aid-Corruption Paradox1. " *International Studies Quarterly* 57 （3）: 568 – 79. doi: 10. 1111/isqu. 12025.

Bearce, David H. , Steven E. Finkel, Anibal S. Pérez-Liñán, Juan Rodríguez-Zepeda and Lena Surzhko-Harned. 2013. "Has the New Aid for Trade Agenda been Export Effective? Evidence on the Impact of Us Aft Allocations 1999 – 2008. " *International Studies Quarterly* 57 （1）: 163 – 70. doi: 10. 2307/41804855.

Bello, Walden. 2007. "China Eyes Africa: The New Imperialism?" *Multinational Monitor* 28 （1）: 23 – 26.

Bendavid, Eran. 2014. "Is Health Aid Reaching the Poor? Analysis of Household Data from Aid Recipient Countries. " *PLoS ONE* 9 （1）: 1 – 9. doi: 10. 1371/journal. pone. 0084025.

Bendavid, Eran. 2016. "Past and Future Performance: Pepfar in the Landscape of Foreign Aid for Health. " *Current HIV/AIDS Reports*: 1 – 7. doi: 10. 1007/s11904 – 016 – 0326 – 8.

Bhagwati, Jagdish. 2010. "Banned Aid: Why International Assistance Does Not Alleviate Poverty. " *Foreign Affairs* 89 （1）: 120 – 25. doi:

10. 2307/20699788.

Blackorby, Charles, Walter Bossert and David Donaldson. 1999. "Foreign Aid and Population Policy: Some Ethical Considerations." *Journal of Development Economics* 59 (2): 203 – 32. doi: 10. 1016/S0304 – 3878 (99) 00010 – 3.

Boone, Peter. 1996. "Politics and the Effectiveness of Foreign Aid." *European Economic Review* 40 (2): 289 – 329. doi: 10. 1016/0014 – 2921 (95) 00127 – 1.

Botting, M. J. , E. O. Porbeni, M. R. Joffres, B. C. Johnston, R. E. Black and E. J. Mills. 2010. "Water and Sanitation Infrastructure for Health: The Impact of Foreign Aid." *Global Health* 6: 12. doi: 10. 1186/1744 – 8603 – 6 – 12.

Brech, Viktor and Niklas Potrafke. 2014. "Donor Ideology and Types of Foreign Aid." *Journal of Comparative Economics* 42 (1): 61 – 75. doi: 10. 1016/j. jce. 2013. 07. 002.

Broadman, Harry G. , Gozde Isik and World Bank. 2007. *Africa's Silk Road: China and India's New Economic Frontier.* Washington, D. C. : World Bank.

Broughton, Edward I. , Martin Muhire, Esther Karamagi, Herbert Kisamba and Sarah Smith Lunsford. 2016. "The Effectiveness and Efficiency of Implementing the Chronic Care Model for Hiv Care in Uganda." Washington, DC: USAID.

Brown, Stephen and Jörn Grävingholt. 2016. *The Securitization of Foreign Aid.* New York: Palgrave Macmillan.

Browne, Stephen. 2012. *Aid and Influence: Do Donors Help or Hinder?* Taylor & Francis.

Bräutigam, Deborah and Haisen Zhang. 2013. "Green Dreams: Myth and Reality in China's Agricultural Investment in Africa." *Third World Quarterly* 34 (9): 1676 – 96. doi: 10. 1080/01436597. 2013. 843846.

Bräutigam, Deborah. 2009. *The Dragon's Gift: The Real Story of China in Africa*: Oxford University Press.

Bräutigam, Deborah and Kevin P. Gallagher. 2014. "Bartering Globaliza-tion: China's Commodity-Backed Finance in Africa and Latin America. " *Global Policy* 5 (3): 346 – 52. doi: 10. 1111/1758 – 5899. 12138.

Bräutigam, Deborah and Stephen Knack. 2004. "Foreign Aid, Institu-tions, and Governance in Sub-Saharan Africa. " *Economic Development and Cul-tural Change* 52 (2): 255 – 85.

Bräutigam, Deborah and Tang Xiaoyang. 2009. "China's Engagement in Af-rican Agriculture: Down to the Countryside. " *The China Quarterly* 199: 686 – 706. doi: 10. 1017/S0305741009990166.

Bräutigam, Deborah and Tang Xiaoyang. 2011. "African Shenzhen: China's Special Economic Zones in Africa. " *The Journal of Modern African Stud-ies* 49 (1): 27 – 54. doi: 10. 1017/S0022278X10000649.

Bräutigam, Deborah and Tang Xiaoyang. 2012. "Economic Statecraft in China's New Overseas Special Economic Zones: Soft Power, Business or Re-source Security?" *International Affairs* 88 (4): 799 – 816. doi: 10. 1111/ j. 1468 – 2346. 2012. 01102. x.

Bräutigam, Deborah. 1992. "Governance, Economy, and Foreign Aid. " *Studies in Comparative International Development* 27 (3): 3.

Bräutigam, Deborah. 1998. *Chinese Aid and African Development: Expor-ting Green Revolution.* New York: St. Martin's Press.

Bräutigam, Deborah. 2006. "State-Building and the Origin of 'Good' In-stitutions. " *Conference Papers-American Political Science Association*: 1.

Bräutigam, Deborah. 2010. "China, Africa and the Global Aid Architec-ture. " Vol. Rochester: Social Science Research Network.

Bräutigam, Deborah. 2011. "Aid 'with Chinese Characteristics': Chinese Foreign Aid and Development Finance Meet the Oecd-Dac Aid Regime. " *Journal of International Development* 23 (5): 752 – 64. doi: 10. 1002/jid. 1798.

Bräutigam, Deborah. 2012. "Is China a Challenge to the Global Aid Ar-chitecture?" *Conference Papers-American Political Science Association*: 1 – 44.

Burhop, Carsten. 2005. "Foreign Assistance and Economic Development:

A Re-Evaluation. " *Economics Letters* 86 (1): 57 – 61. doi: 10. 1016/ j. econlet. 2004. 06. 007.

Burton, A. Abrams and Kenneth A. Lewis. 1993. "Human Rights and the Distribution of U. S. Foreign Aid. " *Public Choice* 77 (4): 815 – 21. doi: 10. 2307/30027190.

Busse, Matthias and Steffen Gröning. 2009. "Does Foreign Aid Improve Governance?" *Economics Letters* 104 (2): 76 – 78. doi: 10. 1016/j. econlet. 2009. 04. 002.

Carey, Sabine C. 2007. "European Aid: Human Rights Versus Bureau- cratic Inertia?" *Journal of Peace Research* 44 (4): 447 – 64. doi: 10. 2307/27640540.

Chan-Fishel, Michelle and Roxanne Lawson. 2007. "Quid Pro Quo? China's Investment-for-Resource Swaps in Africa. " *Development* 50 (3): 63 – 68. doi: 10. 1057/palgrave. development. 1100403.

Cheru, Fantu and Cyril Obi. 2010. *The Rise of China and India in Africa:* *Challenges, Opportunities and Critical Interventions.* London; New York; Upp- sala, Sweden: Zed Books.

Chhotray, Vasudha and David Hulme. 2009. "Contrasting Visions for Aid and Governance in the 21st Century: The White House Millennium Challenge Account and Dfid's Drivers of Change. " *World Development* 37 (1): 36 – 49. doi: 10. 1016/j. worlddev. 2007. 11. 004.

Chong, Alberto, Mark Gradstein and Cecilia Calderon. 2009. "Can For- eign Aid Reduce Income Inequality and Poverty?" *Public Choice* 140 (1/2): 59 – 84. doi: 10. 2307/40270909.

Clad, James C. and Roger D. Stone. 1992. "New Mission for Foreign Aid. " *Foreign Affairs* 72 (1): 196 – 205. doi: 10. 2307/20045506.

Cogneau, Denis and Jean-David Naudet. 2007. "Who Deserves Aid? E- quality of Opportunity, International Aid, and Poverty Reduction. " *World De- velopment* 35 (1): 104 – 20. doi: 10. 1016/j. worlddev. 2006. 09. 006.

Cohen, John M. , Merilee S. Grindle and S. Tjip Walker. 1985. "Foreign

Aid and Conditions Precedent: Political and Bureaucratic Dimensions. " *World Development* 13 (12): 1211 – 30. doi: 10. 1016/0305 – 750X (85) 90122 – 6.

Cohen, Michael A. 2013. "Giving to Developing Countries: Controversies and Paradoxes of International Aid. " *Social Research* 80 (2): 591 – 606.

Colenbrander, S. , C. Birungi and A. K. Mbonye. 2015. "Consensus and Contention in the Priority Setting Process: Examining the Health Sector in Uganda. " *Health Policy and Panning* 30 (5): 555 – 65. doi: 10. 1093/ heapol/czu030.

Collier, Paul and David Dollar. 2001. "Can the World Cut Poverty in Half? How Policy Reform and Effective Aid Can Meet International Development Goals. " *World Development* 29 (11): 1787 – 802. doi: 10. 1016/S0305 – 750X (01) 00076 – 6.

Copper, John Franklin. 2016. *China's Foreign Aid and Investment Diplomacy (Volume Ii)* .

Crawford, Gordon. 2001. *Foreign Aid and Political Reform: A Comparative Analysis of Democracy Assistance and Political Conditionality.* Basingstoke: Palgrave.

Cumming, Gordon. 1995. "French Development Assistance to Africa: Towards a New Agenda?" *African Affairs* 94 (376): 383.

Davis, Thomas W. D. 2011. "Foreign Aid in Australia's Relationship with the South: Institutional Narratives. " *Round Table* 100 (415): 389 – 406. doi: 10. 1080/00358533. 2011. 595254.

de Ree, Joppe and Eleonora Nillesen. 2009. "Aiding Violence or Peace? The Impact of Foreign Aid on the Risk of Civil Conflict in Sub-Saharan Africa. " *Journal of Development Economics* 88 (2): 301 – 13. doi: 10. 1016/ j. jdeveco. 2008. 03. 005.

De Waal, Alex. 1997. "Democratizing the Aid Encounter in Africa. " *International Affairs* 73 (4): 623 – 39.

Demirel-Pegg, Tijen and James Moskowitz. 2009. "Us Aid Allocation: The Nexus of Human Rights, Democracy, and Development. " *Journal of Peace*

Research 46 （2）: 181 – 98. doi: 10. 2307/25654379.

Dent, Christopher M. 2011. *China and Africa Development Relations*: Taylor & Francis.

Diana, Ntono. 2013. 《中国在东非的跨国企业及经济多样化》, 吉林大学博士学位论文。

Dicklitch, Susan and Heather Rice. 2004. "The Mennonite Central Committee (Mcc) and Faith-Based Ngo Aid to Africa." *Development in Practice* 14 （5）: 660 – 72. doi: 10. 2307/4029894.

Dieleman, Joseph L. , Matthew T. Schneider, Annie Haakenstad, Lavanya Singh, Nafis Sadat, Maxwell Birger, Alex Reynolds, Tara Templin, Hannah Hamavid, Abigail Chapin and Christopher J. L. Murray. 2016. "Development Assistance for Health: Past Trends, Associations, and the Future of International Financial Flows for Health." *The Lancet* 387 （10037）: 2536 – 44. doi: http://dx. doi. org/10. 1016/S0140 – 6736 （16） 30168 – 4.

Dietrich, Simone. 2011. "The Politics of Public Health Aid: Why Corrupt Governments have Incentives to Implement Aid Effectively." *World Development* 39 （1）: 55 – 63. doi: 10. 1016/j. worlddev. 2010. 06. 011.

Dollar, David and Victoria Levin. 2006. "The Increasing Selectivity of Foreign Aid, 1984 – 2003." *World Development* 34 （12）: 2034 – 46. doi: 10. 1016/j. worlddev. 2006. 06. 002.

Dreher, Axel, Andreas Fuchs, Roland Hodler, Bradley Parks, Paul A. Raschky and Michael J. Tierney. 2015. "Aid on Demand: African Leaders and the Geography of China's Foreign Assistance." Rochester: Social Science Research Network.

Due, Jean M. 1993. "Liberalization and Privatization in Tanzania and Zambia." *World Development* 21 （12）: 1981.

Dutta, Nabamita, Peter T. Leeson and Claudia R. Williamson. 2013. "The Amplification Effect: Foreign Aid's Impact on Political Institutions." *Kyklos* 66 （2）: 208 – 28. doi: 10. 1111/kykl. 12018.

Easterly, William and Claudia R. Williamson. 2011. "Rhetoric Versus Reality: The Best and Worst of Aid Agency Practices. " *World Development* 39 (11): 1930 – 49. doi: 10. 1016/j. worlddev. 2011. 07. 027.

Easterly, William. 2006. *The White Man's Burden: Why the West's Efforts to Aid the Rest Have Done So Much Ill and So Little Good.* Oxford: Oxford University Press.

Easterly, William. 2009. "Can the West Save Africa?" *Journal of Economic Literature* 47 (2): 373 – 447. doi: 10. 2307/27739927.

Fan, Victoria Y. , Karen A. Grépin, Gordon C. Shen and Lucy Chen. 2014. "Tracking the Flow of Health Aid from Brics Countries. " *World Health Organization. Bulletin of the World Health Organization* 92 (6): 457 – 8. doi: 10. 1377/hlthaff. 2011. 1154 PMID: 22174301.

Feeny, Simon and Ashton de Silva. 2012. "Measuring Absorptive Capacity Constraints to Foreign Aid. " *Economic Modelling* 29 (3): 725 – 33. doi: 10. 1016/j. econmod. 2012. 01. 013.

Feeny, Simon and Tim R. L. Fry. 2014. "How Sustainable is the Macroeconomic Impact of Foreign Aid?" *Journal of Policy Modeling* 36 (6): 1066 – 81. doi: 10. 1016/j. jpolmod. 2014. 11. 001.

Fisher, Jonathan. 2015. "'Does It Work?': Work for Whom? Britain and Political Conditionality since the Cold War. " *World Development* 75: 13 – 25. doi: 10. 1016/j. worlddev. 2014. 12. 005.

Fleck, Robert K. and Christopher Kilby. 2010. "Changing Aid Regimes? U. S. Foreign Aid from the Cold War to the War on Terror. " *Journal of Development Economics*91 (2): 185 – 97. doi: 10. 1016/j. jdeveco. 2009. 09. 011.

Francken, Nathalie, Bart Minten and Johan F. M. Swinnen. 2012. "The Political Economy of Relief Aid Allocation: Evidence from Madagascar. " *World Development* 40 (3): 486.

Freeman, Charles and Xiaoqing Boynton Lu. 2011. "China's Emerging Global Health and Foreign Aid Engagement in Africa. " CSIS.

French, Howard W. 2014. *China's Second Continent: How a Million Migrants are Building a New Empire in Africa.*

Frenk, Julio and Steven Hoffman. 2015. *To Save Humanity: What Matters Most for a Healthy Future.* Oxford: Oxford University Press.

Fuchs, Andreas and Krishna Chaitanya Vadlamannati. 2013. "The Needy Donor: An Empirical Analysis of India's Aid Motives." *World Development* 44 (0): 110 – 28. doi: 10. 1016/j. worlddev. 2012. 12. 012.

Fuchs, Andreas, Axel Dreher and Peter Nunnenkamp. 2014. "Determinants of Donor Generosity: A Survey of the Aid Budget Literature." *World Development* 56 (0): 172 – 99. doi: 10. 1016/j. worlddev. 2013. 09. 004.

Furia, Annalisa. 2015. *The Foreign Aid Regime: Gift-Giving, States and Global Dis/Order.* New York: Palgrave Macmillan.

Gadzala, Aleksandra W. 2010. "From Formal-to Informal-Sector Employment: Examining the Chinese Presence in Zambia." *Review of African Political Economy* 37 (123): 41 – 59. doi: 10. 2307/27860746.

Gerhart, Gail M. 1999. "Aid to Africa: So Much to Do, So Little Done." *Foreign Affairs* 78 (6): 163.

Ghosh Banerjee, Sudeshna and Dennis A. Rondinelli. 2003. "Does Foreign Aid Promote Privatization? Empirical Evidence from Developing Countries." *World Development* 31 (9): 1527 – 48. doi: 10. 1016/S0305 – 750X (03) 00107 – 4.

Golley, Jane and Ligang Song. 2011. *Rising China: Global Challenges and Opportunities:* ANU E Press.

Gomez, SimonPeter. 2007. "Human Rights and the Allocation of Foreign Aid: A Cross-National Analysis of the Last Years of the Cold War, 1980 – 1989." *The Social Science Journal* 44 (2): 275 – 85. doi: 10. 1016/j. soscij. 2007. 03. 018.

Granovetter, Mark. 1985. "Economic Action and Social Structure: The Problem of Embeddedness." *American Journal of Sociology* 91 (3): 481 – 510. doi: 10. 2307/2780199.

Grimm, Sven, John Humphrey, Erik Lundsgaarde and Sarah-Lea John de Sousa. 2009. "Challenges by New Actors in International Development. "

Vol. EDC 2020-*Working Paper No* 4. European Development Co-operation to 2020.

Grimm, Sven. 2008. "Africa-China-Europe Trilateral Co-Operation: Is Europe Naïve?" Vol. *EDC* 2020 – *Opinion No.* 1. European Development Co-operation to 2020.

Grimm, Sven. 2011. "Engaging with China in Africa Trilateral Cooperation as an Option?" Vol. *EDC* 2020 – *Policy brief No* 9. European Development Co-operation to 2020.

Grépin, Karen A., Victoria Y. Fan, Gordon C. Shen and Lucy Chen. 2014. "China's Role as a Global Health Donor in Africa: What can We Learn from Studying under Reported Resource Flows?" *Global Health* 10 (1): 1 – 11. doi: 10. 1186/s12992 – 014 – 0084 – 6.

Gu, Jing and Anthony Carty. 2014. "China and African Development: Partnership not Mentoring. " *IDS Bulletin* 45: 57 – 69. doi: 10. 1111/1759 – 5436. 12093.

Gulrajani, Nilima. 2011. "Transcending the Great Foreign Aid Debate: Managerialism, Radicalism and the Search for Aid Effectiveness. " *Third World Quarterly* 32 (2): 199 – 216. doi: 10. 1080/01436597. 2011. 560465.

Hackenesch, Christine. 2011. "European Good Governance Policies Meet China in Africa: Insights from Angola and Ethiopia. " Vol. *EDC* 2020-*Working Paper No* 10. European Development Co-operation to 2020.

Han, Qide, Lincoln Chen, Tim Evans and Richard Horton. 2008. "China and Global Health. " *The Lancet* 372 (9648): 1439 – 41. doi: papers3://publication/doi/10. 1016/S0140 – 6736 (08) 61350 – 1.

Harneit-Sievers, Axel, Stephen Marks and Sanusha Naidu. 2010. *Chinese and African Perspectives on China in Africa*: Fahamu/Pambazuka.

Hatzipanayotou, Panos and Michael S. Michael. 1995. "Foreign Aid and Public Goods. " *Journal of Development Economics* 47 (2): 455 – 67. doi: 10. 1016/0304 – 3878 (95) 00020 – Q.

He, Tianhao. 2012. "Back to Abcs: Emerging Partnerships among Africa, Brazil, and China. " *Harvard International Review* 34 (1): 30 – 33.

Heckelman, Jac C. and Stephen Knack. 2008. "Foreign Aid and Market Liberalizing Reform. " *Economica* 75 (299): 524 –48. doi: 10. 2307/40071816.

Hermano, Víctor and Natalia Martín-Cruz. 2013. "How to Deliver Foreign Aid? The Case of Projects Governed by the Spanish International Agency. " *World Development* 43 (0): 298 – 314. doi: 10. 1016/j. worlddev. 2012. 10. 017.

Hsieh, Chang-Tai. 2000. "Bargaining over Reform. " *European Economic Review* 44 (9): 1659 – 76. doi: 10. 1016/S0014 – 2921 (99) 00012 – 4.

http://dx. doi/. org/10. 1377/hlthaff. 2011. 1154 PMID: 22174301.

Hu, Angang, Yuning Gao, Yilong Yan and Xing Wei. 2014. "China's Role in the Rising of the South: Vision for 2030. " *IDS Bulletin* 45: 6 – 21. doi: 10. 1111/1759 – 5436. 12089.

Huang, Y. 2010. "Pursuing Health as Foreign Policy: The Case of China. " *Indiana J Global Legal Studies* 17. doi: 10. 2979/gls. 2010. 17. 1. 105.

Humphrey, John. 2011. "Chinese Development Cooperation and the Eu. " Vol. *EDC 2020-Policy brief No* 17. European Development Co-operation to 2020.

Hyden, Goran and Shlomo Reutlinger. 1992. "Foreign Aid in a Period of Democratization: The Case of Politically Autonomous Food Funds. " *World Development* 20 (9): 1253 – 60. doi: 10. 1016/0305 – 750X (92) 90076 – 8.

Jakobson, Linda. 2009. "China's Diplomacy toward Africa: Drivers and Constraints. " *International Relations of the Asia Pacific* 9 (3): 403 – 33. doi: 10. 1093/irap/lcp008.

Jakupec, Viktor editor and Max editor Kelly. 2016. *Assessing the Impact of Foreign Aid: Value for Money and Aid for Trade.* Amsterdam: Academic Press.

Johnson, Ken Deji. 2010. "Reorienting U. S. Aid to Africa-in America's Interest. " *Current* (528): 7.

Jones, Sam. 2015. "Aid Supplies over Time: Addressing Heterogeneity, Trends, and Dynamics. " *World Development* 69 (May): 31 – 43. doi: 10. 1016/j. worlddev. 2013. 12. 014.

Juliet, Nabyonga Orem, Ssengooba Freddie and Sam Okuonzi. 2009. "Can Donor Aid for Health be Effective in a Poor Country? Assessment of Prerequisites for Aid Effectiveness in Uganda. " *The Pan African Medical Journal* 3 (9): 9.

Kasekende, L. A. and Atingi-Ego, M. 1999. "Uganda's Experience with Aid. " *Journal of African Economies* 8 (4): 617.

Kenyon, Georgina. 2010. "China Offers Billions in Loans to Boost Health Research in Africa. " *Nature Medicine* 16 (1): 8. doi: 10. 1038/nm0110 – 8b.

Kersting, Erasmus and Christopher Kilby. 2014. "Aid and Democracy Redux. " *European Economic Review* 67 (0): 125 – 43. doi: 10. 1016/ j. euroecorev. 2014. 01. 016.

Khan, Haider Ali and Eiichi Hoshino. 1992. "Impact of Foreign Aid on the Fiscal Behavior of Ldc Governments. " *World Development* 20 (10): 1481 – 88. doi: 10. 1016/0305 – 750X (92) 90068 – 7.

Kilby, Christopher. 2011. "What Determines the Size of Aid Projects?" *World Development* 39 (11): 1981 – 94. doi: 10. 1016/j. worlddev. 2011. 07. 023.

King, J. R. 1953. "Science Versus Administration in Certain U. S. Foreign Aid Efforts. " *Science* 117 (3047): 568 – 9. doi: 10. 1126/science. 117. 3047. 568.

King, Kenneth. 2010. "China's Cooperation in Education and Training with Kenya: A Different Model?" *International Journal of Educational Development* 30 (5): 488 – 96. doi: 10. 1016/j. ijedudev. 2010. 03. 014.

King, Kenneth. 2011. "The New Aid Architecture in Ghana: Influencing Policy and Practice?" *The European Journal of Development Research* 23 (4): 648 – 67. doi: 10. 1057/ejdr. 2011. 26.

King, Kenneth. 2013. *China's Aid & Soft Power in Africa: The Case of Education & Training.* Woodbridge, Suffolk: James Currey.

Knack, Stephen. 2004. "Does Foreign Aid Promote Democracy?" *International Studies Quarterly* 48 (1): 251 – 66. doi: 10. 2307/3693571.

Kobayashi, Takaaki. 2008. "Evolution of China's Aid Policy. " Vol. 27. JBIC Institute.

Koch, Svea. 2015. "A Typology of Political Conditionality Beyond Aid:

Conceptual Horizons Based on Lessons from the European Union. " *World Development* 75: 97 – 108. doi: 10. 1016/j. worlddev. 2015. 01. 006.

Kono, Daniel Yuichi and Gabriella R. Montinola. 2009. "Does Foreign Aid Support Autocrats, Democrats, or Both?" *The Journal of Politics* 71 (2): 704 – 18. doi: 10. 2307/30218980.

Kosack, Stephen. 2003. "Effective Aid: How Democracy Allows Development Aid to Improve the Quality of Life. " *World Development* 31 (1): 1 – 22. doi: 10. 1016/S0305 – 750X (02) 00177 – 8.

Kourtellos, Andros, Chih Ming and Xiaobo Zhang. 2007. "Is the Relationship between Aid and Economic Growth Nonlinear?" *Journal of Macroeconomics* 29 (3): 515 – 40. doi: 10. 1016/j. jmacro. 2007. 02. 07.

Kurlantzick, Joshua. 2007. *Charm Offensive: How China's Soft Power is Transforming the World*. New Haven: Yale University Press.

Lambert, Marie-Laurence. 1996. "Foreign Aid and Tuberculosis Control Policy in the Federated States of Micronesia. " *The Lancet* 347 (8997): 334 – 35. doi: 10. 1016/S0140 – 6736 (96) 90516 – 4.

Lancaster, Carol. 2007. *Foreign Aid: Diplomacy, Development, Domestic Politics*. Chicago, Ill. ; London: University of Chicago Press.

Lebovic, James H. 2005. "Donor Positioning: Development Assistance from the U. S. , Japan, France, Germany, and Britain. " *Political Research Quarterly* 58 (1): 119 – 26. doi: 10. 2307/3595601.

Lebovic, James H. and Erik Voeten. 2009. "The Cost of Shame: International Organizations and Foreign Aid in the Punishing of Human Rights Violators. " *Journal of Peace Research* 46 (1): 79 – 97. doi: 10. 2307/27640800.

Lei, Vivian, Steven Tucker and Filip Vesely. 2007. "Foreign Aid and Weakest-link International Public Goods: An Experimental Study. " *European Economic Review* 51 (3): 599 – 623. doi: 10. 1016/j. euroecorev. 2006. 03. 008.

Leonard, David K. 2005. "Foreign Aid and Development: Lessons Learnt and Directions for the Future. " *The Journal of Modern African Studies* 43 (1):

153 – 54.

Li, Anshan. 2011. "Chinese Medical Cooperation in Africa: With Special Emphasis on the Medical Teams and Anti-Malaria Campaign." Vol. 9171 066837. Uppsala: Nordiska Afrikainstitutet.

Lim, Sijeong, Layna Mosley and Aseem Prakash. 2015. "Revenue Substitution? How Foreign Aid Inflows Moderate the Effect of Bilateral Trade Pressures on Labor Rights." *World Development* 67 (0): 295 – 309. doi: 10. 1016/ j. worlddev. 2014. 10. 025.

Liu, Peilong, Yan Guo, Xu Qian, Shenglan Tang, Zhihui Li and Lincoln Chen. 2014. "China's Distinctive Engagement in Global Health." *The Lancet* 384 (9945): 793 – 804. doi: 10. 1016/S0140 – 6736 (14) 60725 – X.

Liu, Xiangbo, Xiaomeng Zhang and Chi-Chur Chao. 2014. "Foreign Aid, Leisure effort Choice, and Economic Growth." *Economic Modelling* 43 (0): 435 – 38. doi: 10. 1016/j. econmod. 2014. 09. 006.

Lof, Matthijs, Tseday Jemaneh Mekasha and Finn Tarp. 2014. "Aid and Income: Another Time-Series Perspective." *World Development* (0). doi: 10. 1016/j. worlddev. 2013. 12. 015.

Lopes Sanches, Leinira. 2009. 《对非洲的发展援助：中国的方式》，吉林大学硕士学位论文。

Lskavyan, Vahe. 2014. "Donor-Recipient Ideological Differences and Economic Aid." *Economics Letters* 123 (3): 345 – 47. doi: 10. 1016/ j. econlet. 2014. 03. 016.

Madina, Guloba, Nicholas Kilimani and Winnie Nabiddo. 2010. "Impact of China-Africa Aid Relations: A Case Study of Uganda." Vol. : Economic Policy Research Centre (EPRC).

Martin, George. 2013. 《中国在非洲的软实力建设：乌干达的案例》，复旦大学硕士学位论文。

Martins, Pedro M. G. 2011. "Aid Absorption and Spending in Africa: A Panel Cointegration Approach." *The Journal of Development Studies* 47 (12): 1925 – 53. doi: 10. 1080/00220388. 2011. 579115.

Matsiko, Charles W. 2010. "Positive Practice Environments in Uganda: Enhancing Health Worker and Health System Performance." The Global Health Workforce Alliance.

McCormick, Dorothy. 2008. "China & India as Africa's New Donors: The Impact of Aid on Development." *Review of African Political Economy* 35 (115): 73 – 92. doi: 10. 2307/20406478.

McGiffert, Carola. 2009. "Chinese Soft Power and Its Implications for the United States: Competition and Cooperation in the Developing World." Center for Strategic and International Studies.

McGrath, Simon. 2010. "Beyond Aid Effectiveness: The Development of the South African Further Education and Training College Sector, 1994 – 2009." *International Journal of Educational Development* 30 (5): 525 – 34. doi: 10. 1016/j. ijedudev. 2010. 03. 011.

Mekasha, Tseday Jemaneh and Finn Tarp. 2013. "Aid and Growth: What Meta-analysis Reveals." *The Journal of Development Studies* 49 (4): 564 – 83. doi: 10. 1080/00220388. 2012. 709621.

Men, Jing and Benjamin Barton. 2011. *China and the European Union in Africa: Partners or Competitors?* Burlington, VT: Ashgate Pub. Co.

Miller, Daniel C. 2014. "Explaining Global Patterns of International Aid for Linked Biodiversity Conservation and Development." *World Development* 59 (0): 341 – 59. doi: 10. 1016/j. worlddev. 2014. 01. 004.

Ministry of Health. 2015. "Human Resources for Health Bi-Annual Report." Kampala: Ministey of Health.

Minoiu, Camelia and Sanjay G. Reddy. 2010. "Development Aid and Economic Growth: A Positive Long-Run Relation." *The Quarterly Review of Economics and Finance* 50 (1): 27 – 39. doi: 10. 1016/j. qref. 2009. 10. 004.

Mishra, Prachi and David Newhouse. 2009. "Does Health Aid Matter?" *Journal of Health Economics* 28 (4): 855 – 72. doi: 10. 1016/j. jhealeco. 2009. 05. 004.

Molenaers, Nadia, Sebastian Dellepiane and Jorg Faust. 2015. "Political

Conditionality and Foreign Aid. " *World Development* 75: 2 – 12. doi: 10. 1016/j. worlddev. 2015. 04. 001.

Moyo, Dambisa. 2009. *Dead Aid: Why Aid is not Working and How there is Another Way for Africa.* London: Allen Lane.

Moyo, Dambisa. 2012. *Winner Take All: China's Race for Resources and What It Means for Us.* London: Allen Lane.

Muchapondwa, Edwin, Daniel Nielson, Bradley Parks, Austin M. Strange and Michael J. Tierney. 2014. " 'Ground-Truthing' Chinese Development Finance in Africa. " *Wider Working Paper* 2014/031. World Institute for Development Economics Research.

Mundy, Karen, Megan Haggerty, Malini Sivasubramaniam, Suzanne Cherry and Richard Maclure. 2010. "Civil Society, Basic Education, and Sector-wide Aid: Insights from Sub-Saharan Africa. " *Development in Practice* 20 (4/5): 484 – 97. doi: 10. 2307/20750147.

Muravchik, Joshua. 1996. "Affording Foreign Policy: The Problem is not Wallet, but Will. " *Foreign Affairs* 75 (2): 8 – 13. doi: 10. 2307/20047484.

Murray, C. J. L. , B. Anderson, R. Burstein, K. Leach-Kemon, M. Schneider, A. Tardif and R. Zhang. 2011. " Development Assistance for Health: Trends and Prospects. " *The Lancet* 378. doi: 10. 1016/s0140 – 6736 (10) 62356 – 2.

Museru, Malimu, Francois Toerien and Sean Gossel. 2014. "The Impact of Aid and Public Investment Volatility on Economic Growth in Sub-Saharan Africa. " *World Development* 57 (0): 138 – 47. doi: 10. 1016/j. worlddev. 2013. 12. 001.

Musolf, Lloyd D. 1963. " Overview Overseas: Dilemma for Aid Missions. " *Public Administration Review* 23 (4): 219 – 26. doi: 10. 23 07/973896.

Mwenda, Andrew M. and Roger Tangri. 2005. "Patronage Politics, Donor Reforms, and Regime Consolidation in Uganda. " *African Affairs* 104 (416): 449 – 67. doi: 10. 2307/3518724.

Ndikumana, Léonce and Lynda Pickbourn. 2015. "The Impact of Foreign

Aid Allocation on Access to Social Services in Sub-Saharan Africa: The Case of Water and Sanitation. " Vol. *Working Paper* 400. Political Economy Reasearch Institute, Umass Amherst.

Nielsen, Richard A. , Michael G. Findley, Zachary S. Davis, Tara Candland and Daniel L. Nielson. 2011. " Foreign Aid Shocks as a Cause of Violent Armed Conflict. " *American Journal of Political Science* 55 (2): 219 – 32. doi: 10. 1111/j. 1540 – 5907. 2010. 00492. x.

Niu, Changsong. 2014. " China's Educational Cooperation with Africa: Toward New Strategic Partnerships. " *Asian Education and Development Studies* 3 (1): 31 – 45. doi: 10. 1108/AEDS – 09 – 2013 – 0057.

Niyizonkiza, Deogratias and Alyssa Yamamoto. 2013. " Grassroots Philanthropy: Fighting the Power Asymmetries of Aid in Rural Burundi. " *Social Research* 80 (2): 321 – 36.

Nunnenkamp, Peter and Hannes Öhler. 2012. " Funding, Competition and the Efficiency of Ngos: An Empirical Analysis of Non-Charitable Expenditure of Us Ngos Engaged in Foreign Aid. " *Kyklos* 65 (1): 81 – 110. doi: 10. 1111/ j. 1467 – 6435. 201. 00528. x.

Obermann, Konrad. 2007. " Global Health and Foreign Policy. " *The Lancet* 369 (9574): 1688. doi: http://dx. doi. org/10. 1016/S0140 – 6736 (07) 60769 – 7.

Odokonyero, Tonny, Alex Ijjo, Robert Marty, Tony Muhumuza and Godfrey Owot Moses. 2015. " Sub-National Perspectives on Aid E Ectiveness: Impact of Aid on Health Outcomes in Uganda. " Vol. *Working Paper* 18. AidData.

OECD. 1991. " Dac Principles for Evaluation of Development Assistance. " Vol. Paris: Development Assistance Committee.

OECD. 2012. *Oecd Factbook* 2011: *Economic, Environmental and Social Statistics*. Paris France; Bristol England: OECD.

Okada, Keisuke and Sovannroeun Samreth. 2012. " The Effect of Foreign Aid on Corruption: A Quantile Regression Approach. " *Economics Letters* 115 (2): 240 – 43. doi: 10. 1016/j. econlet. 2011. 12. 051.

Okwero, Peter, Ajay Tandon, Susan Sparkes, Julie McLaughlin and Johannes G. Hoogeveen. 2010. *Fiscal Space for Health in Uganda*, Vol. 186: The World Bank.

Otter, Mark. 2003. "Domestic Public Support for Foreign Aid: Does It Matter?". *Third World Quarterly* 24 (1): 115 – 25. doi: 10. 2307/3993633.

Ouattara, B. 2006. "Foreign Aid and Government Fiscal Behaviour in Developing Countries: Panel Data Evidence. " *Economic Modelling* 23 (3): 506 – 14. doi: 10. 1016/j. econmod. 2006. 02. 001.

Papanek, Gustav F. 1973. "Aid, Foreign Private Investment, Savings, and Growth in Less Developed Countries. " *Journal of Political Economy* 81 (1): 120 – 30. doi: 10. 2307/1837329.

Parfitt, Tom. 2005. "Russia Clamps Down on Foreign Aid Organisations. " *The Lancet* 366 (9502): 1993. doi: 10. 1016/S0140 – 6736 (05) 67798 – 7.

Paxton, Pamela and Stephen Knack. 2012. "Individual and Country-Level Factors Affecting Support for Foreign Aid. " *International Political Science Review/Revue internationale de science politique* 33 (2): 171 – 92. doi: 10. 1177/0192512111406095.

Pfaff, William. 1995. "A New Colonialism? Europe Must Go Back into Africa. " *Foreign Affairs* 74 (1): 2.

Phelps, Nicholas A. , John C. H. Stillwell and Roseline Wanjiru. 2009. "Broken Chain? Agoa and Foreign Direct Investment in the Kenyan Clothing Industry. " *World Development* 37 (2): 314.

Power, Marcus, Giles Mohan and May Tan-Mullins. 2012. *China's Resource Diplomacy in Africa: Powering Development?* Houndmills, Basingstoke; New York, NY: Palgrave Macmillan.

Puetz, Detlev. 2006. "Uganda Joint Assistance Strategy: A Review. " Vol. : African Development Bank Group.

Rebol, Max. 2011.《不干涉与务实合作：试析中国在非洲的软实力》，复旦大学博士学位论文。

Reinsberg, Bernhard. 2014. "Foreign Aid Responses to Political Liberalization. " *World Development* (0) . doi: 10. 1016/j. worlddev. 2014. 11. 006.

Ren, Minghui and Guoping Lu. 2014. " China's Global Health Strategy. " *The Lancet* 384 (9945): 719 – 21. doi: 10. 1016/S0140 – 6736 (14) 61317 – 9.

Resnick, Danielle and Nicolas Van de Walle. 2013. *Democratic Trajectories in Africa: Unravelling the Impact of Foreign Aid: A Study Prepared by the United Nations University World Institute for Development Economics Research (Unu-Wider).*

Rimmer, Douglas. 2000. " Aid and Corruption. " *African Affairs* 99 (394): 121 – 28.

Rioux, Jean-Sébastien and Douglas A. Van Belle. 2005. " The Influence of" Le Monde " Coverage on French Foreign Aid Allocations. " *International Studies Quarterly* 49 (3): 481 – 502. doi: 10. 2307/3693604.

Roodman, David. 2012. " Doubts About the Evidence That Foreign Aid for Health Is Displaced into Non-Health Uses. " *The Lancet* 380 (9846): 972 – 73. doi: 10. 1016/S0140 – 6736 (12) 61529 – 3.

Rotberg, Robert I. 2009. *China into Africa: Trade, Aid, and Influence:* Brookings Institution Press.

Rupp, Stephanie. 2013. " China and the European Union in Africa: Partners or Competitors?" *African Studies Review* 56: 190 – 92. doi: 10. 1353/arw. 2013. 0005.

Saghafi, Massoud Mokhtari and Jeffrey B. Nugent. 1983. " Foreign Aid in the Form of Commodity Transfers That Increase the Income Gap between Rich and Poor Countries: The Chichilnisky Theorems Revisited. " *Journal of Development Economics* 13 (1 – 2): 213 – 16. doi: 10. 1016/0304 – 3878 (83) 90061 – 5.

Sam, Waigolo. 2013. 《外商直接投资对乌干达在现有的和新的发展企业的具体利益中的商业环境的影响与研究》, 宁波大学硕士学位论文。

Santos-Paulino, Amelia U. and Guanghua Wan. 2010. *The Rise of China and India.* London: Palgrave Macmillan UK.

Sautman, Barry and Yan Hairong. 2007. "Friends and Interests: China's Distinctive Links with Africa." *African Studies Review* 50 (3): 75 – 114. doi: 10. 2307/27667241.

Schiere, Richard, Leonce Ndikumana and Peter Walkenhorst. 2011. *China and Africa: An Emerging Partnership for Development?*, Edited by R. Schiere, L. Ndikumana and P. Walkenhorst: African Development Bank Group.

Schiere, Richard. 2014. "The Impact of China on the Donor Landscape in African Fragile States." *IDS Bulletin* 45: 46 – 56. doi: 10. 1111/1759 – 5436. 12092.

Schmidt, Heide-Irene. 2003. "Pushed to the Front: The Foreign Assistance Policy of the Federal Republic of Germany, 1958 – 1971." *Contemporary European History* 12 (4): 473 – 507. doi: 10. 2307/20081179.

Schraeder, Peter J. , Steven W. Hook and Bruce Taylor. 1998. "Clarifying the Foreign Aid Puzzle: A Comparison of American, Japanese, French, and Swedish Aid Flows." *World Politics* 50 (2): 294 – 323. doi: 10. 2307/25054039.

Schwalbenberg, Henry M. 1998. "Does Foreign Aid Cause the Adoption of Harmful Economic Policies?" . *Journal of Policy Modeling* 20 (5): 669 – 75. doi: 10. 1016/S0161 – 8938 (97) 00111 – 7.

Schäferhoff, Marco, Sara Fewer, Jessica Kraus, Emil Richter, Lawrence H. Summers, Jesper Sundewall, Gavin Yamey and Dean T. Jamison. 2015. "How Much Donor Financing for Health Is Channelled to Global Versus Country-Specific Aid Functions?" . *The Lancet* 386 (10011): 2436 – 41. doi: http://dx. doi. org/10. 1016/S0140 – 6736 (15) 61161 – 8.

Scott, James M. and Carie A. Steele. 2011. "Sponsoring Democracy: The United States and Democracy Aid to the Developing World, 1988 – 2001." *International Studies Quarterly* 55 (1): 47 – 69. doi: 10. 2307/23019513.

Sekidde, Serufusa. 2013. 《援乌纪事》,《中国卫生人才》第 10 期。

Sen, Amartya. 2006. "The Man without a Plan: Can Foreign Aid Work?" . *Foreign Affairs* 85 (2): 171 – 77. doi: 10. 2307/20031920.

Severino, Jean-Michel and Olivier Ray. 2009. "The End of Oda: Death and Rebirth of a Global Public Policy. " Vol. 167. *Working Paper.* Center for Global Development.

Severino, Jean-Michel and Olivier Ray. 2010. "The End of Oda (Ii): The Birth of Hypercollective Action. " Vol. 218. *Working Paper.* Center for Global Development.

Shen, Gordon C. and Victoria Y. Fan. 2014. "China's Provincial Diplomacy to Africa: Applications to Health Cooperation. " *Contemporary Politics* 20: 182 – 208. doi: 10. 1080/13569775. 2014. 907993.

Siringi, S. 2003. "Africa and China Join Forces to Combat Malaria. " *The Lancet* 362. doi: 10. 1016/s0140 – 6736 (03) 14105 – 0.

Smith, Clark. 2010a. "Ineffectiveness of Official Development Assistance in Ethiopia and Sudan. " Vol. SSRN-ID2317463. Rochester: Social Science Research Network.

Smith, Nicholas T. 2010b. "Africa's Freedom Railway: How a Chinese Development Project Changed Lives and Livelihoods in Tanzania. " *African Studies Quarterly* 11 (2/3): 174 – 76.

Statistics, Uganda Bureau of. 2016. "The National Population and Housing Census 2014-Main Report. " Vol. Kampala, Uganda.

Stein, Howard. 1994. "Theories of Institutions and Economic Reform in Africa. " *World Development* 22 (12): 1833 – 49. doi: 10. 1016/0305 – 750X (94) 90177 – 5.

Stein, Howard. 2002. "Chinese Aid and African Development: Exporting Green Revolution. " *Africa: Journal of the International African Institute* 72 (1): 164 – 66.

Stierman, E. , F. Ssengooba and S. Bennett. 2013. "Aid Alignment: A Longer Term Lens on Trends in Development Assistance for Health in Uganda. " *Global Health* 9 (1): 7 – 7. doi: 10. 1186/1744 – 8603 – 9 – 7.

Stiles, Kendall W. 1990. "Imf Conditionality: Coercion or Compromise?". *World Development* 18 (7): 959 – 74. doi: 10. 1016/0305 – 750X (90) 90079 – D.

Stokke, Olav. 1995. *Aid and Political Conditionality*. London: F. Cass, in association with The European Association of Development Research and Training Institutes (EADI).

Strauss, Julia C. 2009. "The Past in the Present: Historical and Rhetorical Lineages in China's Relations with Africa." *The China Quarterly* 199: 777 – 95. doi: 10. 1017/S0305741009990208.

Strauss, Julia C. and Martha Saavedra. 2009. *China and Africa: Emerging Patterns in Globalization and Development*, Vol. no. 9. Cambridge: Cambridge University Press.

Sumner, Andrew and Richard Mallett. 2013. *The Future of Foreign Aid: Development Cooperation and the New Geography of Global Poverty*. New York: Palgrave Macmillan.

Sun, Yun. 2014. "Africa in China's Foreign Policy." Vol. : Brookings.

Szmant, H. H. 1978. "Foreign Aid Support of Science and Economic Growth." *Science* 199 (4334): 1173 – 82.

Taw, Jennifer Morrison. 2011. "Distributive Domestic Response." *Review of International Studies* 37 (3): 1357 – 82. doi: 10. 2307/23025424.

Thérien, Jean-Philippe. 2002. "Debating Foreign Aid: Right Versus Left." *Third World Quarterly* 23 (3): 449 – 66. doi: 10. 2307/3993536.

Tingley, Dustin. 2010. "Donors and Domestic Politics: Political Influences on Foreign Aid Effort." *The Quarterly Review of Economics and Finance* 50 (1): 40 – 49. doi: 10. 1016/j. qref. 2009. 10. 003.

Tull, Denis M. 2006. "China's Engagement in Africa: Scope, Significance and Consequences." *The Journal of Modern African Studies* 44 (3): 459 – 79. doi: 10. 2307/3876304.

Uganda, African Developemt Bank, Australia, Germany, The Netherlands, Norway, Swesen, United Kingdom and The World Bank. 2005. "The Uganda Joint Assistance Strategy." Vol. Kampala.

United Nations. 2016. *African Statistical Yearbook* 2016. Danmark: Scanprint.

USAID. 2015a. "Mass Distribution of Long Lasting Insecticidal Nets for U-niversal Coverage in Uganda Evaluation Report. " Vol. Washington, DC: US-AID.

USAID. 2015b. "Evaluation Toolkit. " Vol. Washington, DC: USAID.

Van de Maele, Nathalie, David B. Evans and Tessa Tan-Torres. 2013. "Development Assistance for Health in Africa: Are We Telling the Right Story?" . *Bulletin of the World Health Organization* 91 (November): 483 – 90. doi: 10. 2471/BLT. 12. 115410.

Vuving, Alexander. 2009. "How Soft Power Works. " Vol. ID 1466220. Rochester, NY: Social Science Research Network.

Walker, Brian W. 1986. "The African Environment and the Aid Process. " *International Journal* 41 (4): 734 – 47.

Walle, Nicolas van de. 2010. "Us Policy Towards Africa: The Bush Legacy and the Obama Administration. " *African Affairs* 109 (434): 1 – 21. doi: 10. 2307/40388444.

Wang, K. , S. Gimbel, E. Malik, S. Hassen and A. Hagopian. 2012. "The Experience of Chinese Physicians in the National Health Diplomacy Programme Deployed to Sudan. " *Glob Public Health* 7 (2): 196 – 211. doi: 10. 1080/17441692. 2011. 594450.

Wang, Xiangcheng and Tao Sun. 2014. "China's Engagement in Global Health Governance: A Critical Analysis of China's Assistance to the Health Sector of Africa. " *Journal of Global Health* 4 (1): 010301. doi: 10. 7189/jogh. 04. 010301.

Warmerdam, Ward and Meine Pieter van Dijk. 2013. "Chinese State-Owned Enterprise Investments in Uganda: Findings from a Recent Survey of Chinese Firms in Kampala. " *Journal of Chinese Political Science* 18 (3): 281 – 301. doi: 10. 1007/s11366 – 013 – 9250 – 6.

Watson, Helena. 2009. "Aid, Aid Everywhere but Still Not a Drop in the Sink. " *British Medical Journal* 338 (7688): 239. doi: 10. 2307/20511889.

Wilson Iii, Ernest J. 1993. "French Support for Structural Adjustment Programs in Africa." *World Development* 21 (3): 331 – 47. doi: 10. 1016/0305 – 750X (93) 90148 – 3.

Winters, Matthew S. 2010. "Accountability, Participation and Foreign Aid Effectiveness." *International Studies Review* 12 (2): 218 – 43. doi: 10. 1111/j. 1468 – 2486. 2010. 00929. x.

Winters, Matthew S. and Gina Martinez. 2015. "The Role of Governance in Determining Foreign Aid Flow Composition." *World Development* 66 (0): 516 – 31. doi: 10. 1016/j. worlddev. 2014. 09. 020.

Woods, Ngaire. 2005. "The Shifting Politics of Foreign Aid." *International Affairs (Royal Institute of International Affairs* 1944 –) 81 (2): 393 – 409. doi: 10. 2307/3568895.

Woods, Ngaire. 2008. "Whose Aid? Whose Influence? China, Emerging Donors and the Silent Revolution in Development Assistance." *International Affairs (Royal Institute of International Affairs* 1944 –) 84 (6): 1205 – 21. doi: 10. 2307/25144989.

Xu, Xiuli, Gubo Qi and Xiaoyun Li. 2014. "Business Borderlands: China's Overseas State Agribusiness." *IDS Bulletin* 45: 114 – 24. doi: 10. 1111/1759 – 5436. 12097.

Yasutomo, Dennis T. 1989. "Why Aid? Japan as an Aid Great Power." *Pacific Affairs* 62 (4): 490 – 503. doi: 10. 2307/2759672.

Yeats, Alexander J. 1982. "Development Assistance: Trade Versus Aid and the Relative Performance of Industrial Countries." *World Development* 10 (10): 863 – 69. doi: 10. 1016/0305 – 750X (82) 90061 – 4.

Yogo, Urbain Thierry and Douzounet Mallaye. 2015. "Health Aid and Health Improvement in Sub-Saharan Africa: Accounting for the Heterogeneity between Stable States and Post-Conflict States." *Journal of International Development* 27 (7): 1178 – 96. doi: 10. 1002/jid. 3034.

Youde, Jeremy. 2010. "China's Health Diplomacy in Africa." *China: An International Journal* 8: 151 – 63.

Young, Andrew T. and Kathleen M. Sheehan. 2014. "Foreign Aid, Institutional Quality, and Growth." *European Journal of Political Economy* 36 (0): 195 – 208. doi: 10. 1016/j. ejpoleco. 2014. 08. 003.

Zafar, Ali. 2007. "The Growing Relationship between China and Sub-Saharan Africa: Macroeconomic, Trade, Investment and Aid Links." *The World Bank Research Observer* 22 (1): 103 – 30. doi: 10. 2307/40282338.

Zalanga, Samuel. 2014. "Rural Development in Africa: An International Political Economy Perspective on the Significance of Healthcare in Human Development." *Journal of Third World Studies* 31 (1): 17 – 50.

Ziesemer, Thomas. 2016. "The Impact of Development Aid on Education and Health: Survey and New Evidence for Low-Income Countries from Dynamic Models." *Journal of International Development*: n/a-n/a. doi: 10. 10 02/jid. 3223.

Zou, Guanyang, Barbara McPake and Xiaolin Wei. 2014. "Chinese Health Foreign Aid and Policy: Beyond Medical Aid." *The Lancet* 383 (9927): 1461 – 62. doi: 10. 1016/S0140 – 6736 (14) 60713 – 3.

Öhler, Hannes, Peter Nunnenkamp and Axel Dreher. 2012. "Does Conditionality Work? A Test for an Innovative Us Aid Scheme." *European Economic Review* 56 (1): 138 – 53. doi: 10. 1016/j. euroecorev. 2011. 05. 003.

后　记

用社会学人类学视角观察国际援助可以说是一次学术历险，理由是，对国际援助的研究是国际关系的研究领域，社会学人类学几乎不曾涉足。

从殖民主义时代开始，国际援助便是国与国之间关系的一种，包含政治、经济、军事等各种类型的双边和多边活动。第二次世界大战之后，随着经济活动在国家建设中地位的上升，国际援助显现为富国对穷国的经济援助。偶有卫生援助，也多显现为人道主义紧急援助。20 世纪 50 年代，中国对非洲国家的卫生援助算是常规性双边卫生援助活动中最早的一部分。

对国际援助的认识通常被看作国际关系领域知识的一部分。对援助本身的研究，除了以项目为基础的评估研究之外，还有部分研究从经济学视角出发探讨国际援助效率。直到 21 世纪初年，对国际援助研究的部分专著才开始转向"援助有效性"和援助与受援方发展的关系即"发展有效性"，这也是把国际援助从外交关系中剥离出来，成为独立研究领域的历史性转折。

而"发展"是多个学科共同关注的议题。在中国，从费孝通先生的《江村经济》开始，人类学就在关注中国的发展；从杨开道先生的清河调查开始，社会学也在关注中国的发展。如果说中国的社会学人类学有什么鲜明的特色，其中之一就是对发展议题的关注。

在过去的一百多年里，中国政府和人民共同努力的一个目标正是国家富强和人民富裕。中国社会学人类学关注的核心也是中国的发展。用中国对乌干达卫生发展援助案例把对中国发展的关注拓展到国际援助的发展和受援国的发展，恰似学术历险。我们试图用评估研究的手段关注国际援助的发展，用社会学人类学探索发展的视角看待卫生发展援助的有效性。这次历险是否成功，还有待时间的检验。

在这次历险中，我们经历了数据收集的困境，也经历了理论分析的困境。分享我们在历险中的体验或许可以让读者更好地理解其中的暗礁，也有利于后来者少走弯路。

第一，数据误差。在人类学的传统训练中，对异域尤其是初民社会进行研究是基本功。研究者通常生长于发达的社会，要尝试理解并解释初民社会的社会、经济和文化现象。通俗地说，研究者要用学术的敏锐观察初民社会，并用发达社会的读者能够听懂的语言把自己的观察表达出来。

其中有三重转换。首先，用发达社会的眼光观察初民社会中习以为常的社会、经济和文化现象，发现发达社会的读者可能感兴趣的现象，以实现对从发达社会到初民社会的议题转换。其次，沉入初民社会，尝试用初民社会的思维把发达社会读者可能感兴趣的现象放回初民社会之中，理解现象在初民社会原本的逻辑和意义，实现回到初民社会事实逻辑的转换。最后，回到发达社会，把初民社会的逻辑用发达社会的逻辑表现出来，实现从初民社会逻辑到发达社会逻辑的转换。

用社会学的视角看，三重转换的任何一重都有可能出现"误差"，进而对结论的可信性和可靠性产生负面影响。可是，人类学对异域社会的研究除了这三重转换以外似乎别无他法。因此，对社会学而言，常常会强调初民社会之社会事实在人类社会的共性与差异性，并始终提醒研究者在异域社会的研究中保持对"误差"的敏感性。

第二，对象语言。在三重转换中，第二重转换是误差的最大来源。为了减少误差，人类学者在研究初民社会时的一项重要训练是习得研究对象语言。不过，众多实践依然显示，不少研究依然需要依靠知情者。个中缘由是，一个外人真正进入一个异域社会是困难的。除了语言之外，还有文化、习俗与生活习惯的相融难题。我们在乌干达的研究中感受到，尽管乌干达是一个主权国家，但不理解当地人的语言真的很难理解当地人的生活逻辑；不理解当地人的生活逻辑，便很难理解援助对当地人的意义。此外，我们体会更深的是，如果希望从当地人的生活逻辑和社会逻辑出发来理解援助对不同社会群体意义的细微差异，对地方语言与俗语的理解则是快捷的进入途径。

第三，学科视角。在社会学人类学的研究中，把研究对象看作具有自由意志的人类社会主体是不言而喻的，区分在研究活动中的主体与客体也是社会学人类学者内化的共识。可对国际关系研究者而言，似乎并不区分主体与客体。

以"有效性"为例。在国际关系视角的国际援助中，援助有效性是一个不言而喻的概念，即援助是否获得了其设计的有效性。可对社会学人类学而言，在观察有效性时的第一个问题便是"谁的有效性"。区分援助方和受援方是社会学人类学的学科本能。社会学人类学观察人类社会的基本主张是，每个社会都是有差异的社会，每种活动总会有利益相关者。在利益相关者的集合中，不同利益相关者的受益一定有差异。因此，区分"谁的有效性"是理解国际援助有效性的基本视角。我们的研究显示，在国际社会中，人们之所以对援助有效性有着众多争议，原因之一正是没有区分到底是援助方的有效性还是受援方的有效性。如果把这个问题往前推进一步，我们还可以提问，在受援方中，哪个群体是最大的受益者。

第四，多方合作。在国际援助的发展中，援助活动的专业性越来越强，有些援助活动甚至就是从专业活动开始的，譬如中国对非洲的农业援助和卫生援助，出现在援助活动中的大多是中国的农业专家和卫生专家。这就使得对国际援助的研究无法忽视专业议题来讨论援助。

而对援助的规划与执行更多的是管理活动，无论是援助方还是受援方，在官方援助中通常是各国政府的多个部门负责，即使在管理高度整合的英国和美国也牵涉众多政府部门。这就使得对国际援助的研究无法忽视各国政府的支持，也无法忽视国际政治、国际关系和管理科学等学科知识。

还有，对援助执行与效果的关注牵涉对人类社会群体的理解与认识，牵涉对程序公平的观察与解释，牵涉对社会后果的判断与预测，也因此更多地牵涉了社会科学且主要是社会学人类学评估研究的范畴。这就使得对国际援助的研究无法忽视社会学人类学等学科视角与方法。

事实上，忽略任何一部分都会使得对国际援助的研究出现缺憾。只有多方合作才是对国际援助进行研究的恰当选择。

本书是从社会学人类学视角出发对国际援助一个案例进行研究的尝试。在研究中，我们注意到了上述问题，也尽力让研究活动客观，可因各种因素的影响，却不一定很好地处理了上述问题。

在研究中，我们获得了众多的支持和帮助，谨此表示真诚的感谢。

感谢国家卫生与计划生育委员会国际合作司为研究提供部分初始数据，项目资金监管服务中心在研究进程中为调研活动提供各种支持；感谢商务部对外援助司为研究活动提供多方便利；感谢中华人民共和国驻乌干达大使馆经参处为研究提供必需的数据，经参处官员接受我们的访谈，以及为我们对乌干达政府相关部门和人员的访谈提供支持；感谢云南省人民政府卫生厅、档案馆为我们进行文献调查提供支持和便利；感谢云南省驻乌干达医疗队尤其是第 16 批医疗队队长戴峥大夫为我们提供指引并接受我们的访谈。

感谢乌干达政府卫生部为研究提供的数据，相关官员接受我们的访谈；感谢金贾医院各方为实地调查提供各类支持与便利，部分医院管理人员、大夫、护士等接受我们的访谈；感谢部分乌干达患者接受我们的访谈。

再次感谢上述人员和机构，没有您的支持就没有这项研究的基础数据。

此外，我们还要专门感谢乌干达坎帕拉市方方宾馆的方荔总裁，是您的热情与周到使我们在乌干达的调研期间生活顺利。

参加这项研究的初始成员有邱泽奇教授、张拓红教授、谢铮教授、马宇民博士、张华芯硕士、Rehema Bavuma 博士，后续加入研究的还有庄昱硕士、许庆红教授，以及云南大学学生张玮玮、贾少杰、张文玥、许成川、廖爱娣、孙晓、张晓倩等。

在 2016 年 11 月的中国全球卫生网络年会上，与会专家对部分研究成果提出了建设性意见；在 12 月的课题研讨会上，与会专家提供了诸多建设性意见并对课题产出给予极高的评价；在研究成果的修改中，刘培龙教授提供了建设性修改意见；谨此一并致以深深的谢意！

在整个研究进程中，项目办公室的丁超超对项目管理给予了大量的支持与帮助，特此鸣谢。

本书初稿源自邱泽奇的两篇报告和邱泽奇与庄昱合作的一篇民族志。两篇报告分别是：《双边四重嵌入的中国对乌干达卫生发展援助（文献综述）》和《中国对乌干达卫生发展援助的有效性评价》。民族志为：《主人与客人：金贾医院与中国医疗队》。它们是提交给英国国际发展部资助的"中英全球卫生支持项目"（GHSP）OP2R1 的研究成果。

本书的修改稿来自对两篇报告的重构。鉴于内容的独立性，将民族志作为附录保留在本书中。对报告的重构得益于庄昱和马宇民的辛苦与努力。对初排稿的校对，尤其是对参考文献的核查，庄昱付出了辛勤劳动。黄诗曼参与了对终排稿的校读。

最后，感谢社科文献出版社和责任编辑对本书出版给予的充分支持。

2017 年 2 月 2 日于皂君庙

图书在版编目（CIP）数据

朋友在先：中国对乌干达卫生发展援助案例研究／

邱泽奇等著. ── 北京：社会科学文献出版社，2017.2

ISBN 978 - 7 - 5201 - 0141 - 7

Ⅰ.①朋… Ⅱ.①邱… Ⅲ.①中外关系 - 卫生工作 -

对外援助 - 案例 - 乌干达 Ⅳ.①D822.242.6

中国版本图书馆 CIP 数据核字（2016）第 308257 号

朋友在先

──中国对乌干达卫生发展援助案例研究

著　　者／邱泽奇 等

出 版 人／谢寿光
项目统筹／杨桂凤
责任编辑／胡　亮

出　　版／社会科学文献出版社 · 社会学编辑部（010）59367159
　　　　　　地址：北京市北三环中路甲 29 号院华龙大厦　邮编：100029
　　　　　　网址：www. ssap. com. cn
发　　行／市场营销中心（010）59367081　59367018
印　　装／北京季蜂印刷有限公司

规　　格／开　本：787mm × 1092mm　1/16
　　　　　　印　张：19　字　数：301 千字
版　　次／2017 年 2 月第 1 版　2017 年 2 月第 1 次印刷
书　　号／ISBN 978 - 7 - 5201 - 0141 - 7
定　　价／79.00 元